RENAUD

NÉ SOUS LE SIGNE DE L'HEXAGONE

Scénario

Bertrand Dicale

Dessin (et textes « Fan zone »)

Alain GASTON Remy

Couleur

Marie Favantines

DELCOURT/ENCRAGES

RENAUD
dans mes cordes
EN TOURNÉE

AH QUE C'EST BON DE TE RETROUVER, RENAUD !
À CHACUNE DE TES TOURNÉES PRÉCÉDENTES, J'AVAIS PEUR QUE CE SOIT LA DERNIÈRE.
LA SCALA
La Scala
La Scala
RENAUD
dans mes cordes
EN TOURNÉE
RENAUD
J'AVAIS PEUR DE NE PLUS TE VOIR EN DIRECT, SANS ÉCRAN ENTRE NOUS.
OU QUE TES DÉMONS T'EMPORTENT.
BIP
C'EST VRAI QUE LES ÉCRANS NE SONT PAS LES BIENVENUS CHEZ RENAUD.
ÇA DÉPEND, EN FAIT.
À LILLE, IL A ENGUEULÉ UN GARS, MAIS À MARSEILLE, IL A AUTORISÉ LES PHOTOS.
C'EST BON D'ÊTRE FAN.
FAN ZONE
C'EST COMME SE FAIRE SA PETITE RELIGION À SOI, AVEC L'IDOLE QU'ON S'EST CHOISIE.
SES FÉTICHES.
RENAUD
RENAUD
UNE RELIGION QUE CE SOIR, JE PARTAGE.
AUJOURD'HUI, C'EST JOUR DE MESSE ET ON VA CHANTER TOUS ENSEMBLE.
RENAUD

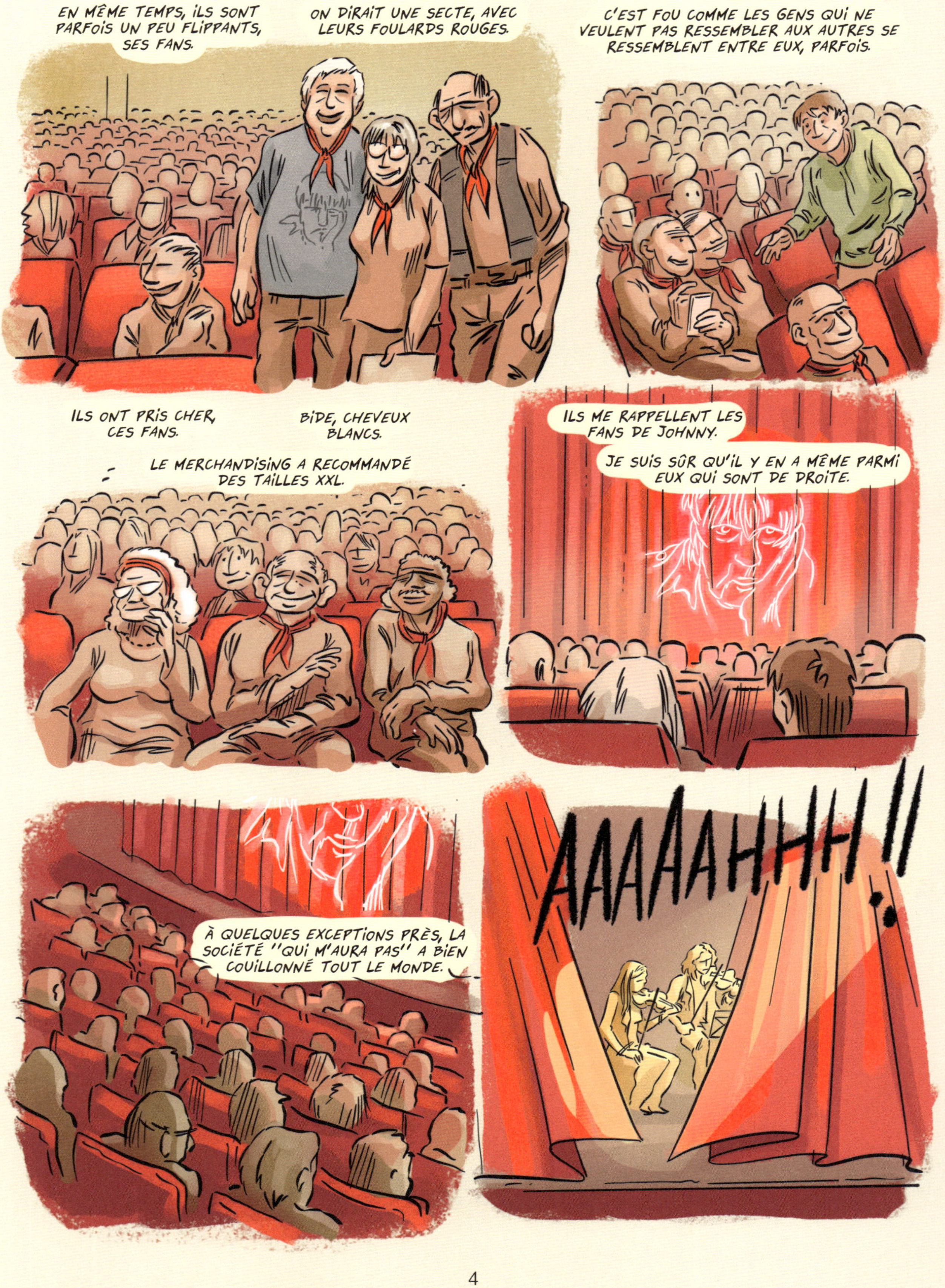
EN MÊME TEMPS, ILS SONT PARFOIS UN PEU FLIPPANTS, SES FANS.
ON DIRAIT UNE SECTE, AVEC LEURS FOULARDS ROUGES.
C'EST FOU COMME LES GENS QUI NE VEULENT PAS RESSEMBLER AUX AUTRES SE RESSEMBLENT ENTRE EUX, PARFOIS.
ILS ONT PRIS CHER, CES FANS.
BIDE, CHEVEUX BLANCS.
LE MERCHANDISING A RECOMMANDÉ DES TAILLES XXL.
ILS ME RAPPELLENT LES FANS DE JOHNNY.
JE SUIS SÛR QU'IL Y EN A MÊME PARMI EUX QUI SONT DE DROITE.
À QUELQUES EXCEPTIONS PRÈS, LA SOCIÉTÉ "QUI M'AURA PAS" A BIEN COUILLONNÉ TOUT LE MONDE.
AAAAAHHH!!

C'EST LA PREMIÈRE FOIS QU'IL A AUTANT DE FEMMES SUR SCÈNE.
...LES ''RENAUDETTES'' ?
LA TOURNÉE S'APPELLE ''DANS MES CORDES'' CAR C'EST UNE FORMATION D'INSTRUMENTS À CORDES...
... ET PARCE QUE C'EST DANS SES CORDES (VOCALES) DE CHANTER ENCORE ET ENCORE ?
... OU PARCE QU'IL EST EST COMME UN VIEUX BOXEUR FATIGUÉ, QUI MÊME DANS LES CORDES, COMBAT ENCORE ?
..OUAAIIIIS...
OH PUTAIN LE FRISSON !
IL EST LÀ.
LE HÉROS DE BIEN DES JEUNESSES.
DONT LA MIENNE.
TOUJOURS DEBOUT.
BIEN VIVANT.

ÇA SURPREND UN PEU QUAND IL COMMENCE À CHANTER.
ON DIRAIT QUE QUELQU'UN JOUE DE LA SCIE SAUTEUSE AU MILIEU D'UN ORCHESTRE SYMPHONIQUE.
RENAUD NE CHANTE PAS. IL PARLE, PLUTÔT.
IL A UN PROMPTEUR. SE MET DES PETITES CLAQUES QUAND IL SE TROMPE.
j'ai cent ans et j'suis bien content j'ai encore mal aux dents mais la souffrance c'est tres rassurant ça n'arrive qu'aux vivants
RENAUD S'EST GAINSBOURISÉ À OUTRANCE.
MAIS C'EST PAS GRAVE, SON PUBLIC CHANTE À SA PLACE.
IL N'EST PAS VENU L'ENTENDRE, IL EST VENU LE VOIR.
AVANT, TOUT LE MONDE ÉTAIT DEBOUT. MAINTENANT, TOUT LE MONDE EST ASSIS.
COMME LUI.
QUAND RENAUD EST NÉ, MES PARENTS AVAIENT 13 ANS.
QUAND IL A EU 13 ANS, JE VENAIS AU MONDE.
QUAND J'AVAIS 13 ANS, IL DEVENAIT "RENAUD LE CHANTEUR".
COMMENT ÉTAIT-ELLE, CETTE ENFANCE DONT IL A PU ÊTRE SI NOSTALGIQUE...
... À EN TANT SOUFFRIR ?

CHAPITRE 1

« Mon paradis perdu, c'est mon enfance... »

À L'AUBE DES ANNÉES 1960, LES PARAGES DE LA PORTE D'ORLÉANS, TOUT AU SUD DE PARIS, SONT UN IMMENSE TERRAIN DE JEU.
LES ANCIENNES FORTIFICATIONS DE PARIS ONT LAISSÉ LA PLACE À DES TERRAINS VAGUES…
… QUI, DANS QUELQUES ANNÉES, DEVIENDRONT LE BOULEVARD PÉRIPHÉRIQUE OU DES ÉQUIPEMENTS SPORTIFS.
LIBERTÉ DÉLICIEUSE ET GENTILLES BÊTISES…
MAMAN NE COMPTE JAMAIS SES LUCKY STRIKE DANS SON PAQUET.
… QUE SURVEILLE UNE MÈRE AU QUATRIÈME ÉTAGE.
THIERRY ! LES JUMEAUX ! VENEZ GOÛTER !

RENAUD GRANDIT PORTE D'ORLÉANS, DANS UN GRAND IMMEUBLE D'HABITAT COLLECTIF.
MAIS CE N'EST PAS UNE DES CASERNES DE BRIQUE ROUGE QUI CEINTURENT PARIS DEPUIS LES ANNÉES 30.
LE 6 AVENUE PAUL-APPELL, BÂTIMENT ART DÉCO DE 1934, A ÉTÉ CONSTRUIT PAR LA CONFÉDÉRATION DES TRAVAILLEURS INTELLECTUELS ET HÉBERGE DES PROFESSEURS ET DES PERSONNALITÉS DU SECTEUR TERTIAIRE.
ICI VIVENT DES SOMMITÉS DE L'UNIVERSITÉ COMME LE PROFESSEUR LOUIS SÉCHAN, QUI A AIDÉ SON FILS, PROFESSEUR DE LYCÉE, À OBTENIR UN LOGEMENT.
ET, LES JOURS DE SÉANCE SOLENNELLE À L'INSTITUT, ON PEUT CROISER DANS LE HALL UN ACADÉMICIEN EN HABIT VERT.

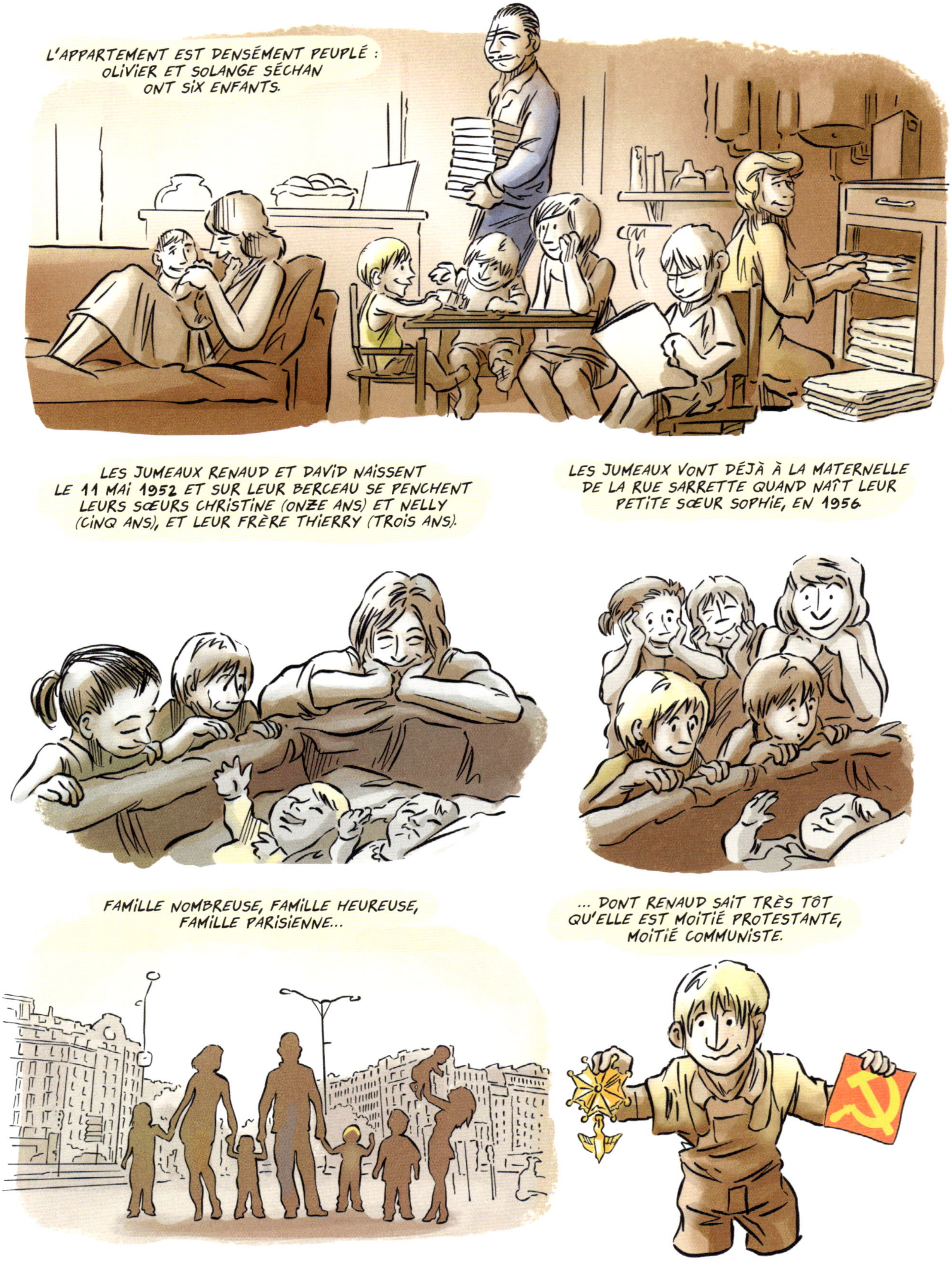
L'APPARTEMENT EST DENSÉMENT PEUPLÉ : OLIVIER ET SOLANGE SÉCHAN ONT SIX ENFANTS.
LES JUMEAUX RENAUD ET DAVID NAISSENT LE 11 MAI 1952 ET SUR LEUR BERCEAU SE PENCHENT LEURS SŒURS CHRISTINE (ONZE ANS) ET NELLY (CINQ ANS), ET LEUR FRÈRE THIERRY (TROIS ANS).
LES JUMEAUX VONT DÉJÀ À LA MATERNELLE DE LA RUE SARRETTE QUAND NAÎT LEUR PETITE SŒUR SOPHIE, EN 1956.
FAMILLE NOMBREUSE, FAMILLE HEUREUSE, FAMILLE PARISIENNE...
... DONT RENAUD SAIT TRÈS TÔT QU'ELLE EST MOITIÉ PROTESTANTE, MOITIÉ COMMUNISTE.

AU COMMENCEMENT, PORTÉ PAR L'ÉLAN MISSIONNAIRE DU RÉVEIL PROTESTANT DU XIXe SIÈCLE, LE PASTEUR AMI BOST (1790-1874) ARRIVE DE SUISSE DANS LE SUD DE LA FRANCE, BERCEAU DE SA FAMILLE JADIS CHASSÉE PAR LA RÉVOCATION DE L'ÉDIT DE NANTES.
AU COMMENCEMENT, LE NORD AGRICOLE DEVIENT LE BERCEAU DE L'INDUSTRIE FRANÇAISE, DONT LES MACHINES À VAPEUR DÉPENDENT DE SES IMMENSES MINES DE CHARBON.
SUR LES DIX ENFANTS D'AMI BOST, SIX DEVIENNENT PASTEURS, DONT JOHN BOST, FONDATEUR EN 1848 À LA FORCE, EN DORDOGNE, D'UN ENSEMBLE D'HOSPICES POUR HANDICAPÉS, PERSONNES ÂGÉES ET ORPHELINS, QUI EXISTE TOUJOURS.
ET LA MINE DÉVORE HOMMES, FEMMES ET ENFANTS - DES MÔMES QUI DESCENDENT AU FOND OU TRAVAILLENT DOUZE HEURES PAR JOUR AU TRANSPORT DU CHARBON OU AUX MACHINES EN SURFACE.
ÉLISÉE BOST, AUTRE FILS PASTEUR D'AMI BOST, A QUELQUES NEVEUX PASTEURS, UN FILS PASTEUR ET UNE FILLE PIANISTE - ISABELLE BOST.
PENDANT LA PREMIÈRE GUERRE MONDIALE, L'INVASION DU NORD PAR LES ALLEMANDS AGGRAVE ENCORE LES CONDITIONS DE TRAVAIL DANS LES MINES ET, EN 1916, TROIS JEUNES CHTIMIS PRENNENT LA ROUTE DE PARIS.

ISABELLE BOST ÉPOUSE LOUIS SÉCHAN, D'ABORD PROFESSEUR DE GREC ANCIEN AU LYCÉE PUIS PROFESSEUR À LA SORBONNE ET PEU À PEU CONSIDÉRÉ COMME UN DES PLUS GRANDS HELLÉNISTES FRANÇAIS.
LE PÈRE DES FRÈRES MÉRIAUX A ÉTÉ SYNDICALISTE À COURRIÈRES ET OSCAR, LE PLUS JEUNE, A COMMENCÉ À TRAVAILLER À LA MINE À TREIZE ANS.
LEUR FILS OLIVIER, NÉ EN 1911 À MONTPELLIER, ARRIVE À PARIS EN 1931. IL SERA PROFESSEUR D'ALLEMAND...
OSCAR N'A PAS FAIT DE LONGUES ÉTUDES MAIS IL A GRANDI DANS L'IDÉE QUE SEULES LA SOLIDARITÉ ET LA LUTTE CONTRE LE PATRONAT PEUVENT AMÉLIORER LA CONDITION DES OUVRIERS.
... UN PROFESSEUR D'ALLEMAND QUI MAÎTRISE AUSSI L'ANGLAIS ET LE NÉERLANDAIS MAIS VEUT S'IMPOSER DANS LA LITTÉRATURE FRANÇAISE.
OSCAR PARTAGE CES VALEURS AVEC SON ÉPOUSE, ELLE AUSSI CH'TI MAIS RENCONTRÉE À MEUDON, QUELQUES KILOMÈTRES AU SUD DE PARIS, OÙ IL EST OUVRIER.
Dors min, min ptit quinquin, Min ptit pouchin, Min gros rogin !

LE ROMAN D'OLIVIER LES EAUX MORTES PARAÎT EN 1939, PREMIER D'UNE PRODUCTION RÉGULIÈRE.

SOLANGE, LA FILLE D'OSCAR, NÉE EN 1922, NE FAIT PAS DE LONGUES ÉTUDES ET DEVIENT OUVRIÈRE.

PREMIÈRE CONSÉCRATION EN 1942 AVEC LES CORPS ONT SOIF, COURONNÉ PAR LE PRIX DES DEUX MAGOTS ET SALUÉ PAR LA CRITIQUE.

MAIS ELLE PARVIENT À " GRIMPER " ET ÉCHAPPE À LA CONDITION OUVRIÈRE EN DEVENANT SECRÉTAIRE.

ET OLIVIER SÉCHAN EST DÉJÀ UN ÉCRIVAIN RECONNU QUAND IL RENCONTRE SOLANGE MÉRIAUX. ILS SE MARIENT PEU APRÈS LA GUERRE.

LES SIX PETITS SÉCHAN ONT UNE ENFANCE RADIEUSE SOUS L'ATTENTION D'UNE MAMAN AIMANTE ET DOUCE...
ALLEZ, LES ENFANTS, PRENEZ VOTRE GOÛTER ET DÉPÊCHEZ-VOUS D'ALLER FAIRE VOS DEVOIRS.
ET PAS DE BRUIT, VOTRE PÈRE TRAVAILLE.
TAC TAC TAC
OLIVIER SÉCHAN EST RESTÉ ÉCRIVAIN MAIS, MAINTENANT, IL PUBLIE DES ROMANS DANS LA BIBLIOTHÈQUE VERTE ET LA BIBLIOTHÈQUE ROSE.
OLIVIER SÉCHAN LA CACHETTE AU FOND DES BOIS
UNE VOIX AU BOUT DU FIL OLIVIER SÉCHAN
TROIS COUSINS DANS UN MOULIN OLIVIER SÉCHAN
OLIVIER SÉCHAN Allô, Luc?... ...ici, Martine
IL ENCHAÎNE AUSSI LES TRADUCTIONS DE L'ANGLAIS, DE L'ALLEMAND ET DU NÉERLANDAIS POUR HACHETTE JEUNESSE...
LE FILS DE L'ÉTALON NO WALTER FARLEY
H. RANDOW DE LA JUNGLE À LA TERRE DE FEU
LE GRAND VOYAGE D'ÉRIC HANS PETERSON
BENNETT ET SA CABANE
UN TRAVAIL INGRAT ET FRUSTRANT QUAND ON A GOÛTÉ À LA NOTORIÉTÉ LITTÉRAIRE...
TAC TAC
... À PEINE MOINS PÉNIBLE QU'APPRENDRE L'ALLEMAND À DES COLLÉGIENS.
LA DÉCLINAISON DE L'ARTICLE MASCULIN AU SINGULIER, SOUVENEZ-VOUS, C'EST DER, DES, DEM, DEN.
DER DES DEM DEN

UNE VIE HEUREUSE ET STABLE QUE TROUBLENT POURTANT LES ÉCHOS PARISIENS DE LA GUERRE D'ALGÉRIE.
TU PENSES QUE LES FASCISTES PEUVENT PRENDRE LE POUVOIR, MON CHÉRI ?
ILS N'EN ONT JAMAIS ÉTÉ AUSSI PRÈS.
NON, RENAUD, NOUS NE SOMMES PAS POUR L'OAS ...
NOUS SOMMES ANTICOLONIALISTES, NOUS SOMMES DE GAUCHE.
ET LES JUMEAUX APPRENNENT À PRENDRE LE MÉTRO TOUT SEULS POUR ALLER CHEZ LEUR GRAND-PÈRE OSCAR DANS LE XIe ARRONDISSEMENT.
MÉTROPOLITAIN
ÉVIDEMMENT, QUE JE SUIS CONTRE DE GAULLE.
UN OUVRIER NE PEUT PAS ÊTRE POUR DE GAULLE.
IL JOUE UN JEU DANGEREUX.
... ET CE QUE SES FLICS ONT FAIT À CHARONNE EST UN CRIME.
l'Humanité

LE 8 FÉVRIER 1962, UNE MANIFESTATION CONTRE LES ATTENTATS DE L'OAS, ORGANISATION TERRORISTE DE PARTISANS DE L'ALGÉRIE FRANÇAISE, RASSEMBLE DES MILLIERS DE PERSONNES AUTOUR DE LA PLACE DE LA BASTILLE.
HALTE AU FASCISME PAIX EN ALGÉRIE
MAIS LE PRÉFET DE POLICE MAURICE PAPON LANCE UNE RÉPRESSION SAUVAGE.
AU MÉTRO CHARONNE, DES POLICIERS S'ACHARNENT SUR DES MANIFESTANTS QUI CHERCHENT À S'ENFUIR.
CHARONNE
MÉTRO
MATRAQUANT ET JETANT DES GRILLES D'ARBRES SUR LA FOULE BLOQUÉE DANS LES ESCALIERS, LES POLICIERS TUENT HUIT PERSONNES – UNE NEUVIÈME MOURRA DE SES BLESSURES.
CHARONNE
MÉTRO
OLIVIER ET SOLANGE SÉCHAN REVIENNENT ANÉANTIS DE LA MANIFESTATION.
QUELLE HORREUR, QUELLE HORREUR.
C'EST UN CRIME D'ÉTAT.
TU AS VU ? PAPA PLEURAIT.
C'EST LA PREMIÈRE FOIS QU'ON LE VOIT COMME ÇA.

ET, LE JEUDI 29 MARS 1962, CETTE GUERRE S'APPROCHE ENCORE...
BLAM!!!
C'EST UN DES QUINZE PLASTICAGES DE L'OAS, CETTE SEMAINE-LÀ À PARIS. LA PORTE DE L'APPARTEMENT EST SOUFFLÉE, LE PLAFOND DE LA CUISINE EST TROUÉ...
CE NE SONT PAS LES SÉCHAN QUI ÉTAIENT VISÉS MAIS, AU 6e ÉTAGE, UN RETRAITÉ DU MINISTÈRE DES ANCIENS COMBATTANTS, MILITANT D'ORGANISATIONS PROCHES DU PARTI COMMUNISTE...
LE PETIT RENAUD APPARAÎT POUR LA PREMIÈRE FOIS EN PHOTO DANS LA PRESSE...
PARIS JOUR
NOUVELLE VAGUE DE PLASTICAGES DE L'OAS À PARIS ET DANS LE NORD
... ET LES JUMEAUX MANIFESTENT DANS LE TERRAIN VAGUE.
À BAS PAPON !
FLICS ASSASSINS !
À BAS DE GAULLE !

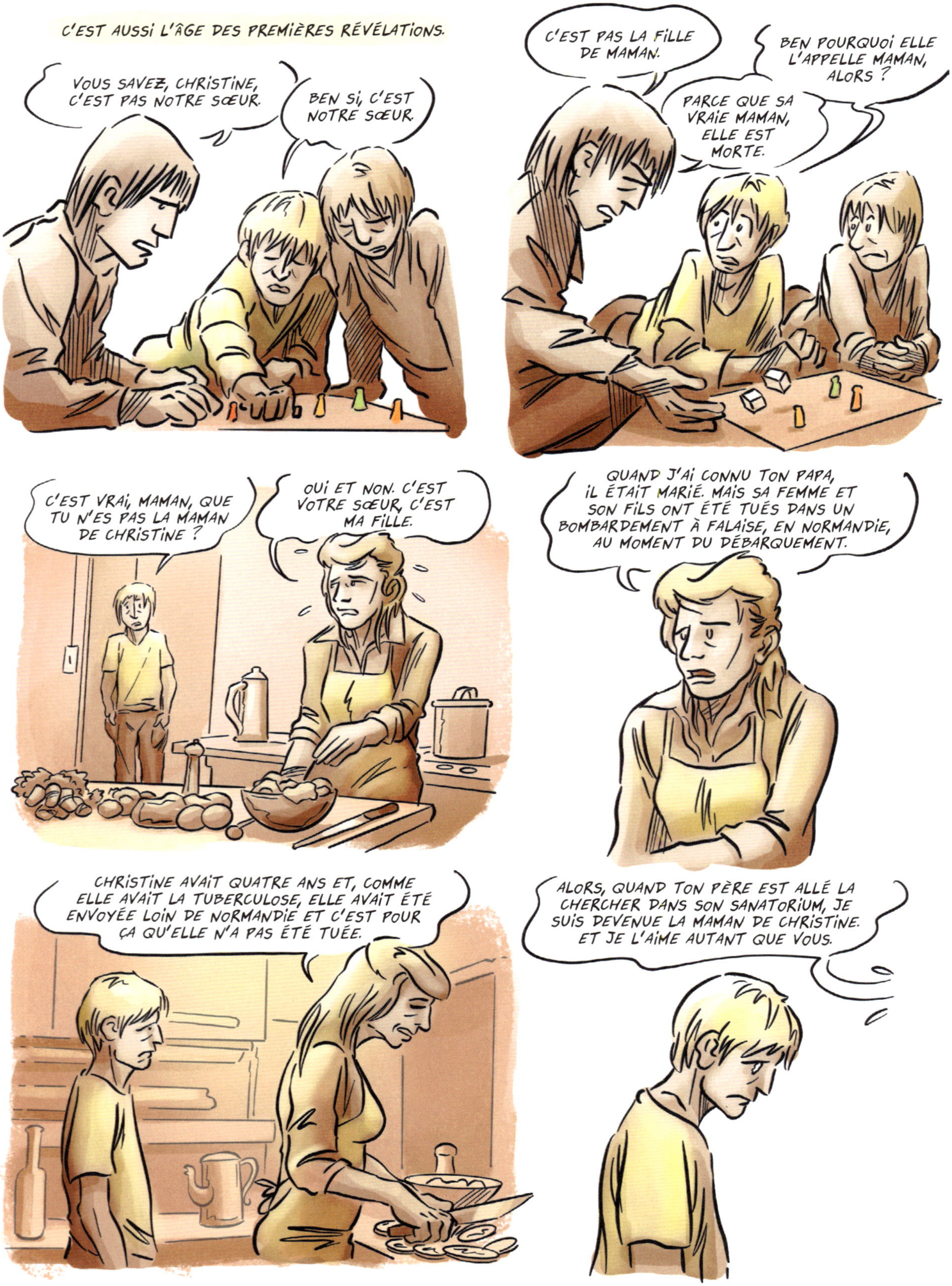
C'EST AUSSI L'ÂGE DES PREMIÈRES RÉVÉLATIONS.
VOUS SAVEZ, CHRISTINE, C'EST PAS NOTRE SŒUR.
BEN SI, C'EST NOTRE SŒUR.
C'EST PAS LA FILLE DE MAMAN.
BEN POURQUOI ELLE L'APPELLE MAMAN, ALORS ?
PARCE QUE SA VRAIE MAMAN, ELLE EST MORTE.
C'EST VRAI, MAMAN, QUE TU N'ES PAS LA MAMAN DE CHRISTINE ?
OUI ET NON. C'EST VOTRE SŒUR, C'EST MA FILLE.
QUAND J'AI CONNU TON PAPA, IL ÉTAIT MARIÉ. MAIS SA FEMME ET SON FILS ONT ÉTÉ TUÉS DANS UN BOMBARDEMENT À FALAISE, EN NORMANDIE, AU MOMENT DU DÉBARQUEMENT.
CHRISTINE AVAIT QUATRE ANS ET, COMME ELLE AVAIT LA TUBERCULOSE, ELLE AVAIT ÉTÉ ENVOYÉE LOIN DE NORMANDIE ET C'EST POUR ÇA QU'ELLE N'A PAS ÉTÉ TUÉE.
ALORS, QUAND TON PÈRE EST ALLÉ LA CHERCHER DANS SON SANATORIUM, JE SUIS DEVENUE LA MAMAN DE CHRISTINE. ET JE L'AIME AUTANT QUE VOUS.

L'ÉTÉ, LA FAMILLE PART SUR LA TERRE DES SÉCHAN, LES BIENHEUREUSES CÉVENNES.
MÊME SI RENAUD N'EST PAS PASSIONNÉ PAR LE CATÉCHISME, IL COMPREND QU'IL APPARTIENT À UNE COMMUNAUTÉ SINGULIÈRE...
... MÊME SI OLIVIER SÉCHAN NE L'OBLIGE PAS À POURSUIVRE L'ÉDUCATION REGILIEUSE QUI L'ENNUIE.
LE PASTEUR, C'EST UN COUSIN DE VOTRE PAPA.
À VIALAS (LOZÈRE) OU MONTJOUX-LA PAILLETTE (DRÔME), LE PETIT RENAUD ASSOCIE SES PASSIONS DE LA BANDE DESSINÉE ET DES BONBONS.
AH, TU M'ATTENDAIS, MON PETIT ? TU PRENDS JUSTE SPIROU ?
AH, TU M'AS DÉJÀ MIS LES 70 CENTIMES. TU ES BIEN GENTIL, MON PETIT.
SPIROU
Vieux Nick

GEORGES BRASSENS COMPTE BEAUCOUP CHEZ LES SÉCHAN.
Quand Margot dégrafait son corsa-age ...
GEORGES BRASSENS
CHANTE LES CHANSONS POÉTIQUES de Georges BRASSENS
MICROSILLON 33
Polyd
...Tous les gars, tous les gars du village Étaient là, lalala la la la
RENAUD A DIX ANS QUAND, SORTANT DE CHEZ LUI, IL CROISE BRASSENS QUI MONTE VERS LES ÉTAGES DU DESSUS.
IL NE SAIT PAS QUI EST CETTE MARIE DORMOY QUI HABITE AU 7e ÉTAGE DEPUIS 1934...
... ET FUT LA SECRÉTAIRE ET MAÎTRESSE DE L'ÉCRIVAIN PAUL LÉAUTAUD QU'ADMIRE TANT BRASSENS.
GEORGES BRASSENS ! GEORGES BRASSENS ! GEORGES BRASSENS !

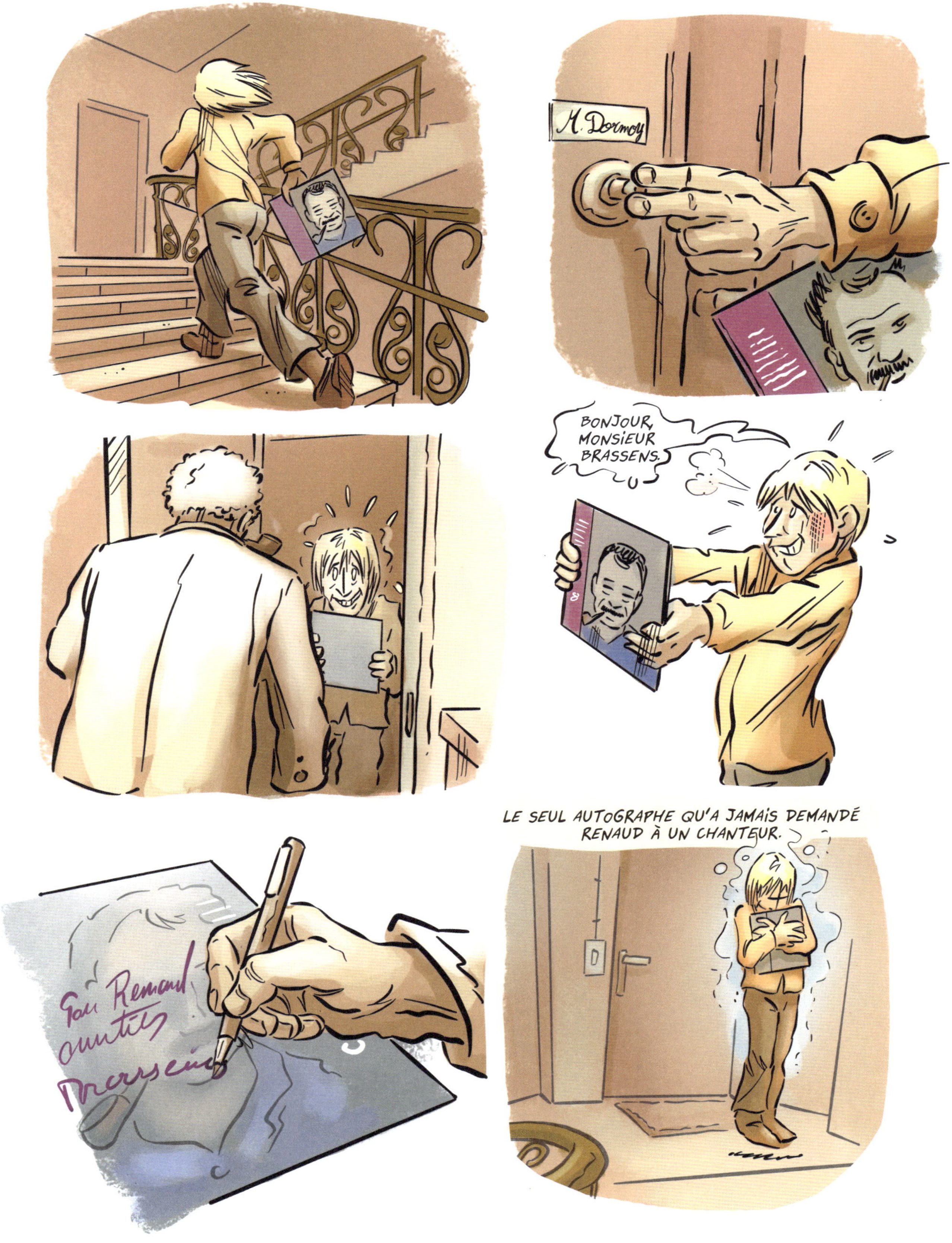
M. Dormoy
BONJOUR, MONSIEUR BRASSENS.
LE SEUL AUTOGRAPHE QU'A JAMAIS DEMANDÉ RENAUD À UN CHANTEUR.

À L'ÂGE DU COLLÈGE, RENAUD DÉCOUVRE L'ÉCRITURE, SUR SES CAHIERS DE BROUILLON OU AVEC LA MACHINE À ÉCRIRE DE SON PÈRE.
MAIS SA PASSION LA PLUS DÉVORANTE RESTE LE SEXE OPPOSÉ ET - EN LIEN AVEC CE SUJET - LA POSSESSION D'UN CYCLOMOTEUR.
DAVID ET LUI SONT SCOLARISÉS AU LYCÉE GABRIEL-FAURÉ, OÙ LEUR PÈRE ENSEIGNE...
YCÉE GABRIEL-FAURÉ
... CE QUI PEUT CONTRIBUER À EXPLIQUER LA CHUTE CONTINUE DES RÉSULTATS DE RENAUD DANS LA PLUPART DES MATIÈRES.
ET SES BULLETINS NE S'AMÉLIORENT PAS AVEC L'IRRUPTION DANS SON QUOTIDIEN DE LA LUTTE CONTRE LA GUERRE DU VIETNAM...
... UNE LUTTE D'ABORD DIRIGÉE PAR LES JEUNESSES COMMUNISTES PUIS PAR DE NOUVELLES ORGANISATIONS, PÉPINIÈRES DES FUTURS LEADERS DE MAI 68.
PAIX ET INDÉPENDANCE AU PEUPLE VIETNAMIEN
US GO HOME

RENAUD FAIT UNE AUTRE DÉCOUVERTE.
L'AUTRE JOUR, UN DES COUSINS A DIT QUE PAPA ET MAMAN ÉTAIENT COLLABOS PENDANT LA GUERRE.
IL DIT N'IMPORTE QUOI.
BEN OUI. ON EST COMMUNISTES.
EN FAIT, PAPA ET MAMAN ONT TRAVAILLÉ À RADIO PARIS, LA RADIO CONTRÔLÉE PAR LES ALLEMANDS PENDANT L'OCCUPATION.
C'EST PAS POSSIBLE !
BEN SI, C'EST POSSIBLE.
RENAUD APPREND DONC QU'OLIVIER SÉCHAN, GERMANISTE, A ÉTÉ ENGAGÉ POUR TRADUIRE EN FRANÇAIS DES COMMUNIQUÉS ET DES DÉPÊCHES EN ALLEMAND QUI SERAIENT DIFFUSÉS À L'ANTENNE...
... ET, ALORS QU'IL ÉTAIT SÉPARÉ DE SON ÉPOUSE, INSTALLÉE EN NORMANDIE, IL A RENCONTRÉ SOLANGE MÉRIAUX, SECRÉTAIRE À RADIO PARIS.
... ET PUIS IL Y A L'HISTOIRE DU PÈRE DE MAMAN...
OSCAR ? QUELLE HISTOIRE ?
IL A MILITÉ AU P.P.F. DE JACQUES DORIOT.

UN ADOLESCENT D'EXTRÊME-GAUCHE DU DÉBUT DES ANNÉES 60 SAIT FORCÉMENT CE DONT IL S'AGIT...
DORIOT ? LE P.P.F. ? LES ANCIENS COMMUNISTES PASSÉS DU CÔTÉ DES NAZIS ?
OUI.
IL A MÊME FAIT DE LA PRISON POUR ÇA.
MAIS ENFIN, THIERRY, IL DÉTESTE LES FACHOS. IL EST TOUJOURS DU CÔTÉ DE LA C.G.T. ET DES OUVRIERS.
L'UN N'EMPÊCHE PAS L'AUTRE. MAIS N'EN PARLE PAS À MAMAN.
ELLE EST TELLEMENT À GAUCHE. ELLE ME PARLE SOUVENT DU P.S.U. TU CROIS QU'ELLE SAIT ?
ÉVIDEMMENT. RAISON DE PLUS POUR NE PAS LUI EN PARLER.
N'EN PARLER À PERSONNE, EN FAIT.
C'EST COMPLIQUÉ MAIS TOUT CE QUE JE SAIS...
... C'EST QUE NOUS SOMMES UNE FAMILLE DE GAUCHE.
YANKEES GO HOME ! VIETCONG VAINCRA !

FAN ZONE
JE SUIS NÉ ET J'AI GRANDI SOUS DES LATITUDES QUI N'ONT PAS GRAND-CHOSE À VOIR AVEC L'UNIVERS DE RENAUD.
LES P'TITS FRANÇAIS NE VIENNENT PAS TOUS DE FRANCE, QU'ILS SOIENT ÉMIGRÉS OU IMMIGRÉS.
TOUS LES PETITS EXPATRIÉS RÊVENT DE LEUR PAYS D'ORIGINE, SANS TOUJOURS MESURER LEUR CHANCE D'ÊTRE DES VOYAGEURS.
j'm'appelle Gaston et j'ai 15 ans, j'vis chez mes vieux en Haïti.
JE SUIS BIEN PLACÉ POUR COMPRENDRE LES PETITS DÉRACINÉS VENUS EN FRANCE DE L'AUTRE CÔTÉ DE LA MÉDITERRANÉE.
CHACUN DE NOUS EST VENU PROFITER DU PAYS DE L'AUTRE.
LA FRANCE TELLE QU'ON L'IMAGINE, VUE DE LOIN, EN CES ANNÉES 70, RESSEMBLE À CELLE DES ANNÉES 50.
ROUGE
BAL DU ROUGE
TOUT CE QUI ARRIVE DE FRANCE JUSQU'À NOUS EST SACRÉ.
DE FUNES
LA BOUM
bi Jacob
BELMONDO
FLIC ou VOYOU
Pif
spirou

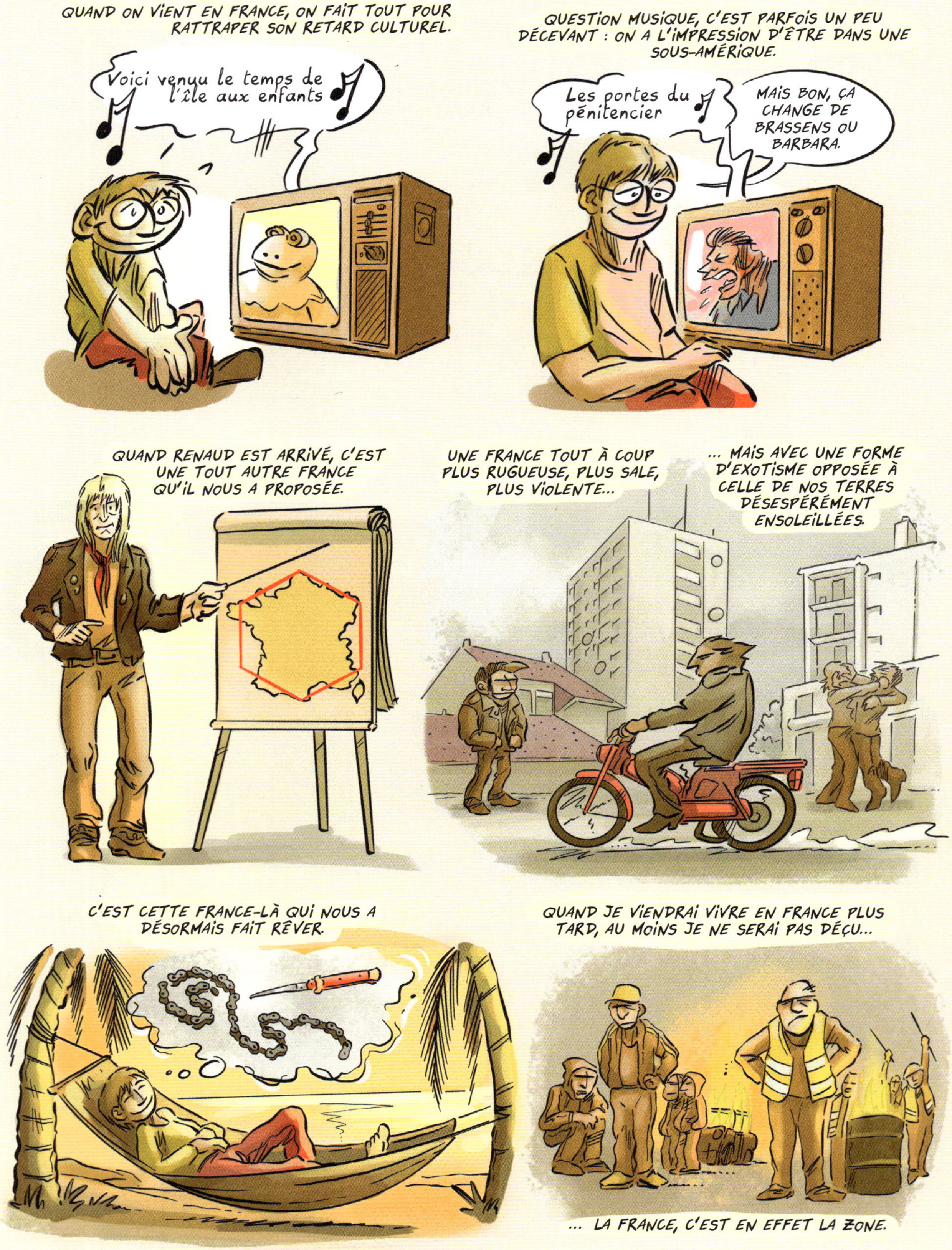
QUAND ON VIENT EN FRANCE, ON FAIT TOUT POUR RATTRAPER SON RETARD CULTUREL.
Voici venu le temps de l'île aux enfants
QUESTION MUSIQUE, C'EST PARFOIS UN PEU DÉCEVANT : ON A L'IMPRESSION D'ÊTRE DANS UNE SOUS-AMÉRIQUE.
Les portes du pénitencier
MAIS BON, ÇA CHANGE DE BRASSENS OU BARBARA.
QUAND RENAUD EST ARRIVÉ, C'EST UNE TOUT AUTRE FRANCE QU'IL NOUS A PROPOSÉE.
UNE FRANCE TOUT À COUP PLUS RUGUEUSE, PLUS SALE, PLUS VIOLENTE...
... MAIS AVEC UNE FORME D'EXOTISME OPPOSÉE À CELLE DE NOS TERRES DÉSESPÉRÉMENT ENSOLEILLÉES.
C'EST CETTE FRANCE-LÀ QUI NOUS A DÉSORMAIS FAIT RÊVER.
QUAND JE VIENDRAI VIVRE EN FRANCE PLUS TARD, AU MOINS JE NE SERAI PAS DÉÇU...
... LA FRANCE, C'EST EN EFFET LA ZONE.

CHAPITRE 2

“ Je v’nais de manifester
au quartier
J’arrive chez moi fatigué,
épuisé...”

TOUJOURS INSÉPARABLES, LES JUMEAUX SONT DE MOINS EN MOINS JUMEAUX. MAIS...
RENAUD !
TU DÎNERAS À LA CUISINE TANT QUE TU NE TE SERAS PAS COUPÉ LES CHEVEUX !
POUR L'ANNÉE 1967-68, DAVID PASSE EN SECONDE AU LYCÉE MONTAIGNE. RENAUD, APRÈS SON RENVOI DE GABRIEL-FAURÉ, REDOUBLE SA 3e DANS LE MÊME LYCÉE.
38
MAIS L'ESSENTIEL EST AILLEURS.
NON AU PLAN FOUCHET POUR LES UNIVERSITÉS !
NON ! AUX ORDONNANCES DE LA SÉCU
NON
LE VIETNAM, C'EST LOIN.
C'EST ICI QU'IL FAUT FAIRE LA RÉVOLUTION.
COMITÉ VIETNAM LYCÉEN
C'EST BIEN LES MANIFS...
MAIS IL FAUDRAIT QUAND MÊME ENTRER DANS UNE ORGA.

ON PEUT QUAND MÊME PAS ENTRER AU PC.
CHEZ LES BUREAUCRATES ET LES STALINIENS ?
DE TOUTE FAÇON, TU AS LES CHEVEUX TROP LONGS POUR LE PC.
MÊME GRAND-PÈRE N'AIME PAS.
REMARQUE, POUR FOUTRE EN L'AIR CETTE SOCIÉTÉ POURRIE, ON A L'EMBARRAS DU CHOIX !
Jeunesse Communiste Révolutionnaire (trotskistes IVe Internationale)
Comité de Liaison des Étudiants Révolutionnaires (trotskistes lambertistes)
Parti Communiste Internationaliste (trotskistes IVe Internationale)
Liaison Anarchiste Étudiante
Union des Jeunesses Communistes Marxistes Léninistes (maoïstes)
Organisation Communiste Internationaliste (trotskistes lambertistes)
Voix Ouvrière (trotskistes lambertistes)
C'EST GÉNIAL, TOUT LE MONDE EST LÀ !
Parti Communiste Marxiste Léniniste Français
Lénine Engels Marx Mao Staline
ET EN PLUS ILS ONT UN LOCAL VERS DENFERT.
38
PAR LE 38, C'EST SUR LE CHEMIN DU BAHUT.

Le PCMLF a été créé en décembre 1967 par Jacques Jurquet, exclu trois ans plus tôt du Parti Communiste pour maoïsme. Depuis, il a plusieurs fois été en Chine où il a rencontré Mao Zedong. Ses militants croient qu'il suffira d'un signe venu de l'Est pour que soit révélé aux yeux des travailleurs que le PCMLF est le "vrai" parti communiste. Aussitôt, il remplacera le Parti Communiste officiel, qui est un simulacre d'organisation des masses.

VENDREDI 3 MAI 1968, EN DÉBUT D'APRÈS-MIDI.
LYCÉE MONTAIGNE
CA CHAUFFE À LA SORBONNE !
CEUX DE NANTERRE Y SONT DÉJÀ !
CEUX DU 22 MARS ?
LES FACHOS ONT FAIT UNE DESCENTE.
CE VENDREDI 3 MAI 1968, EN DÉBUT D'APRÈS-MIDI, QUELQUES CENTAINES DE MILITANTS D'EXTRÊME GAUCHE TIENNENT UN MEETING À LA SORBONNE.
LA MENACE D'UN RAID D'UN MOUVEMENT D'EXTRÊME DROITE A FAIT MONTER LA PRESSION...
MAIS, À 16H40, LA POLICE ENVAHIT LA COUR.
ON SE REND !
ILS SONT TROP NOMBREUX !
DEPUIS LE MOYEN-ÂGE, LA POLICE N'AVAIT JAMAIS PRIS LE DROIT D'ENTRER DANS UNE UNIVERSITÉ.
QU'EST-CE QU'ON FAIT, MON COMMANDANT ?
ON FINIT LE BOULOT !
ON LES EMBARQUE.
J'ESPÈRE JUSTE QU'ON AURA ASSEZ D'AUTOCARS.
22

LIBÉREZ NOS CAMARADES ! LIBÉREZ NOS CAMARADES !
RENAUD ! J'AI ENTENDU LA RADIO ! J'ESPÈRE QUE TU N'ÉTAIS PAS À LA SORBONNE !
T'INQUIÈTE, MAMAN...
AVEC CE QU'ON LEUR A MIS, LES POULETS NE REVIENDRONT PAS DE SITÔT AU QUARTIER LATIN.

CE VENDREDI 3 MAI N'EST QUE LE PRÉLUDE DE PLUSIEURS SEMAINES DE VIOLENCES.

APRÈS LA "NUIT DES BARRICADES", L'AUBE DU 11 MAI SE LÈVE SUR UN DRÔLE DE GÂTEAU D'ANNIVERSAIRE POUR LES 16 ANS DE RENAUD.

LE 11 MAI, POUR ESSAYER DE FAIRE RETOMBER LA TENSION, LE POUVOIR ROUVRE LA SORBONNE, FERMÉE DEPUIS LES ÉVÉNEMENTS DU 3 MAI.
LA PLUS CÉLÈBRE UNIVERSITÉ DU MONDE EST AUSSITÔT OCCUPÉE PAR DES MILLIERS DE CONTESTATAIRES.
CERTAINS VEULENT LA RÉVOLUTION, C'EST-À-DIRE RÊVER UNE AUTRE SOCIÉTÉ.
L'HUMANITÉ SERA HEUREUSE LE JOUR OÙ LE DERNIER BUREAUCRATE SERA PENDU AVEC LES TRIPES DU DERNIER CAPITALISTE
INTERDIT D'INTERDIRE
D'AUTRES VEULENT LA RÉVOLUTION, C'EST-À-DIRE VIVRE UNE NOUVELLE SOCIÉTÉ.

AU HASARD D'UN AMPHI DE LA SORBONNE...
Qu'est-ce que tu vas faire dans la rue, fiston ? J'vais aller faire la révolution !
C'EST QUI ?
C'EST ÉVARISTE.
ÉVARISTE ? L'ANTI-ANTOINE ?
ANTOINE, LE BEATNIK DEVENU STAR EN UNE SEULE CHANSON, A SUSCITÉ DES VOCATIONS ET, EN 1967, ÉVARISTE EST APPARU AVEC SES CHANSONS BIZARRES.
ANTOINE
vogue
Les élucubrations
D Antoine
Qu est-ce qui ne tourne
Pas rond chez moi
Pourquoi ces canons
EVARISTE
E=mc²
MAIS JOËL STERNHEIMER (C'EST SON VRAI NOM) EST AUSSI CHERCHEUR EN PHYSIQUE ET FRANCHEMENT GAUCHISTE.
Mais sapristi, bon sang d'bon sang, J'veux aller faire la révolution !
Assemblée générale
ÉVARISTE EST UN DES CRÉATEURS DU COMITÉ RÉVOLUTIONNAIRE D'ACTION CULTURELLE QUI ANIME LA SORBONNE ENTRE LES MEETINGS.
MAIS IL Y A DÉJÀ DES DISSIDENCES ET, DANS LES ÉTAGES DE LA FACULTÉ, RENAUD POUSSE UNE PORTE.
à la Sorbonne
Comité Gavroche Révolutionnaire
Pour les jeunes intéressés par
- musique
- peinture
- théâtre
- dessin
Esc. C 1er étage gauche
TOC TOC

Mais enfin j't'ai payé l'école, C'était pas pour des fariboles.
TAC! TAC! TAC! TAC!
On nous apprend qu'des insanités On nous empêche de contester
GRÂCE À ÉVARISTE, INCONSCIEMMENT, RENAUD DÉCOUVRE CE QUE C'EST QUE CHANTER DEVANT, ET SURTOUT: POUR UN PUBLIC.
Les différences de classes nous les supprimerons,
C'est pour ça qu'on fait la révolution.
DEVENU UN DES ANIMATEURS DU COMITÉ GAVROCHE RÉVOLUTIONNAIRE, RENAUD APPARAÎT DANS LE DOCUMENTAIRE DE WILLIAM KLEIN SUR L'OCCUPATION DE LA SORBONNE.
"Pourquoi je laisserais pas éclater ma félicité ?
Parce que je suis riche ?"
L'ÉTAIT SYMPA, TON SKETCH.
C'EST "Vive la vie" DE GUY BEDOS.
POURQUOI T'ÉCRIS PAS TOI-MÊME ?
ÉCRIRE QUOI ?
LES MURS ONT LA PAROLE. SERS-TOI !

Professeurs, vous êtes vieux...
Votre culture aussi
Jouissez sans entraves
Prenez vos désirs pour des réalités
La Volonté générale contre la volonté du général
Seule la vérité est révolutionnaire
Mai 68, c'est l'agitation des mots et de l'imaginaire autant que l'agitation dans les rues.
Sous les pavés, la plage
dire NON ! c'est penser
Ne dites pas : M. le prof
Dites : crève salope !

NE L'AYANT PAS VU DEPUIS PLUSIEURS JOURS, LES PARENTS DE RENAUD VIENNENT LE CHERCHER UN MATIN À LA SORBONNE.
IL EST LÀ, OLIVIER !
ON LE RÉVEILLE ET ON LE RAMÈNE À LA MAISON.
ZZZ RRRR...
TU VAS AU MOINS PRENDRE UNE DOUCHE ET TE CHANGER.
APRÈS JE VOUS CHANTERAI UNE CHANSON QUE J'AI ÉCRITE À LA SORBONNE..
Je v'nais de manifester au Quartier J'arrive chez moi fatigué, épuisé
Mon père me dit : Bonsoir, fiston, comment qu'ça va ?

J'lui réponds : Ta gueule sale con, ça t'regarde pas !
C'EST INDIGNE !!!
CLAM !
PREMIÈRE CRITIQUE NÉGATIVE.
MAIS, DE RETOUR À LA SORBONNE ...
Et j'ui ai dit : Crève salope ! Et j'ui ai dit : Crève charogne ! Et j'ui ai dit : Crève fumier ! Vlan ! Une beigne !
POUR VOS VIEUX, VOS PROFS OU LES FLICS, J'AI FAIT CETTE CHANSON POUR CHANTER, TOUS ENSEMBLE !
Et j'lui ai dit : crève salope ! Et j'lui ai dit : crève charogne ! Et j'lui ai dit : crève fumier !
JE NE SAIS PAS SI C'EST LES SITUATIONNISTES OU LES MAOÏSTES QUI DISTRIBUENT ÇA À LA SORBONNE, MAIS C'EST SUPER.
Et j'lui ai dit crève salope ! Et j'lui ai dit : crève charogne ! Et j'lui ai dit : crève fumier !
GRÈVE ILLIMITÉE !
CETTE CHANSON EST LE PREMIER "SUCCÈS" DE RENAUD, QUI NE SERA PARADOXALEMENT JAMAIS ENREGISTRÉ SUR AUCUN DISQUE.
Et j'ui ai dit : Crève salope Et j'ui ai dit : Crève charogne ! Et j'ui ai dit : Crève fumier ! Vlan ! Y z'ont tranché !

FAN ZONE
MAI 68 A AUSSI MIS SON PAVÉ DANS LA MARE DES MŒURS. (ET PAS QUE DANS LA GUEULE DES C.R.S.)
RENAUD EST ARRIVÉ AVEC UNE VAGUE D'IMPERTINENTS, À L'ÉPOQUE OÙ LE POLITIQUEMENT INCORRECT N'ÉTAIT PAS SCANDALEUX, MAIS LIBÉRATEUR.
HARA KIRI
l'alcoolisme donne-t-il le nez r
LES VRAIS DÉBUTS DES FONDATEURS DE CHARLIE OU HARA-KIRI FURENT TÉLÉVISUELS, DANS "LES RAISINS VERTS" D'AVERTY NOTAMMENT.
L'IMPERTINENCE A EU SES DIEUX, COMME PAR HASARD LES GRANDS COPAINS DE RENAUD.
LES FANS DU CHANTEUR LE SONT AUSSI DE CES GARS-LÀ.
DESPROGES
COLUCHE
PAS D'ÉCOLES POUR ÇA, MAIS DES CAFÉS-THÉÂTRES OÙ LES ACTEURS N'ÉTAIENT PAS ENCORE RICHES ET DE DROITE.
Le Splendid
CAFE DE LA GARE
APRÈS LES CENSURES GAULLISTES, LES PUTAINS DE CAMIONS, LES FRÈRES KOUACHI, NOTRE ÉPOQUE A EU RAISON DES DERNIERS IMPERTINENTS.
LES GUIGNOLS DE L'INFO
AU MOINS, ON AURA CONNU TOUT ÇA. C'EST UNE MAIGRE CONSOLATION.

CHAPITRE 3

“ Poèmes, chansons, brûlots vous ouvrent des mondes plus beaux... ”

LA RÉVOLUTION N'A PAS GAGNÉ. LE 30 MAI 1968, UNE ÉNORME MANIFESTATION DE SOUTIEN À DE GAULLE MARQUE LA FIN DU MOUVEMENT...
... ET LE QUARTIER LATIN RETROUVE RAPIDEMENT SON ASPECT NORMAL D'AVANT LES "ÉVÉNEMENTS".
N'ENFONCEZ PAS TROP LES NOUVEAUX PAVÉS, HEIN !
ON LES ENLÈVERA PLUS VITE LA PROCHAINE FOIS !
C'EST BEAU, CES NOUVELLES CHAISES ET CES NOUVELLES TABLES.
OUI, JE LES AI ACHETÉES EN MÉTAL, ÇA NE BRÛLE PAS.
QU'EST-CE QUE VOUS FAITES ? VOUS RÉVISEZ ?
LA RÉVOLUTION EST REPORTÉE APRÈS LES EXAMENS.
COMME LE CHANTERA CLAUDE NOUGARO, "CHACUN EST RENTRÉ CHEZ SON AUTOMOBILE"...
... MAIS RENAUD NE VEUT PAS RENTRER DANS LE RANG.
PUTAIN, C'EST PAS POSSIBLE, DAVID ! ON PEUT PAS FAIRE COMME SI RIEN N'ÉTAIT ARRIVÉ !

L'ÉTÉ 1968 SERA DONC LIBRE...
BREST
BAR-HÔTEL-RESTAURANT
RELAIS DES ROUTIERS DE L'OUEST
BREST
HÉ, PETIT ! QU'EST-CE QUE TU FAIS LÀ ?
JE FAIS DU STOP JUSQU'À BREST.
ET OÙ SONT TES PARENTS ?
BAR-HÔTEL-RESTAURANT
RELAIS DES ROUTIERS DE L'OUEST
J'AI SEIZE ANS. JE LEUR AI PAS DEMANDÉ LEUR AVIS.
PARIS PUE LE FLIC. JE ME SUIS CASSÉ.
EH BIEN TU VAS ME FAIRE LE PLAISIR D'ENTRER TOUT DE SUITE DANS MON BISTROT ET DE LEUR TÉLÉPHONER !
ILS DOIVENT ÊTRE FOUS D'INQUIÉTUDE !
ALLÔ MAMAN, C'EST RENAUD. JE SUIS SUR LA ROUTE DE BRETAGNE.
J'AI OUBLIÉ DE VOUS PRÉVENIR, DÉSOLÉ. MAIS NE T'INQUIÈTE PAS, SURTOUT.
JE T'AP-PELLE TOUS LES JOURS, PROMIS.

À LA RENTRÉE DES CLASSES 1968, RENAUD ARRIVE AU LYCÉE CLAUDE-BERNARD.
LYCÉE CLAUDE BERNARD
PFFF...
LIBERTÉ ÉGALITÉ FRATERNITÉ
IL PROFITE DES COURS POUR ÉCRIRE SON MANUEL DU COMBATTANT DE RUE...
... ŒUVRE RÉVOLUTIONNAIRE DE PLUSIEURS PAGES...
... MOINS LUE QUE SES GRAFFITIS SUR LES MURS DU LYCÉE.
LIBERTÉ ÉGALITÉ FRATERNITÉ
VIVE LA RÉVOLUTION
CRÈVE SALOPE
ET QUAND IL N'EST PAS VIRÉ DE LA SALLE POUR INSOLENCE...
SÉCHAN, DEHORS !
... IL SÈCHE LES COURS AVEC ASSIDUITÉ.

TANT ET SI BIEN QU'UN JOUR...
ET ALORS T'Y AS DIT QUOI ?
ALORS TU VOIS, J'Y DIS...
EH BIEN, SÉCHAN, VOUS ÊTES À CETTE HEURE-CI DANS LA RUE ?
VOUS N'AVEZ PAS COURS D'ANGLAIS AVEC MOI MAIS VOUS DEVRIEZ ÊTRE AU LYCÉE, NON ?
EN FAIT, MONSIEUR, JE NE VAIS PLUS AU LYCÉE. J'AI DÉCIDÉ D'ARRÊTER MES ÉTUDES.
J'ENTRE DANS LA VIE ACTIVE.
VOUS FAITES UNE GROSSE BÊTISE, SÉCHAN. VOUS ÊTES INTELLIGENT, VOUS POURRIEZ FAIRE DE BELLES ÉTUDES SI VOUS VOUS DONNIEZ LA PEINE DE TRAVAILLER.
JUSTEMENT, JE VEUX TRAVAILLER, MAIS POUR MOI.
JE VEUX GAGNER MA VIE, JE VEUX ÊTRE LIBRE.
SI C'EST VOTRE CHOIX, JE NE PEUX QUE VOUS SOUHAITER BONNE CHANCE.
APRÈS TOUT, SI VOS PARENTS SONT D'ACCORD...

OR ILS NE SONT PAS D'ACCORD DU TOUT.
NON, NON, NON, NON, NON, NON, NON, NON !
JE CROIS QUE TON PÈRE N'EST PAS D'ACCORD POUR QUE TU ARRÊTES LE LYCÉE, RENAUD.
JE NE VEUX PAS ÊTRE CE QUE CETTE SOCIÉTÉ VEUT QUE JE SOIS.
JE N'AI PAS BESOIN D'ÉTUDES POUR ÊTRE HEUREUX.
SANS ÉTUDES, SANS MÊME TON BAC, TU NE TROUVERAS JAMAIS QU'UNE SITUATION TOUT EN BAS DE L'ÉCHELLE.
C'EST ÇA QUE TU VEUX, GÂCHER TA VIE ?
ET C'EST PAS GÂCHER SA VIE, D'ENSEIGNER L'ALLEMAND À DES GAMINS QUI N'EN ONT RIEN À FOUTRE ?
EH BIEN, SOIT. TU ARRÊTES TES ÉTUDES ? ALORS GAGNE TA VIE. TROUVE UN TRAVAIL !
JUSQU'À TA MAJORITÉ, TU POURRAS RESTER ICI MAIS TU DONNERAS LA MOITIÉ DE TON SALAIRE À TA MÈRE POUR PAYER TON LOYER ET TES REPAS.

TOUTE LA FAMILLE SÉCHAN APPREND LA RÉBELLION DE RENAUD.
ENVOIE-LE-MOI, OLIVIER. JE VAIS M'OCCUPER UN PEU DE LUI.
RENAUD ! TA TANTE MADELEINE PROPOSE DE T'ACCUEILLIR EN AVIGNON !
HUGUES AUFRAY
MADELEINE SÉCHAN, SŒUR D'OLIVIER ET PERSONNAGE AU GRAND CŒUR, A ÉTÉ LE PREMIER MÉDECIN INSTALLÉ À VELLERON, VILLAGE DU VAUCLUSE TOUT PRÈS D'AVIGNON...
... ET ON DIT D'ELLE DANS LA FAMILLE QUE SON AMITIÉ AVEC LE LEADER SOCIALISTE FRANÇOIS MITTERRAND CACHE DES SECRETS...
RENAUD, TU N'ES PAS VENU TE DORER AU SOLEIL.
IL FAUT QUE TU TE DONNES DES ATOUTS POUR TROUVER UN BOULOT.
ALORS RENAUD APPREND À TAPER À LA MACHINE CHEZ PIGIER À AVIGNON.

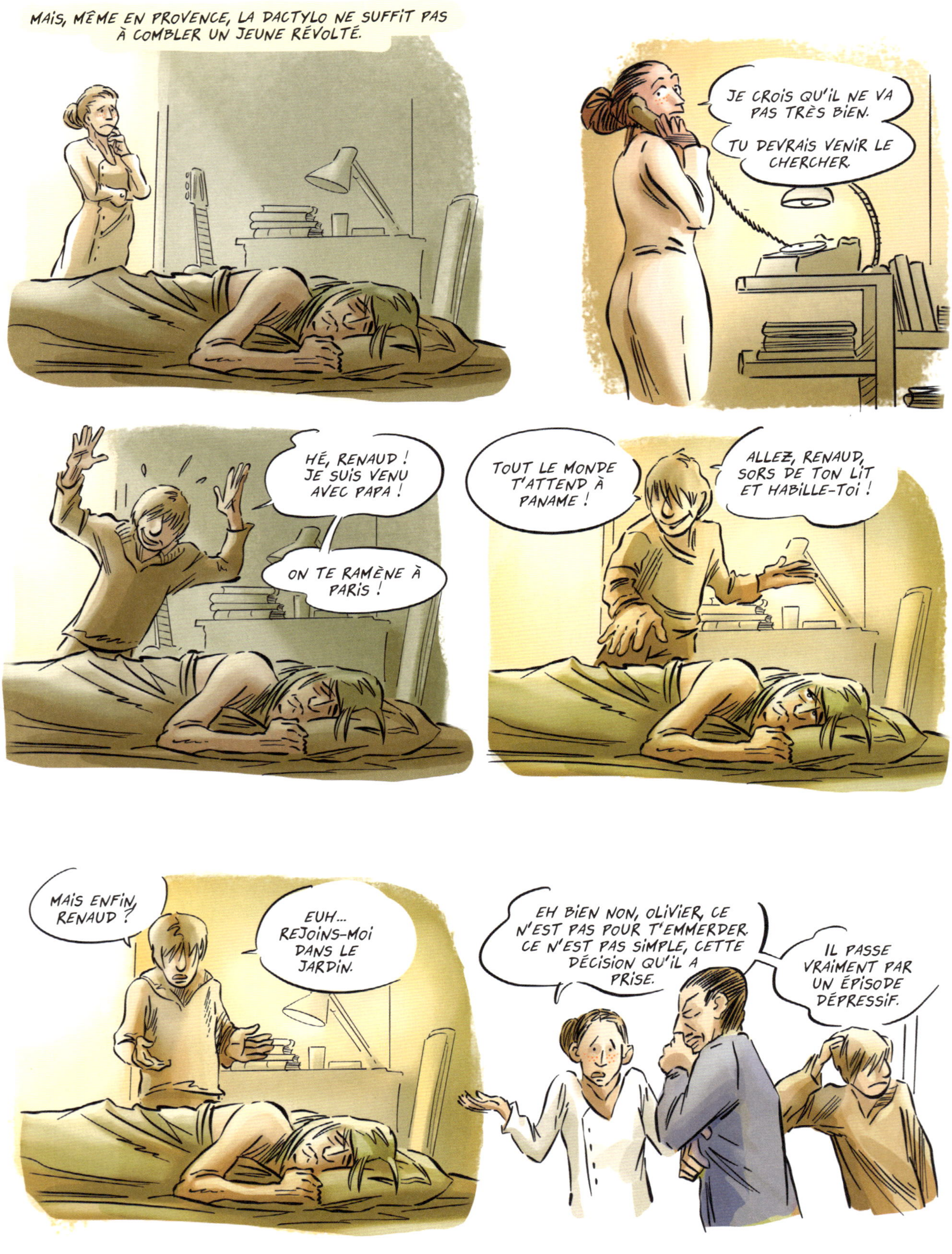
MAIS, MÊME EN PROVENCE, LA DACTYLO NE SUFFIT PAS À COMBLER UN JEUNE RÉVOLTÉ.
JE CROIS QU'IL NE VA PAS TRÈS BIEN.
TU DEVRAIS VENIR LE CHERCHER.
HÉ, RENAUD ! JE SUIS VENU AVEC PAPA !
ON TE RAMÈNE À PARIS !
TOUT LE MONDE T'ATTEND À PANAME !
ALLEZ, RENAUD, SORS DE TON LIT ET HABILLE-TOI !
MAIS ENFIN, RENAUD ?
EUH... REJOINS-MOI DANS LE JARDIN.
EH BIEN NON, OLIVIER, CE N'EST PAS POUR T'EMMERDER. CE N'EST PAS SIMPLE, CETTE DÉCISION QU'IL A PRISE.
IL PASSE VRAIMENT PAR UN ÉPISODE DÉPRESSIF.

EUH, PAPA…
QUOI ?
ET ALORS ?
RENAUD, IL A ACHETÉ DES FRINGUES.
BEN…
ALLEZ, RENAUD, ON RENTRE.
TA MAMAN SERA RAVIE DE TE RETROUVER.
ET QU'EST-CE QUE TU VAS FAIRE ?
TROUVER UN BOULOT.
MAINTENANT QUE TU SAIS TAPER À LA MACHINE, TU VAS ÊTRE SECRÉTAIRE COMME MAMAN OU ÉCRIVAIN COMME PAPA ?
J'EN SAIS RIEN. TOUT CE QUE JE VEUX, C'EST QUE MAMAN NE SE FASSE PAS DE SOUCI.
ET DU FRIC POUR M'ACHETER UNE MOTO.

RENAUD TROUVE UN BOULOT À LA LIBRAIRIE 73, AU 73 BOULEVARD SAINT-MICHEL, EN FACE DE L'ENTRÉE PRINCIPALE DU JARDIN DU LUXEMBOURG.
73
Librairie 73
73
UNE DES NOMBREUSES LIBRAIRIES DU QUARTIER LATIN, À L'ÉPOQUE OÙ LA JEUNESSE ÉTUDIE DANS LES LIVRES, RÊVE DANS LES LIVRES, S'ÉMANCIPE DANS LES LIVRES, SE RÉVOLTE DANS LES LIVRES.
RENAUD Y DEVIENT MAGASINIER GRÂCE À UN COPAIN, FILS DE LA PATRONNE DE LA LIBRAIRIE 73.
IL OUVRE ET VIDE DES CARTONS DE LIVRES, RANGE LES RAYONS, PRÉPARE LES COLIS...
ET IL LIT, IL LIT, IL LIT, IL LIT...
...IL LIT, IL LIT, IL LIT, IL LIT...
TU N'AVAIS PAS LU LA PESTE DE CAMUS ?
NON, C'ÉTAIT AU PROGRAMME DU LYCÉE !

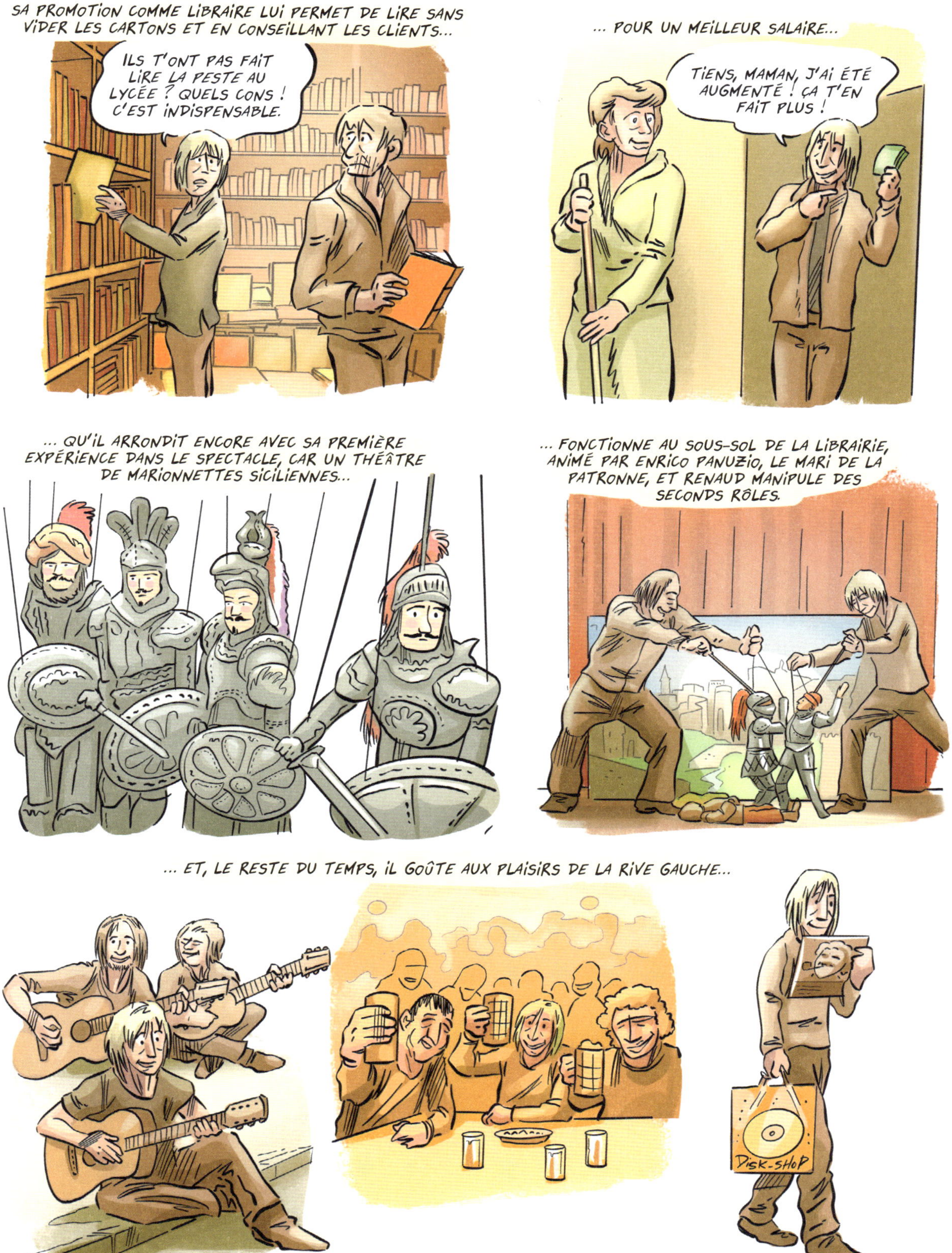
SA PROMOTION COMME LIBRAIRE LUI PERMET DE LIRE SANS VIDER LES CARTONS ET EN CONSEILLANT LES CLIENTS...
ILS T'ONT PAS FAIT LIRE LA PESTE AU LYCÉE ? QUELS CONS ! C'EST INDISPENSABLE.
... POUR UN MEILLEUR SALAIRE...
TIENS, MAMAN, J'AI ÉTÉ AUGMENTÉ ! ÇA T'EN FAIT PLUS !
... QU'IL ARRONDIT ENCORE AVEC SA PREMIÈRE EXPÉRIENCE DANS LE SPECTACLE, CAR UN THÉÂTRE DE MARIONNETTES SICILIENNES...
... FONCTIONNE AU SOUS-SOL DE LA LIBRAIRIE, ANIMÉ PAR ENRICO PANUZIO, LE MARI DE LA PATRONNE, ET RENAUD MANIPULE DES SECONDS RÔLES.
... ET, LE RESTE DU TEMPS, IL GOÛTE AUX PLAISIRS DE LA RIVE GAUCHE...
DISK-SHOP

ET, AU PROGRAMME DE L'ÉTÉ 1969, GRAND AIR ET ANARCHISME.
VOUS ALLEZ VOIR, CE N'EST PAS LOIN.
LES FRÈRES SÉCHAN RETROUVENT LE MONT LOZÈRE DE LEUR ENFANCE AVEC QUELQUES COPAINS DE MONTAIGNE.
À PEINE TROIS HEURES DE MARCHE DEPUIS VIALAS.
AU-DESSUS DU MAS DE LA BARQUE, LÀ OÙ L'ON SKIE L'HIVER, ILS S'EMPARENT D'UNE MAISON FORESTIÈRE, LA CAMARGUE...
... ET ILS Y HISSENT FIÈREMENT LE DRAPEAU NOIR.
WÉÉÉ !
ANARCHIE VAINCRA !
MORT AUX CROULANTS !
VIVE LA COMMUNE LIBRE DU MAS DE LA BARQUE !
MAIS, LE SURLENDEMAIN...
ASSEZ JOUÉ, LES MÔMES, C'EST UN REFUGE DE MONTAGNE...
ET PUIS ENLEVEZ CE DRAPEAU !
... ET PERSONNE N'A LE DROIT DE S'INSTALLER ICI.
ET VOUS AVEZ L'AUTORISATION ÉCRITE DE VOS PARENTS POUR CAMPER ?
GENDARMERIE
... ET C'EST LA FIN D'UNE AVENTURE D'AUTOGESTION RURALE.
PFF...

REVENIR À PARIS N'EST PAS UNE SOUFFRANCE...
TU DEVRAIS ACHETER ÇA, JE VIENS DE LE FINIR, C'EST GÉNIAL.
... AVEC LES CINÉMAS DU QUARTIER LATIN...
LE CHAMP
L'aveu
APRÈS LES FASCISTES DANS Z, COSTA GAVRAS EN MET PLEIN LA GUEULE AUX STALINIENS.
... SES PREMIERS ESSAIS D'ÉCRITURE...
... SES COURS DE THÉÂTRE CHEZ LA CÉLÈBRE TANIA BALACHOVA...
SURTOUT, ÉCOUTE LES MOTS AVANT DE LES PRONONCER.
MON BRAS QU'AVEC RESPECT TOUTE L'ESPAGNE ADMIRE...
... ET L'IVRESSE DE SA PREMIÈRE MOTO.
VROOAA
JE NE LEUR LANCE PLUS DE PAVÉS MAIS JE LEUR FAIS BIEN ENTENDRE MON POT D'ÉCHAPPEMENT !
VROOAAVR

FAN ZONE
GRRR !
QUAND ON AIME RENAUD, IL EST DE BON TON DE DÉTESTER LES MÊMES PERSONNES QUE SON IDOLE :
LES PAPARRAZZI.
WAOH ! RENAUD ET SA NOUVELLE NANA !
LA CERISE SUR LE GÂTEUX.
CLIC ! CLIC !
LE ROI DES CONS.
... SUR MON TRÔNE.
SON BEAUF.
MEUH.
LES TOREROS.
OALLEZ !
LES CURÉS.
J'AURAIS DÛ ÊTRE PROTESTANT !
LES PUNKS QUI ONT PAS OUBLIÉ D'ÊTRE MOCHES.
PATRON...
LES BABA-COOL CRADOS.
... UN...
LES JEUNES INTELLECTUELS EN LODEN.
... DEMI !
LES PETITES BOURGEOISES BÊCHEUSES.
PAS FACILE, LE CARRÉ D'AS.
SES POTES QUI F'SAIENT DU KARATÉ.
QU'EST-CE QU'ILS M'ONT MIS.
LE P'TIT PRINCE.
DESSINE-MOI UNE MOBYLETTE.
LES CRASSES.
LA MER, C'EST DÉGUEULASSE ! !
FAIS GAFFE.

LES CHASSEURS.
GRRRR !
CE PUTAIN DE DEALER.
À MA CLIENTE
MAGGIE THATCHER.
LES JEUNESSES COMMUNISTES.
UN P'TIT CONCERT À MOSCOU, RENAUD ?
LES VIEUX MALADES IMBÉCILES ET GRABATAIRES.
QUI N'EN VEUT ?
CES PUTAINS DE CAMIONS.
COLUCHE EST MORT.
LA TÉLOCHE.
BHL.
LES BOBOS.
CHÉRIII ? UNE MANZANA GLACÉE ?
LES FRÈRES KOUACHI.
MAHOMET AKHBAR !
LES FARC.
LES FLICS DE MAI 68...
... MAIS PAS CEUX DE FÉVRIER 2015.
POLICE

L'ÉTÉ 1971, RENAUD DÉBARQUE AVEC QUELQUES POTES ET LEURS MOTOS À BELLE-ÎLE-EN-MER...
... ET UN MATIN, SUR LE PORT...
SALUT. T'AS PAS UNE CLOPE ?
TIENS.
MERCI. T'ES D'OÙ ?
PARIS.
AH BEN MOI AUSSI.
OÙ ÇA ?
XIVe.
C'EST MARRANT, J'Y HABITE, EN CE MOMENT. TU T'APPELLES COMMENT ?
RENAUD SÉCHAN. ET TOI ?
PATRICK DEWAERE.
BEN, VIENS DÎNER AVEC NOUS CE SOIR.
SUPER, JE VIENS AVEC MA COPINE, SOTHA.
CE N'EST PAS DE LA GRANDE CUISINE, HEIN. ON FAIT DES SPAGHETTI. ET QUAND Y A PLUS DE KETCHUP, ON MET DU BRASSENS.
Et j'ui ai dit : Crève salope ! Et j'ui ai dit : Crève charogne ! Et j'ui ai dit : Crève fumier ! Vlan ! Une beigne !
MAIS C'EST TOI QUI AS ÉCRIT CETTE CHANSON ?
SOTHA ÉCRIT AUSSI.
JE VEUX !
DES CHANSONS ?
NON, DU CAFÉ-THÉÂTRE.

DU CAFÉ-THÉÂTRE, C'EST QUOI ?
UN THÉÂTRE OÙ LES GENS PEUVENT BOIRE UN COUP AVANT LE SPECTACLE.
ET SURTOUT PAS LES PIÈCES DU BAC FRANÇAIS !
DU THÉÂTRE SUPER MARRANT, DU THÉÂTRE D'AUJOURD'HUI.
IL Y A DES JOURNALISTES QUI DISENT QUE CE N'EST PAS DE L'ART MAIS ON S'EN FOUT : Y A DU MONDE TOUS LES SOIRS ET ON SE MARRE.
ET C'EST OÙ, VOTRE CAFÉ-THÉÂTRE ?
DANS LE XIVe JUSTEMENT, À CÔTÉ DE LA GARE MONTPARNASSE.
JUSTEMENT, ÇA S'APPELLE LE CAFÉ DE LA GARE.
PASSE NOUS VOIR QUAND TU VEUX. ON TE PRÉSENTERA LES COPAINS.
SI TU PRENDS DES COURS DE THÉÂTRE ET SI TU SAIS JOUER DE LA GRATTE, TU N'ES PAS MOINS AVANCÉ QUE LA MOITIÉ DU CAFÉ DE LA GARE IL Y A SIX MOIS.
MOI ? SUR SCÈNE ? OH, JE NE SAIS PAS...

ET DONC, UN SOIR...
LE CAFE DE LA GARE
MAISON FONDEE EN 1969
UNE PLACE, S'IL VOUS PLAÎT.
5 FRANCS, PAS DE CHANCE !
C'EST PAS PLUS CHER QU'UNE PLACE DE CINÉMA, MAIS TU AURAIS PU AVOIR LE BILLET À MOINS D'UN FRANC.
AU CAFÉ DE LA GARE, LE CONFORT EST RUSTIQUE.
POUF !
!!
RENAUD, TU ES VENU !
TU RESTES APRÈS LE SPECTACLE, QUE JE TE PRÉSENTE LES COPAINS.
TU VEUX UN CAFÉ OU UN VERRE DE ROUGE ?

LE CAFE DE LA GARE
• MAISON FONDEE EN 1969 •
APRÈS LES DEUX PIÈCES ENCHAÎNÉES DE LA SOIRÉE, ALLUME, J'ÉTOUFFE ET ROBIN DES QUOI ?, PATRICK DEWAERE FAIT LES PRÉSENTATIONS.
LUI, C'EST ROMAIN BOUTEILLE. IL A FONDÉ LE CAFÉ DE LA GARE AVEC SOTHA.
C'EST LUI QUI A ÉCRIT ROBIN DES QUOI ?, LA PIÈCE QUE TU AS VUE APRÈS L'ENTRACTE.
SOTHA, TU LA CONNAIS.
HENRI GUYBET : IL A FAIT LE HALLEBARDIER CHEZ VILAR AVANT DE DÉBARQUER ICI.
ELLE, C'EST MIOU-MIOU, ON EST TOUS AMOUREUX D'ELLE.
LUI, C'EST COLUCHE, C'EST TON VOISIN, IL EST DE MONTROUGE.
LUI, C'EST GÉRARD LEFÈVRE, MAIS ON L'APPELLE GÉGÉ. ÉCOUTE BIEN TOUT CE QU'IL DIT, TU POURRAIS LE REMPLACER.

LE REMPLACER ?
BEN OUI. T'ES À L'AISE POUR CHANTER DEVANT LES GENS, T'AS LA LANGUE BIEN PENDUE...
ET VOUS VOUS RESSEMBLEZ QUAND MÊME BEAUCOUP, NON ?
COMME GÉGÉ VEUT PARTIR AUX ÉTATS-UNIS UN DE CES QUATRE, CE SERA LA MEILLEURE SOLUTION.
T'AS QU'À VENIR AUSSI SOUVENT QUE TU PEUX. TU APPRENDRAS SON RÔLE, COMME ÇA.

LA LIBRAIRIE TOUTE LA JOURNÉE ET LE CAFÉ DE LA GARE CHAQUE SOIR, CELA FATIGUE ...
HUGUES AUFRAY
... MAIS, JUSTEMENT, LE SOIR OÙ RENAUD SE COUCHE TÔT...
RENAUD, IL Y A UNE CERTAINE SOTHA AU TÉLÉPHONE. ELLE A INSISTÉ POUR QUE JE TE RÉVEILLE.
RENAUD, GÉGÉ S'EST ENGUEULÉ AVEC COLUCHE ET IL S'EST CASSÉ. IL FAUT QU'ON FINISSE LE SPECTACLE.
HEUREUSE-MENT, TU CONNAIS LE RÔLE DE ROBIN DES BOIS...
RAPPLIQUE TOUT DE SUITE. C'EST L'ENTRACTE.
ZOUF
CROIS-TU QUE C'EST LE POUVOIR QUI M'A DONNÉ MON ARC OU QUE C'EST MON ARC QUI ME DONNE LE POUVOIR ?
BRAVO, RENAUD.
TU ES ASSEZ MAUVAIS POUR QUE CE SOIT TRÈS BON.

UNE NOUVELLE VIE COMMENCE, LIBRAIRE LE JOUR...
... COMÉDIEN LE SOIR...
... ET LES BARS JUSQUE TARD DANS LA NUIT AVEC LA BANDE DU CAFÉ DE LA GARE...
Le Tire-Bouchon
PUB
... POUR LES VANNES DE COLUCHE...
ALORS LÀ, LE MEC... AH OUI ! PARCE QUE Y A DES MECS DES FOIS...
... ET LES APHORISMES DE ROMAIN BOUTEILLE.
S'IL Y AVAIT DES OUVREUSES AU CAFÉ DE LA GARE, LE SPECTACLE SERAIT BEAUCOUP PLUS MAUVAIS.
TU DOIS ÊTRE ACTEUR, ÊTRE ÉCRIVAIN, ÊTRE PEINTRE, ÊTRE MENUISIER. QUAND ON SAIT FAIRE UNE CHOSE, ON DOIT SAVOIR FAIRE LES AUTRES.
ATTENTION, LES GARS, LE RIRE N'EST PAS ASSEZ DANGEREUX AU CAFÉ DE LA GARE.
À UN CERTAIN NIVEAU, LE MANQUE D'ORDRE EST UN ORDRE SUPÉRIEUR.

PENDANT QUELQUES MOIS, LA PROSPÉRITÉ RÈGNE...
TIENS, MAMAN, AVEC LES 200 FRANCS PAR SOIR DU CAFÉ DE LA GARE, ÇA T'EN FAIT PLUS.
... JUSQU'À UNE DOUBLE SURPRISE.
OH GÉGÉ, TU ES REVENU DES ÉTATS-UNIS ?
RENAUD, VOUS NE FAITES PLUS GRAND-CHOSE POUR CETTE LIBRAIRIE.
NOUS ALLONS DEVOIR NOUS SÉPARER DE VOUS.
EUH, MAMAN, ON PEUT DIRE QUE J'AI PAYÉ QUELQUES MOIS DE LOYER D'AVANCE, HEIN ?
QU'EST-CE QUE TU FAIS EN CE MOMENT, RENAUD ?
JE NE PEUX PAS ENCORE EN PARLER. JE SUIS SUR DES PROJETS, LÀ.
DES TRUCS BALÈZES.
DES PROJETS...

FAN ZONE
LES PREMIÈRES MUSIQUES QU'ON ÉCOUTE...
... SONT CELLES DE NOS PARENTS.
Y A PAS GRAND-CHOSE COMME MUSIQUE À NOUS...
FRANCHEMENT IL Y A PLEIN DE TRUCS PAS MAL.
... MAIS ÇA RESTE LA MUSIQUE DES PARENTS !
PIERRE PERRET
ELVIS
JOHNNY HALLYDAY
AMALIA RODRIGUES
Adamo
LÉO FERRÉ
BREL
JEAN FERRAT
THE ROLLING STONES
barbara
TOUT CE QU'ON A COMME REBELLE, C'EST L'AMI GEORGES ET SES GORILLES QUI MARTYRISENT DES JUGES DE PAIX.
GEORGES BRASSENS
HEUREUSEMENT, IL Y A LES BOUMS...
(AVEC PLEIN DE TRUCS QUI NE PLAISENT PAS AUX DARONS, CE QUI EST PLUTÔT BON SIGNE.)
KISS
BUGGLES
"Call Me" Blondie
PATRICK HERNANDEZ
Francis Cabrel
CHRISTOPHE
ABBA
VILLAGE PEOPLE
ABBA
ROCKOLLECTION
SARDOU
SINGIN' IN THE RAIN
Boney M
... ET LE CINÉMA (QU'ON RETROUVE DANS LES BOUMS).
ON A ENFIN NOTRE MUSIQUE À NOUS !
AVEC TOUT ÇA, ON SE FAIT DES SUPER COMPIL SUR DES CASSETTES.
TRAVOLTA NEWTON-JOHN
GREASE
SATURDAY NIGHT FEVER
HAIR
Midnight Express
... POUR LES ÉCOUTER EN BOUCLE...
... JUSQU'AU RAS-LE-BOL.

CHAPITRE 4

“ Et le roi des cons sur son trône…”

"TU VOIS, POUR MOI, BRASSENS C'EST LE PLUS GRAND..."
"... ET PUIS Y A EU HUGUES AUFRAY, QUI M'A FAIT DÉCOUVRIR BOB DYLAN..."
AUFRAY chante DYLAN
CAUCHEMAR PSYCHOMOTEUR
OXFORD TOWN
LA FILLE DU NORD
CE QUE JE VEUX SURTOUT
"... ET DYLAN, C'EST VRAIMENT BALÈZE, ON N'A PAS ÇA EN FRANCE..."
LOOK OUT !
"... MAIS TU VOIS, AUX STATES, ILS ONT RIEN COMME NOS CHANTEUSES RÉALISTES, LES PIAF, LES FRÉHEL..."
... ET PUIS TOUT CE QUI A ÉTÉ CENSURÉ : LES CHANTS DE GRÈVE DES OUVRIERS, LES CANUTS QUI ÉCRIVAIENT SUR LA CONDITION OUVRIÈRE...
... ET PUIS BRUANT, QUI CHANTAIT LES MARLOUS, LES SURINEURS, LES APACHES, LES ANARCHOS...

1972, UNE TERRASSE DU BOULEVARD EDGAR-QUINET.
Le Bistrot Ed
Bistrot Edgar
EN TOUT CAS, C'EST VRAIMENT COOL, CE QUE VOUS FAITES TOUS LES DEUX.
C'EST LA GOUALANTE DU PAVÉ. PAS LA VIEILLE CHANSON POUR LES TOURISTES À MONTMARTRE, CELLE DU PAVÉ D'AUJOURD'HUI.
MAIS C'EST CE QUE JE ME DISAIS : IL Y A DES TRUCS À VOUS, DANS CE QUE VOUS CHANTEZ ?
JE VEUX !
ET TU PRÉFÈRES LAQUELLE ?
CELLE OÙ TU FAIS TOUS LES MOIS DE L'ANNÉE AVEC LES CONNERIES DES FRANÇAIS.
C'EST HEXAGONE, UNE DE MES PREMIÈRES CHANSONS. MAIS TU L'ENTENDRAS JAMAIS À LA RADIO.
CES CONNARDS N'EN VOUDRONT JAMAIS. MAIS JE M'EN FOUS !
LA RÉVOLTE, ELLE DOIT PAS ÊTRE CHEZ GUY LUX ET DANIÈLE GILBERT À LA TÉLÉ, MAIS DANS LA RUE. ET C'EST DANS LA RUE QUE JE CHANTE.

VOUS SORTEZ D'OÙ ?
PAS LOIN : LES PARENTS DE MICHEL SONT BISTROTS À VAVIN ET MOI JE SUIS DE LA PORTE D'ORLÉANS...
ICI, À MONTPARNASSE, ON EST À MI-CHEMIN.
LA JOURNÉE, LES FLICS NOUS EMPÊCHENT DE FAIRE LA MANCHE DANS LES RUES.
ALORS ON FAIT LES COURS D'IMMEUBLES.
ET JE PEUX TE DIRE QUE ÇA MARCHE, LES VIEILLES SCIES D'AVANT-GUERRE COMME NOS CHANSONS À NOUS.
ON NE FAIT LES TERRASSES QUE LE SOIR. LÀ, LES FLICS NE PEUVENT PAS NOUS EN EMPÊCHER.
MAIS SI TU VOYAIS COMME LES GENS SONT HEUREUX QUAND ON CHANTE DANS LES COURS, SOUS LEURS FENÊTRES...

PEUPLE DES DES HLM ! PEUPLE DES COURS D'IMMEUBLE ET DES TROTTOIRS ! PEUPLE DE PARIS ! TES ENFANTS VIENNENT TE CHANTER LA VÉRITÉ SUR LE TRISTE PAYS QUE TU HABITES !
''CRÈVE SALOPE'' ÉTAIT LE PREMIER BROUILLON DU RÉPERTOIRE POST SOIXANTE-HUITARD DE RENAUD. ''HEXAGONE'' EN EST UNE COPIE ABOUTIE, CETTE FOIS-CI, À DESTINATION D'UN PUBLIC NON CONQUIS D'AVANCE: LES GENS DE LA RUE.
Ils s'embrassent au mois de Janvier Car une nouvelle année commence
LA ROTONDE
LA ROTONDE
Mais depuis des éternités l'a pas tell'ment changé la france
Passent les jours et les semaines Y a qu'le décor qui évolue.
LE DUO S'INSCRIT ENCORE DANS UNE TRADITION DE CHANTEURS DE RUE, À LA ÉDITH PIAF, AVANT QUE CEUX-CI NE S'EXILENT DANS LE MÉTRO OU EN CABARETS.
La mentalité est la même Tous des tocards, tous des faux culs
Être né sous l'signe de l'Hexagone C'est pas c'qu'on fait d'mieux en c'moment
Et le roi des cons, sur son trône J'parierai pas qu'il est all'mand
''HEXAGONE'' EST LA MARSEILLAISE DE RENAUD. UNE CHANSON QUI NE PRENDRA PAS UNE RIDE AVEC LES ANNÉES, ET DONT LA FRANCE OUBLIERA VOLONTIERS LA VIOLENCE.

UN JOUR, QUAND RENAUD RETROUVE MICHEL POUR LEUR TOURNÉE DE LA RIVE GAUCHE.
DEVINE OÙ J'ÉTAIS HIER SOIR !
JE SUIS ALLÉ VOIR COLUCHE AU NOUVEAU CAFÉ DE LA GARE, DANS LE MARAIS. EH BIEN, ÇA MARCHE DU TONNERRE DE DIEU.
CAFÉ DE LA GARE
COLUCHE
ET ALORS ?
ET ALORS ? ET ALORS ?
IL Y A 400 PERSONNES QUI ATTENDENT DANS LA COUR AVANT D'ENTRER.
ILS COMMENCENT À FAIRE LA QUEUE TROIS QUARTS D'HEURE AVANT LE SPECTACLE.
ÇA FAIT PLUS D'UN AN QU'ON GALÈRE AUX TERRASSES, IL N'Y A QU'À ALLER LÀ.
ET C'EST PAS SOTHA ET ROMAIN QUI VONT NOUS VIRER.
BEN TU N'ES PAS RANCUNIER.
QUAND GÉGÉ EST REPARTI AUX ÉTATS-UNIS, ILS T'ONT PAS RAPPELÉ POUR REPRENDRE ROBIN DES QUOI ?
ILS ONT PRIS UN AUTRE COMÉDIEN. PLUTÔT BIZARRE. PAS TRÈS BON.
À MON AVIS, IL NE VA PAS DURER LONGTEMPS DANS LE MÉTIER, CE GÉRARD DEPARDIEU.

AUSSITÔT DIT, AUSSITÔT FAIT...
COLUCHE
CAFÉ DE LA GARE
PUTAIN, JE GAGNE PLUS MAINTENANT DANS LA COUR DU CAFÉ DE LA GARE QUE QUAND J'ÉTAIS SUR SCÈNE.
PAS ÉTONNANT. VOUS ÊTES DE LA MÊME FAMILLE, COLUCHE ET TOI.
TES CHANSONS, SES SKETCHS, C'EST POUR LE MÊME PUBLIC, NON ?
ET JUSTEMENT, UN SOIR...
SALUT, JE SUIS PAUL LEDERMAN, LE MANAGER DE COLUCHE.
VOUS VOULEZ FAIRE SA PREMIÈRE PARTIE ?
SA PREMIÈRE PARTIE ?
OUI, J'OUVRE UN CABARET. IL SERA LA TÊTE D'AFFICHE ET VOUS CHANTEREZ AVANT SON SPECTACLE.

OUVERT À LA RENTRÉE 1974 À DEUX PAS DES CHAMPS-ÉLYSÉES, LE CAF' CONC' DE PARIS PRÉSENTE QUELQUES ARTISTES AMATEURS OU DÉBUTANTS...
Caf' Conc'
Coluche
Coluche
... AVANT QUE COLUCHE NE TRIOMPHE AVEC SES SKETCHES.
ALORS LÀ, LE MEC... AH OUI !
PARCE QUE Y A DES MECS DES FOIS...
NON, C'EST UN EXEMPLE... OUI, Y A DES MECS...
ET VOICI DES GARÇONS QUE L'ON A TROUVÉS DANS LA RUE. ON LES A RENTRÉS DE PEUR QU'ILS PRENNENT FROID.
MESDAMES ET MESSIEURS, LES PETITS LOULOUS.
L'grand Julot et Nana
Sur un air de java
S'connurent au bal musette
Sur un air de javette
Elle lui dit " j'ai l'béguin
Sur un air de javin
Il répondit " tant mieux "
Sur un air déjà vieux
Ah ! Ah ! Ah ! Ah !
Écoutez ça si c'est chouette
AH! AH! AH!
AAAH C'EST LA PLUS BATH DES JAVAS !

DITES-MOI, LES PETITS LOULOUS, ÇA NE VOUS DIRAIT PAS D'ENREGISTRER UN DISQUE ?
AU SECOURS ! IL A LANCÉ LA CARRIÈRE DE CLAUDE FRANÇOIS !
C'EST SYMPA, PAUL, MAIS NON.
JE SUIS COMÉDIEN, PAS CHANTEUR. J'AI PLEIN D'AUTRES PROJETS AU CINÉMA ET AU THÉÂTRE.
RENAUD A EN EFFET "D'AUTRES PROJETS"...
... C'EST-À-DIRE LE DÉCEVANT ENCHAÎNEMENT DES CASTINGS.
MERCI. ON VOUS ÉCRIRA SI VOUS ÊTES PRIS.
CASTING
MERCI. ON VOUS ÉCRIRA SI VOUS ÊTES PRIS.

LES PETITS LOULOUS RESTENT PENDANT DES MOIS AU CAF' CONC' DE PARIS...
J'ai crié sur tous les toits Ce que je pensais de toi Société, société Tu m'auras pas
... MÊME QUAND MICHEL PART FAIRE SON SERVICE MILITAIRE...
C'était un gringalet Pas vraiment laid Mais il était né à Paname
... MÊME SI LES CACHETS NE SUFFISENT PAS À RETENIR LONGTEMPS LES MUSICIENS...
Dis-moi pourquoi Greta Dis-quoi pour ta Gremoi Y'a un mur entre toi et moi
Écoutez-la, ma java sans joie C'est la java d'un petit gars
... MÊME SI LES PETITS LOULOUS SONT SOUVENT UN CHANTEUR TOUT SEUL
LE RÉPERTOIRE DU CHANTEUR EST ALORS À CHEVAL ENTRE TRADITION DES CHANSONNIERS POPULAIRES, ET LA PÉRIODE "LOUBARD ANAR" DE RENAUD. LA GAPETTE DU TITI PARISIEN EST ENCORE LÀ, MAIS LE PERFECTO ET LE BANDANA NE SONT PLUS TRÈS LOIN.
SOCIÉTÉ TU M'AURAS PAS, J'AI TROUVÉ ÇA SUPER.
MERCI.
CELA VOUS DIRAIT DE FAIRE UN DISQUE ?
VOUS SAVEZ, JE SUIS COMÉDIEN. JE NE CHANTE QUE POUR GAGNER MA VIE.
L'UN N'EMPÊCHE PAS L'AUTRE. NOUS CHERCHONS DES TALENTS COMME LE VÔTRE.
PASSEZ NOUS VOIR DEMAIN À NOTRE BUREAU, C'EST TOUT PRÈS.

FRANÇOIS BERNHEIM ET JACQUELINE HERRENSCHMIDT SONT DES PRODUCTEURS RESPECTÉS DEPUIS QU'ILS ONT- ENTRE AUTRES - LANCÉ LES POPPYS, UN DES PLUS GRANDS SUCCÈS DES ANNÉES 70.
POPPYS
NON, NON, RIEN N'A CHANGÉ
LOVE, LIOUBOV, AMOUR
FRANÇOIS BERNHEIM AVAIT 21 ANS EN MAI 68 ET A ÉTÉ LE CHANTEUR DES ROCHE MARTIN, GROUPE CRÉÉ AVEC VIOLAINE ET VÉRONIQUE SANSON, AVANT DE DEVENIR DIRECTEUR ARTISTIQUE CHEZ BARCLAY.
LES ROCHE MARTIN
VÉRONIQUE
VIOLAINE
FRANÇOIS
C'EST TOI QUI AS GACHÉ NOTRE VIE
NATHALIE'S BLUES
DÉCHÉANCE
LES MAINS DANS LES POCHES
JACQUELINE HERRENSCHMIDT A SORTI SON PREMIER DISQUE COMME CHANTEUSE EN 1956 ET A INTERROMPU SA CARRIÈRE À LA DEMANDE DE SON MARI, LÉO MISSIR, DIRECTEUR DE PRODUCTION CHEZ BARCLAY.
Barclay
jacqueline NERO
ELLE A REPÉRÉ NICOLETTA, LENY ESCUDERO OU NINO FERRER, ENSUITE "TRAVAILLÉS" PAR SON MARI...
LEUR DIVORCE FINIT DE LA CONVAINCRE DE QUITTER BARCLAY ET DE DEVENIR INDÉPENDANTE.
AU BOUT DE QUELQUES ANNÉES DE RÉUSSITE POUR LE COMPTE D'EDDIE BARCLAY, ILS ONT LANCÉ LEUR PROPRE SOCIÉTÉ DE PRODUCTION, WAH WAH MUSIC.

ALLEZ, VAS-Y, FAIS-NOUS ÉCOUTER TES CHANSONS.
CE SONT DES CHANSONS POUR LA RUE. DÉJÀ, ÇA ME FAIT BIZARRE DE LES CHANTER DEVANT UN PUBLIC ASSIS QUI A PAYÉ. DANS UN BUREAU PRÈS DES CHAMPS-ÉLYSÉES, JE NE SAIS PAS CE QUE ÇA VA DONNER.
Camarade bourgeois Camarade fils-à-papa La triumph en bas de chez toi Le petit chèque en fin de mois Regarde-toi, ah-ah-ah
Moi, j'suis amoureux de Paname Du béton et du macadam
Sous les pavés ouais, c'est la plage Mais l'bitume c'est mon paysage
LA NOSTALGIE A TOUJOURS ÉTÉ UN TRAIT DE CARACTÈRE DE RENAUD, DÈS SON PLUS JEUNE ÂGE. CETTE NOSTALGIE, QUI FERA UN JOUR SON MALHEUR, IMPRÈGNE SA POÉSIE D'UNE ÉPOQUE QU'IL N'A PAS CONNUE: CELLE DU PARIS D'ANTAN, DE SES FAUBOURGS, DE SES GAVROCHES.
Écoutez-moi, les Gavroches Vous les enfants de la ville Non, Paris n'est pas si moche
Écoutez ça les aminches Les escarpes et les marlous C'est l'histoire d'un drôle de grinche Tronche d'amour, gueule de voyou
EN CE TEMPS-LÀ RENAUD NE SE CONSIDÈRE PAS COMME UN "VRAI" CHANTEUR MAIS COMME UN POULBOT QUI ÉCRIT POUR SES COPAINS, POUR LES FILLES, POUR LA MONNAIE DES GENS DE LA RUE.

MAGNIFIQUE, IL Y A DE QUOI FAIRE UN ALBUM.
QUOI, UN ALBUM ? EN STUDIO, AVEC DES MUSICIENS ?
MAIS JE N'AI PAS ENVIE DE DEVENIR CHANTEUR, MOI !
TU NE VAS PAS LE DEVENIR, TU L'ES DÉJÀ.
MAIS JE NE SAIS PAS LIRE LA MUSIQUE !
VISIBLEMENT, ÇA NE T'EMPÊCHE PAS D'ÉCRIRE DES CHANSONS ET DE LES CHANTER.
MAIS JE NE CONNAIS PAS DE MUSICIENS POUR M'ACCOMPAGNER.
NE T'INQUIÈTE PAS, ON S'EN OCCUPE.
ET, QUELQUES SEMAINES PLUS TARD…
LE BATTEUR ALAIN WEISS, LE CLAVIER SLIM BATTEUX, LES CHORISTES ALAIN ET BERNARD LABACCI…
ET C'EST TOUT SIMPLE : VOICI TON MICRO ET VOICI TON CASQUE POUR ENTENDRE LA MUSIQUE EN MÊME TEMPS QUE TU CHANTES…

ET RENAUD DÉCOUVRE L'ENREGISTREMENT EN STUDIO...
Quand la Marie que j'aimais S'amenait en minaudant
C'EST SUPER. MAIS NE METS PAS AUTANT D'ACCENT PARIGOT.
BEN C'EST MON ACCENT.
AH MAIS IL EST SUPER TON ACCENT.
MAIS N'EN METS PAS TROP.
MAIS QU'ON L'ENTENDE BIEN QUAND MÊME.
DISQUE À PETIT BUDGET : ENREGISTREMENT RAPIDE, TREIZE CHANSONS EN UNE SEMAINE.
C'EST DANS LA BOÎTE, ON PASSE À LA SUIVANTE.
QUAND EST-CE QU'ON DÉJEUNE ?
APRÈS. ON NE TARDE PAS, S'IL TE PLAÎT.
LES MUSICIENS ONT ACCEPTÉ D'ÊTRE PAYÉS SEULEMENT QUAND ON AURA TROUVÉ UN DISTRIBUTEUR POUR L'ALBUM.
D'AILLEURS, TU FAIS LA PHOTO DE POCHETTE DEMAIN.
UN PORTRAIT TOUT SIMPLE, AVEC LA CASQUETTE DE TON GRAND-PÈRE OSCAR.
TU NE PEUX PLUS T'APPELER ''LES PETITS LOULOUS'', D'AILLEURS.
SUR LA POCHETTE, ON TE DONNE TON NOM, RENAUD SÉCHAN ?
MON PÈRE EST ÉCRIVAIN, SON PÈRE ÉTAIT PROFESSEUR À LA SORBONNE.
ILS AURAIENT HONTE DE VOIR LEUR NOM SUR LE DISQUE D'UN GUGUSSE.
METS JUSTE ''RENAUD''.

LE 33 TOURS SORT LE 3 AVRIL 1975.
RENAUD
FRANÇOIS BERNHEIM, PRODUCTEUR PASSIONNÉ, PORTE LUI-MÊME LE DISQUE AUX PROGRAMMATEURS DES RADIOS "PÉRIPHÉRIQUES".
C'EST LA VOIX DE LA JEUNESSE DE MAINTENANT.
LE CONTRAIRE DES SUCRERIES DE MIKE BRANT ET DAVE.
RADIO-ALLO
NOUS, ON AIME BIEN MIKE BRANT ET DAVE.
1975, C'EST UNE ANNÉE ROMANTIQUE.
ÉCOUTEZ QUAND MÊME RENAUD, MES AMIS. JE REVIENS DANS UNE SEMAINE.
RENAUD
ET UNE SEMAINE PLUS TARD...
SALUT, VOUS AVEZ ÉCOUTÉ RENAUD ?
ON L'A RANGÉ DANS LES CHIOTTES. COMME ÇA, L'ODEUR NE GÊNE PAS.
LES PROGRAMMATEURS DES RADIOS NE SONT PAS TRÈS ENTHOUSIASTES DEVANT L'ALBUM DE CE NOUVEL ARTISTE.
POURQUOI, AVEC SA GAPETTE ET SON ACCENT PARIGOT, IL NE CHANTE PAS JUSTE DU BRUANT AU LAPIN AGILE ?
RENAUD
TU SAIS, MAI 68 C'EST FINI.
DE TOUTE FAÇON, MÊME SI ÇA MARCHE, ÇA POURRA PAS DURER.
RADIO 2
RADIO 2

DÉSOLÉ, RENAUD, ÇA N'IMPRIME PAS CHEZ LES PÉRIPHÉRIQUES. IL N'Y A QUE FRANCE INTER QUI NE SOIT PAS HOSTILE ET DIFFUSE QUELQUES TITRES.
HEUREUSEMENT, POLYDOR FAIT LE JOB ET ON TROUVE TON ALBUM "CHEZ TOUS LES BONS DISQUAIRES", COMME ON DIT.
ET TU AS QUATRE CHANSONS EN 45 TOURS POUR LES JUKE BOX.
HEUREUSEMENT, ÇA A L'AIR DE DÉCOLLER DU CÔTÉ COMÉDIEN.
JE FAIS PLEIN DE CASTINGS ET ÇA VA FORCÉMENT MARCHER.
MÊME SI JE REFUSE DE ME COUPER LES CHEVEUX, COMME ON ME LE DEMANDE SOUVENT. JE NE PEUX JOUER QUE DES RÔLES DE REBELLE OU DE VOYOU. TANT PIS POUR EUX.
MAIS MAINTENANT, TU N'AS PLUS BESOIN DE T'APPELER LES PETITS LOULOUS POUR FAIRE DES CONCERTS.
RENAUD
JE VEUX ! JE FAIS PLEIN DE MJC DANS TOUTES LES BANLIEUES DE GAUCHE. MES CHANSONS TOUCHENT LES JEUNES COMME MOI, PAS LES PETITS BOURGEOIS.
Être né sous le signe de l'Hexagone C'est pas ce qu'on fait de mieux en ce moment

Ils s'embrassent au mois de janvier Car une nouvelle année commence
Mais depuis des éternités L'a pas tell'ment changé la France
LE BOUCHE À OREILLE FONCTIONNE MIEUX QUAND IL Y A UNE RADIO ENTRE LES DEUX, ET "HEXAGONE" N'EST PLUS UNE CHANSON INTERDITE SUR LES ONDES
Passent les jours et les semaines Y a qu'le décor qui évolue
J'me souviens surtout
sécurité
LA CHANSON QUE VOUS PASSEZ, QUI EST-CE ?
"HEXAGONE" ? C'EST RENAUD.
RENAUD COMMENT ?
RENAUD TOUT COURT.
VOUS AVEZ SON NUMÉRO ?
APPELEZ SA MAISON DE DISQUES, POLYDOR.
ALLÔ, RENAUD ? J'ADORE CE QUE VOUS FAITES !
"ÊTRE NÉ SOUS L'SIGNE DE L'HEXAGONE", C'EST GÉNIAL !
QUEL STYLE !
JE SUIS LUCIEN GIBARA. DE LA PIZZERIA DU MARAIS.
VENEZ PASSER UNE AUDITION CE SOIR. JE VOUS ATTENDS. À T'À L'HEURE.
NINO'S CLUB
RESTAURANT PIZZERIA DU MARAIS

À LA PIZZERIA DU MARAIS, LUCIEN GIBARA NE S'INTÉRESSE PAS BEAUCOUP AUX PIZZAS. IL PROGRAMME DES CHANTEURS DANS L'ANCIEN BAR DU SOUS-SOL.
VRAIMENT, J'ADORE !
ENFIN, TES CHANSONS À TOI, PAS LES VIEILLERIES.
TU VAS FAIRE TOUTE LA SAISON.
TOI À 20 HEURES, BERNARD LAVILLIERS À 22 HEURES.
AU DÉBUT, TU VAS ARRONDIR TES CACHETS COMME BARMAN.
QUAND ÇA VA COMMENCER À REMPLIR, TU NE FERAS QUE CHANTER.
RENAUD N'EST JAMAIS PASSÉ À LA TÉLÉVISION. IL A UN PEU LE TRAC. IL EST NÉ IL Y A VINGT ANS À PARIS.
C'EST UN GAVROCHE.
VOUS N'AVEZ QU'À ÉCOUTER L'ACCENT.
Danièle Gilbert
Camarade bourgeois Camarade fils-à-papa Regarde-toi, ah-ah-ah Regarde-toi, ah-ah-ah
ET ENCORE DES CANARDS QUI PARLENT DE TON ALBUM ! ILS L'ADORENT TOUS.
AVEC MIDI-PREMIÈRE SUR TF1 ET TOUTE CETTE PRESSE...
PICON
le QUOTIDIEN de paris
la gueule ouverte
rock&folk
... TU TE PRÉPARES AU DISQUE D'OR, NON ?
PAS VRAIMENT.
ON N'A MÊME PAS VENDU 2000 ALBUMS.
EN SIX MOIS ?

JE NE SAIS PAS SI TOUS MES CONFRÈRES S'EN RENDENT COMPTE...
... MAIS IL Y A UNE GÉNÉRATION FORMIDABLE QUI DÉCOLLE EN CE MOMENT.
Inter
Duteil
Souchon
Lavilliers
Foulquier
J'AI ENTENDU DIRE QUE LE DISQUE NE SE VEND PAS BEAUCOUP...
... MAIS, HONNÊTEMENT, "HEXAGONE" EST UNE DES MEILLEURES CHANSONS DE L'ANNÉE.
IMPRESSIONNANT, L'EFFET FRANCE INTER.
C'EST SÛR, ÇA NE FUME PAS DES ANGLAISES EN BUVANT DU WHISKY.
TOUT LE MONDE AUX CIGARETTES BRUNES ET À LA BIÈRE.
J'AVOUE QUE ÇA FAIT DU BIEN DE NE FAIRE QUE CHANTER DANS LA SOIRÉE...
... ET DE NE PLUS SERVIR.
TU NE RESTES PAS POUR LE CONCERT DE BERNARD ?
... TU AS UNE FIANCÉE DANS LES PARAGES ?
ON M'ATTEND. MISSION D'EXPLORATION.

FAN ZONE
JE ME SUIS ÉVEILLÉ À LA MUSIQUE AVEC LES CHANTS DE MON PAYS DE NAISSANCE.
wa rfoûd el khamîd aya khoûti li ga3 bkina 3lih wa herzoû sidi m3a dekhla temoû sarin bih rah rijal
PUIS CELLE DE MES PARENTS.
Vous les femmes, vous le charme Vous les anges, adorables
ON A ÉTÉ ÉDUQUÉS PAR LES CHANSONS SANS MUSIQUE DE NOS POÈTES MORTS.
Et que personne d'autre ne peut les voir Les fleurs du mal poussent dans ma chambre.
ON A MÛRI AVEC LES MUSIQUES AMÉRICAINES QUI NOUS FONT ATTRAPER LES FILLES.
welcome to the hotel california such a lovely place such a lovely face
california
MAIS AVEC RENAUD, ON A EU NOTRE PROPRE MUSIQUE À NOUS.
... MAINTENANT ON A NOTRE CHANTEUR À NOUS.
... MON CHANTEUR À MOI !
... POUR LE DEMI-SIÈCLE À VENIR.

CHAPITRE 5

« Mais bordel ! Où c'est qu'j'ai mis mon flingue ? »

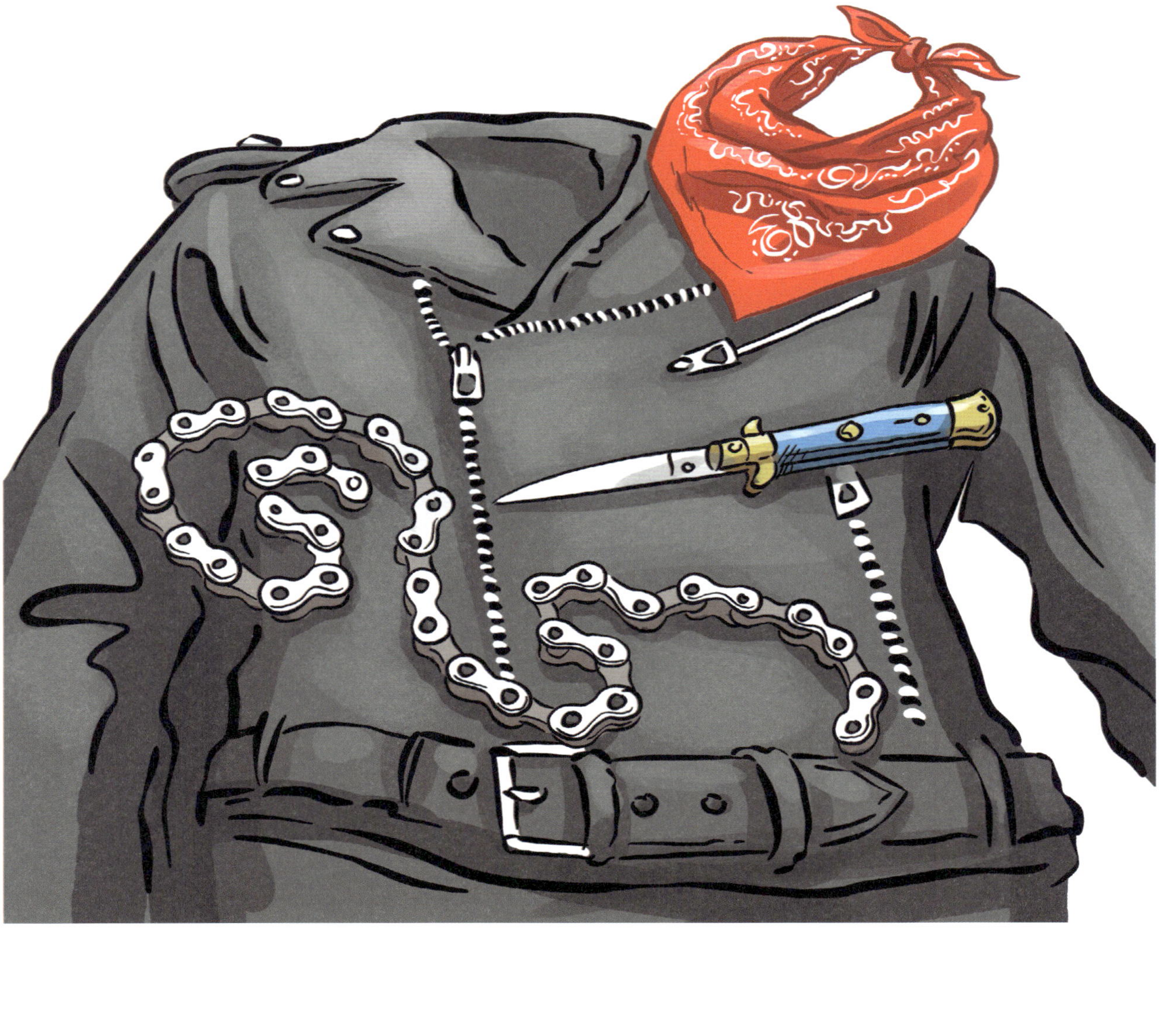

MON FRÈRE ET SES POTES ADORENT "CAMARADE BOURGEOIS".
ÇA TE DIT DE VENIR À ARGENTEUIL, QUE JE TE LES PRÉSENTE ?
EUH... ! SALUT LES GARS.
ARGENTEUIL, CE N'EST PAS LES H.L.M. À DIMENSIONS HUMAINES DE LA PORTE D'ORLÉANS OU DE MONTROUGE.
IMMEUBLES ÉNORMES, ESPACES ÉNORMES, ENNUI ÉNORME.
ON VA OÙ ?
N'IMPORTE OÙ, C'EST PARTOUT LA ZONE.
ON VA AU PRISU CHOURAVER DES DISQUES ?
TU VOIS, ICI Y A RIEN À FOUTRE ET Y A PAS UN DISQUE POUR NOUS.
...ET MÊME LE ROCK FRANÇAIS, ON DIRAIT QUE C'EST ÉCRIT PAR DES PROFS.
POP

RENAUD DÉCOUVRE L'UNIVERS DES LOUBARDS : ADIEU LA DÉGAINE DE GAVROCHE.

À ARGENTEUIL, L'ARGOT N'EST PAS EXACTEMENT LE MÊME QUE DANS LES VIEILLES CHANSONS.

Chez Aristide Bruant	Chez les loubards
Déguerpir	S'arracher
Une soute	Une meuf
Le baston	Le baston
Chiqué	Bidon
Mettre un pain	Mettre un pain
Roussin	Keuf
Étouffer	Chouraver

MAIS FRANÇOIS BERNHEIM ATTEND LE PROCHAIN DISQUE DE RENAUD.
PUTAIN, RENAUD, ÇA FAIT DEUX HEURES QU'ON T'ATTEND POUR DÎNER !
J'ARRIVE D'ARGENTEUIL EN MEULE, ALORS LAISSE BÉTON.
COMMENT ÇA " LAISSE BÉTON " ?
LAISSE TOMBER, QUOI.
C'EST DU VERLAN.
T'EN APPRENDS AVEC TES LOUBARDS D'ARGENTEUIL.
EN TOUT CAS, ÇA FERAIT UN BON TITRE DE CHANSON, " LAISSE BÉTON ".
ALORS LE MEC ME CHOPE DANS LA RUE... NON ! IL ENTRE DANS LE BAR ET IL M'ATTRAPE PAR LE COL DU BLOUSON PARCE QU'IL LUI PLAIT.
BYRRH
NON ! IL COMMENCE PAR LES BOTTES. PARCE QUE MES BOTTES, ELLES LE BOTTENT.
GITANES
Je parie que c'est des santiags
Viens faire un tour dans le terrain vague.
Moi j'y'ai dit, laisse béton
COMMENT SOUVENT, LES CHANSONS ÉCRITES D'UN JET ET SUR UN COIN DE TABLE ONT ÉTÉ MÛRIES BIEN EN AMONT, ET SONT TRÈS PEU RETOUCHÉES ENSUITE. CELLE-CI, TRÈS DYLANESQUE, INSTALLERA DURABLEMENT L'IMAGE D'ÉPINAL DU LOUBARD DANS LE RÉPERTOIRE DE RENAUD ET L'IMAGINAIRE DU PUBLIC.

Y m'a filé une beigne Je lui ai filé une torgnole
Y m'a filé une châtaigne J'lui ai filé mes grolles
LÀ, IL SE PASSE UN TRUC, RENAUD. C'EST VRAIMENT GÉNIAL.
C'ÉTAIT SYMPA, LA GOUAILLE DU PARIGOT ET L'ESPRIT DE BRUANT. MAIS C'ÉTAIT LE PARIS DONT TU RÊVAIS, PAS LE PARIS DE MAINTENANT.
LÀ, C'EST LA FRANCE DE MAINTENANT.
ET PUIS LE PERFECTO, ÇA TE VA TELLEMENT BIEN.
JE SUIS BIEN AVEC UN CUIR. ON SE SENT À PLUSIEURS, LÀ-DEDANS.
UNE BANDE DE JEUNES À MOI TOUT SEUL.
ÇA AUSSI, C'EST UN BON TITRE.
IL LEUR FAUDRAIT DES CHANSONS QUI LEUR RESSEMBLENT, À ARGENTEUIL.
ILS S'EMMERDENT TELLEMENT, C'EST AUTRE CHOSE QUE MON TERRAIN VAGUE DE LA PORTE D'ORLÉANS.
C'EST POUR ÇA QUE J'Y PASSE AUTANT DE TEMPS.

ON VA AU BISTROT ?
TANT QUE JE NE VAIS PAS BOSSER À L'USINE, MON PÈRE ME DONNE RIEN.
JE SUIS SANS UN.
J'ARRIVE À LUI PIQUER DES CLOPES MAIS IL DORT SUR SON LARFEUILLE.
PUTAIN, J'AI ENCORE CREVÉ ET PLUS DE COLLE À RUSTINE.
FALLAIT PAS LA SNIFFER!
LES MEILLEURES SOIRÉES, C'EST LES BOUMS DES BOURGES OÙ ON N'EST PAS INVITÉS.
LA SEULE PRÉCAUTION, C'EST DE RESTER PRÈS DU TÉLÉPHONE ...
... QU'ILS APPELLENT PAS LES FLICS AVANT QU'ON AIT TOUT PIRATÉ.
JE VOUS AVAIS DIT QUE C'ÉTAIT UNE CONNERIE, TAPER L'INCRUSTE AU BAL DES AGRICULTEURS DE MONTESSON !
ILS SONT PLUS TEIGNEUX QU'AU VÉSINET.
PUTAIN LA MANDALE QUE TU LUI AS MISE, AU BOUSEUX.
J'LE FINISSAIS S'IL AVAIT PAS EU SON POTE AVEC LE FUSIL.
J'AI BIEN CRU QUE C'ÉTAIT MON DERNIER BAL !!

LA VIE DE LOUBARD EST UN APPRENTISSAGE.
MAIS J'AI JAMAIS FAIT ÇA, LES GARS.
COMME ÇA, SI CHANTEUR ÇA MARCHE PAS, TU SAURAS FAIRE BRAQUEUR.
MERDE, ON DIRAIT CHEZ MES VIEUX.
ÇA FAIT PAS BÉZEF.
C'EST LE RISQUE QUAND ON BRAQUE LES PAUVRES.
RENAUD, QUAND T'AS FAIT LE SALON, T'AS TROUVÉ QUELQUE CHOSE ?
UNE PAUVRE KELTON.
AH ! AH ! CHANGE PAS D'MÉTIER.
LOUBARD NON PLUS, C'EST PAS UN MÉTIER.
HÉ, TONIO, OÙ TU VAS ?
À L'USINE ! MON PÈRE M'A DIT QUE C'ÉTAIT ÇA OU LA PORTE.
REMARQUE, LE MIEN IL NE ME FOUT LA PAIX QUE PARCE QUE JE PARS À L'ARMÉE DANS DEUX MOIS.
ÇA VOUS DIRAIT SI JE VOUS METTAIS DES PLACES À LA PIZZA DU MARAIS ?
BIEN SÛR QUE ÇA FERAIT PLAISIR, RENAUD, MAIS C'EST MIEUX QUAND TU VIENS À LA MAISON DE LA CULTURE D'ARGENTEUIL.
QU'EST-CE QUE TU VEUX QU'ON FASSE LÀ-BAS ? C'EST PAS POUR NOUS, PANAME.

3 DÉCEMBRE 1975, RENAUD TRAINE VERS LES CHAMPS-ÉLYSÉES -
PIN! PON! PIN! PON! PIN!
LES FLICS EN ONT EU DEUX.
ILS AVAIENT DES OTAGES.
ÇA A FAILLI MAL FINIR.
JE NE SUIS PAS RACISTE, MAIS...
..CHAQUE FOIS QU'IL Y A UN MAUVAIS COUP...
ET S'ILS AVAIENT BUTÉ UN OTAGE ET QUE C'ÉTAIT TA MÈRE ?
ET SI C'ÉTAIT TON FILS QUI ÉTAIT AU SOL ?
BIEN FAIT POUR LUI !
PETIT SALOPARD.
BIEN FAIT !
PAS DE REGRETS.
POLICE
Elle n'a pas dix-sept ans cette fille qui pleure.
Sa pudeur, comme ses quelques larmes...
...me réchauffent le corps

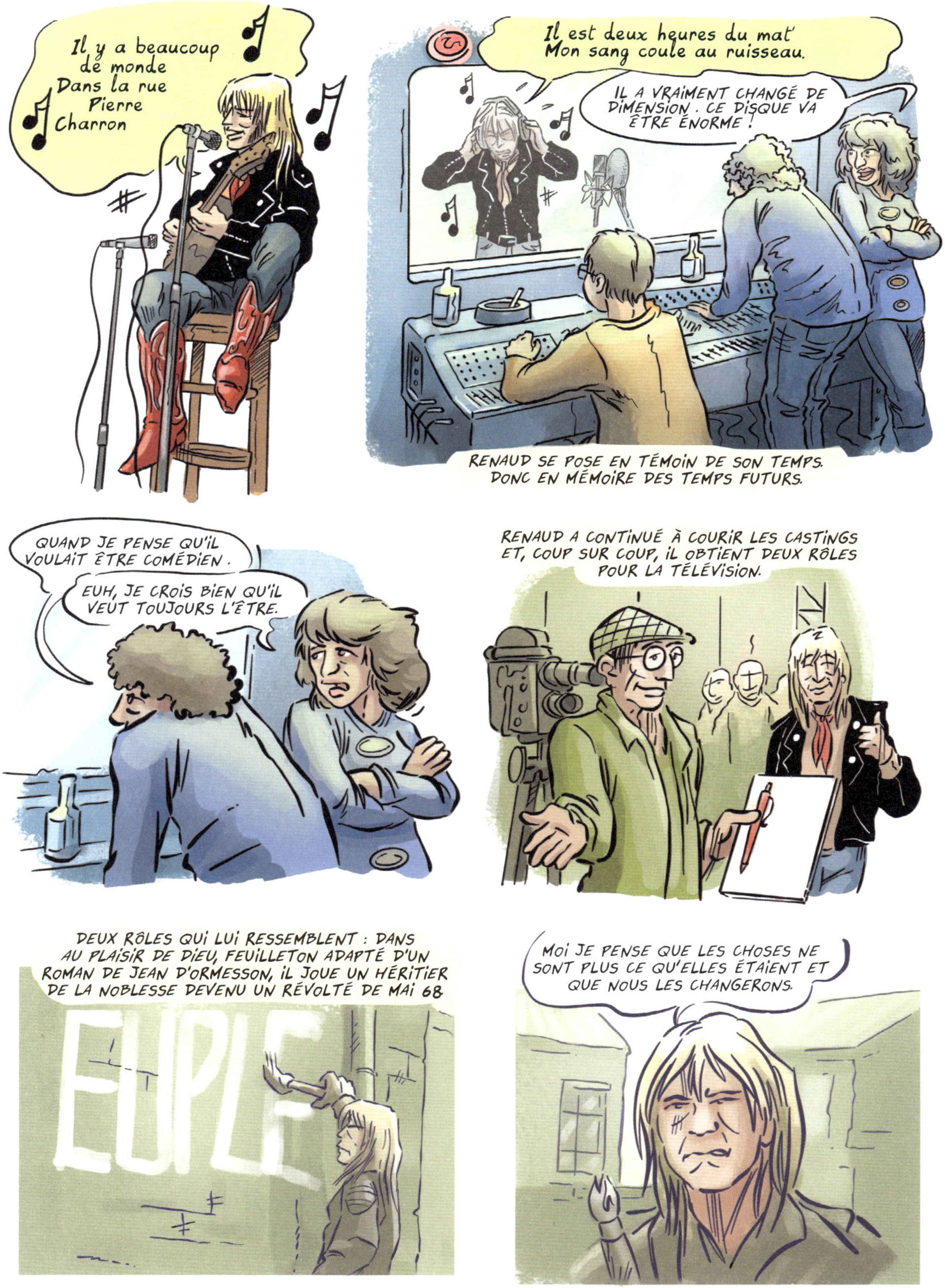

Il y a beaucoup de monde Dans la rue Pierre Charron
Il est deux heures du mat' Mon sang coule au ruisseau.
IL A VRAIMENT CHANGÉ DE DIMENSION. CE DISQUE VA ÊTRE ÉNORME !
RENAUD SE POSE EN TÉMOIN DE SON TEMPS. DONC EN MÉMOIRE DES TEMPS FUTURS.
QUAND JE PENSE QU'IL VOULAIT ÊTRE COMÉDIEN.
EUH, JE CROIS BIEN QU'IL VEUT TOUJOURS L'ÊTRE.
RENAUD A CONTINUÉ À COURIR LES CASTINGS ET, COUP SUR COUP, IL OBTIENT DEUX RÔLES POUR LA TÉLÉVISION.
DEUX RÔLES QUI LUI RESSEMBLENT : DANS AU PLAISIR DE DIEU, FEUILLETON ADAPTÉ D'UN ROMAN DE JEAN D'ORMESSON, IL JOUE UN HÉRITIER DE LA NOBLESSE DEVENU UN RÉVOLTÉ DE MAI 68
EUPLE
MOI JE PENSE QUE LES CHOSES NE SONT PLUS CE QU'ELLES ÉTAIENT ET QUE NOUS LES CHANGERONS.

DANS LA SÉRIE BRIGADE DES MINEURS, IL INCARNE UN FILS DE BONNE FAMILLE PLONGÉ DANS LA MARGINALITÉ...
MOI, VOS P'TITS JOINTS, ÇA M'DÉFONCE MÊME PLUS. MON DEALER M'A FILÉ AUJOURD'HUI UN AUTRE TRUC.
... QUI ENTRAÎNE QUELQUES COPAINS DANS LES DROGUES DURES...
C'EST QUOI ?
LA DÉFONCE, LA VRAIE. LE CHEVAL, L'HÉROÏNE.
Y A PAS D'ACCOUTUMANCE QUAND TU SHOOTES DANS LA CUISSE.
... CE QUI AMÈNE ÉVIDEMMENT L'INTERVENTION DE LA BRIGADE DES MINEURS...
C'EST GENTIL, VOTRE PETIT CHEZ VOUS. ON PEUT JETER UN COUP D'ŒIL ?
ON N'EST PAS DES DROGUÉS, M. LE COMMISSAIRE, C'EST JUSTE POUR ESSAYER.
... ET UNE INTRIGUE TRAGIQUE DONT RENAUD INCARNE LE PERSONNAGE LE PLUS ANTIPATHIQUE.
T'ES RENTRÉ DANS LE SYSTÈME. ALORS QU'EST-CE QUE TU FOUS LÀ ?
JE CHERCHE MONIQUE.
ELLE EST PAR LÀ, DANS LE FOND.
MAIS ANTENNE 2 DOIT DÉPROGRAMMER LE FILM, CRAIGNANT D'ÊTRE ACCUSÉE DE MONTRER DES JEUNES QUI AIMENT SE DROGUER...
ET LA NEIGE DE NOËL EST FINALEMENT DIFFUSÉ APRÈS UN DÉBAT INTITULÉ " PEUT-ON TOUT MONTRER À LA TÉLÉVISION ? " ET RENAUD DÉCOUVRE QUE LA CHANSON EST MOINS CENSURÉE QUE LA FICTION TÉLÉ.

MAIS LA CHANSON OCCUPE RENAUD POUR LA MAJEURE PARTIE DE SON TEMPS. À LA PIZZA DU MARAIS OU DANS DES MJC...
... OU EN STUDIO AVEC UNE NOUVELLE ÉQUIPE DE POINTURES... ALAIN LE DOUARIN, JOSS BASELLI, JEAN-JACQUES MILTEAU...
... POUR DE NOUVELLES CHANSONS, VOLONTIERS D'HUMEUR LÉGÈRE...
Elle habitait Germaine Une chambre de bonne Quelque part dans l'cinquième À côté d'la Sorbonne
... AVEC QUELQUES PRIVATE JOKES...
Sur l'vieil électrophone Trop souvent détraqué
Elle écoutait les Stones Et Maxime Le Forestier
LE DIRECTEUR MUSICAL DE L'ALBUM EST PATRICE CARATINI, QUI A TRAVAILLÉ SUR TOUS LES ALBUMS DE MAXIME LE FORESTIER.
maxime le forestier
Maxime Forestier
Maxime Le Forestier
MAXIME LE FORESTIER
TU VOIS, JE VOUDRAIS QUE CE SOIT ACOUSTIQUE, MAIS PAS TROP JAZZ.
PAS TROP WESTERN. PAS TROP FOLK NON PLUS.
MAIS PAS VARIÉTÉS.

MÊME EN PARLANT DE POLITIQUE, RENAUD MISE SURTOUT SUR LA COMÉDIE.
Je crie bien fort que je suis le séparatiste du quatorzième arrondissement
Oui que je suis l'autonomiste De la Porte d'Orléans.
... ET IL DÉCOUVRE VRAIMENT LE TRAVAIL EN STUDIO AVEC LES MUSICIENS.
LÀ, C'EST UN BLUES DU MISSISSIPPI POUR LA PORTE D'ORLÉANS, SURTOUT PAS UN TRUC PARIGOT AVEC DE L'ACCORDÉON.
ÇA, TOUT LE MONDE S'Y ATTEND TROP.
Je suis le chef et le sous-chef. Y a plus de problèmes de hiérarchie.
C'est toujours moi qui commande.
C'est toujours moi qui obéis.
ELLE N'EST PAS UN PEU TRISTE, TA MUSIQUE ?
BEN OUI, PARCE QUE LE MEC IL EST TRISTE D'ÊTRE TOUT SEUL.
MAIS C'EST QUAND MÊME UNE COMÉDIE.
ON VA PEUT-ÊTRE ESSAYER QUELQUE CHOSE D'AUTRE AVEC PLEIN DE PERCUSSIONS.
GRMFF.
Je suis une bande de jeunes á moi tout seul. j'me fends la gueule.
ALORS, QU'EST-CE QUE TU EN PENSES ?
OUAIS, BON, D'ACCORD.

DE TOUTE FAÇON, POUR LA TRISTESSE, IL Y A " LA CHANSON DU LOUBARD "...
LA SEULE QUE JE N'AI PAS ÉCRITE.
...ET " LES CHAROGNARDS ", ÉVIDEMMENT.
D'AILLEURS, TU SENS QU'ELLES PASSENT BIEN, LES NOUVELLES CHANSONS ?
OH OUI, ÇA SE PASSE BIEN.
À LA PIZZA DU MARAIS, RENAUD TESTE SES NOUVELLES COMPOSITIONS DEVANT UN PUBLIC DE PLUS EN PLUS DENSE...
Adieu fillette nous n'étions pas du même camp Bonjour à tes parents
Hé, dis-moi Lucien, où c'est qu'elle est ta bande ? Maintenant qu'est-c'que tu glandes sans tes copains ?
J'irai plus dans vos boums Elles sont tristes à pleurer Comme un sourire de clown Comme la pluie sur l'été
... ET L'UNE D'ELLES SUSCITE PLUS D'ENTHOUSIASME QUE LES AUTRES.
Moi j'y ai dit : Laisse béton !
Y m'a filé une beigne Je lui ai filé une torgnole Y m'a filé une châtaigne Je lui ai filé mes grolles
TU AS VU COMME LE PUBLIC RÉAGIT À " LAISSE BÉTON " ?
DÈS QUE TON DISQUE SORT, ON VA L'ENTENDRE PARTOUT.
ALLEZ, ARRÊTE TES CONNERIES !
RE-NAUD ! RE-NAUD ! !
ENTRE LES ANCIENS MARLOUS ET LES FUTURES RACAILLES, LA BANLIEUE TROUVE SON HÉRAULT, ET SON HÉROS.

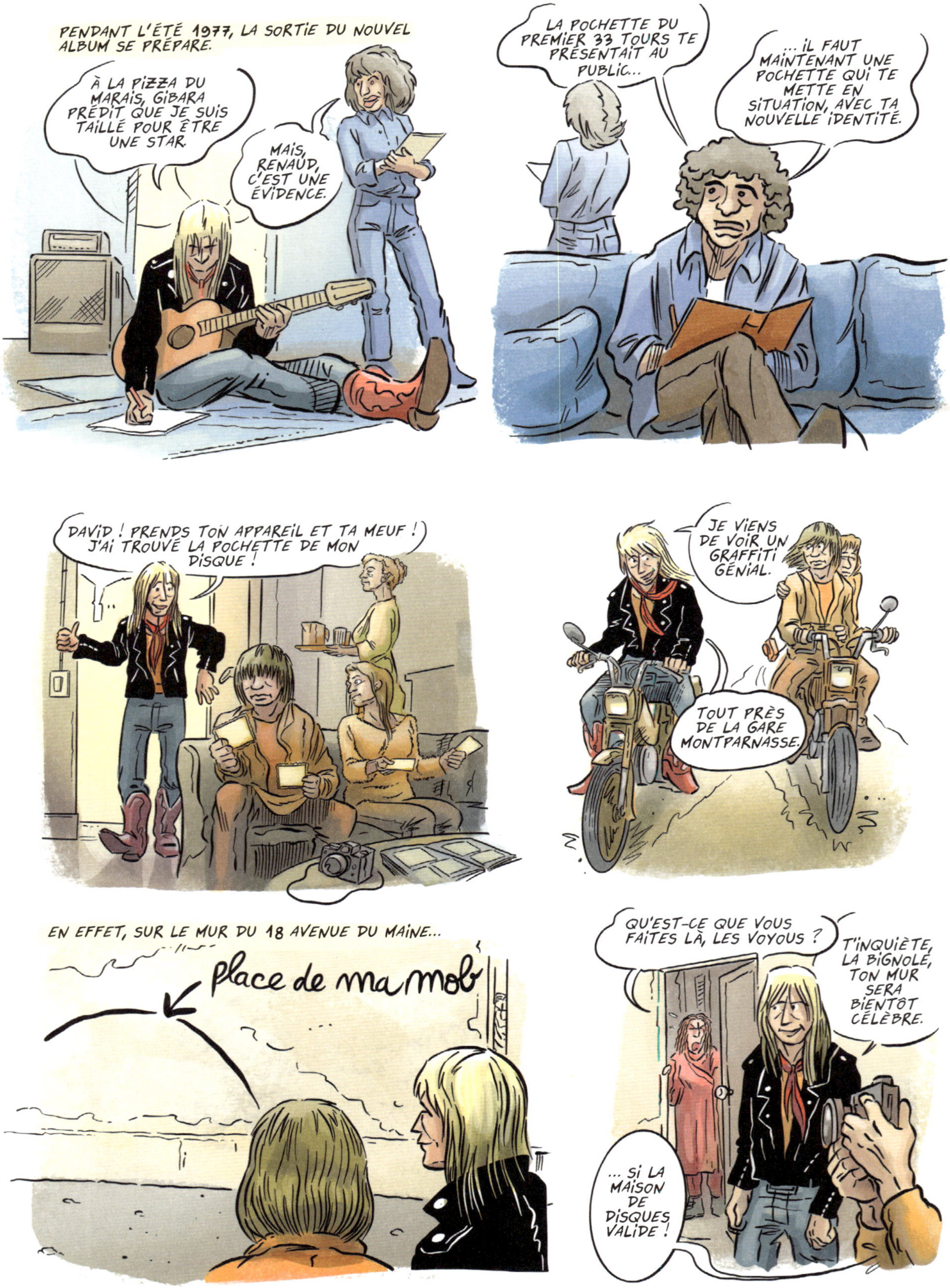
PENDANT L'ÉTÉ 1977, LA SORTIE DU NOUVEL ALBUM SE PRÉPARE.
À LA PIZZA DU MARAIS, GIBARA PRÉDIT QUE JE SUIS TAILLÉ POUR ÊTRE UNE STAR.
MAIS, RENAUD, C'EST UNE ÉVIDENCE.
LA POCHETTE DU PREMIER 33 TOURS TE PRÉSENTAIT AU PUBLIC...
... IL FAUT MAINTENANT UNE POCHETTE QUI TE METTE EN SITUATION, AVEC TA NOUVELLE IDENTITÉ.
DAVID ! PRENDS TON APPAREIL ET TA MEUF ! J'AI TROUVÉ LA POCHETTE DE MON DISQUE !
JE VIENS DE VOIR UN GRAFFITI GÉNIAL.
TOUT PRÈS DE LA GARE MONTPARNASSE.
EN EFFET, SUR LE MUR DU 18 AVENUE DU MAINE...
place de ma mob
QU'EST-CE QUE VOUS FAITES LÀ, LES VOYOUS ?
T'INQUIÈTE, LA BIGNOLE, TON MUR SERA BIENTÔT CÉLÈBRE.
... SI LA MAISON DE DISQUES VALIDE !

ET LA MAISON DE DISQUES VALIDE...
place de ma mob
RENAUD
AVEC TA VIEILLE AFFICHE DÉCHIRÉE À CÔTÉ, C'EST GÉNIAL !
UNE MISE EN ABYME, COMME DIRAIT PAPA.
RENAUD
JE NE VAIS PAS RESTER TOUTE MA VIE SUR UNE MOB. BIENTÔT, J'AURAI UNE HARLEY !
ET SI ON EN METTAIT UNE AU DOS DE LA POCHETTE ?
place de
REGARDE, MAMAN, C'EST LE PRESSAGE TEST.
Renaud
place de ma mob
EUH, DAVID, MAIS QUI C'EST, CETTE FILLE SUR LE BORD DE LA PHOTO ?
MAMAN, C'EST DOMINIQUE.
C'EST LA NOUVELLE COPINE DE RENAUD ?
S'IL NE T'A PAS PARLÉ D'ELLE, MAMAN, C'EST QUE C'EST VRAIMENT SÉRIEUX.

FAN ZONE
ON A VITE MESURÉ L'IMPORTANCE DE L'ARRIVÉE DE RENAUD DANS NOTRE VIE.
Dans mon HLM
RENAUD
IL A SQUATTÉ NOS PLATINES, NOS OREILLES ET NOS BOUMS.
ÇA PEUT PARAÎTRE BIZARRE DE DANSER SUR DU RENAUD.
JE CROIS QU'ON A INVENTÉ LE POGO SANS LE SAVOIR.
ET PUIS C'EST PLEIN DE BLAGUES ET DE JEUX DE MOTS TROP CONS DANS SES CHANSONS...
...et la môme du huitième, le hash elle aime.
ON NE DIT PAS "LA" HACHE ?
IL CHANTE DES CHANSONS DE VOYOUS...
... APRÈS AVOIR CHANTÉ CELLES DES VOYOUS D'AVANT.
C'EST UN GENRE DE FAUX MÉCHANT AVEC UNE TÊTE DE VRAI GENTIL.
... COMME ROBIN DES BOIS...
... OU CARTOUCHE
... OU GAVROCHE.
AVEC DES JAMBES ARQUÉES COMME CELLES D'UN COW-BOY...
... COMME SI C'ÉTAIT EXPRÈS POUR Y GLISSER UNE MOBYLETTE.

IL A CRÉÉ UNE MODE ET UNE IDENTITÉ À PARTIR D'UN SEUL OBJET...
... PLUS SYMPA QUAND MÊME QUE LA RIDICULE BANANE.
SES CHANSONS RENDENT BELLES DES CHOSES TOUTES MOCHES COMME LE GRIS, LA PAUVRETÉ, LA VIOLENCE...
... À NOUS RENDRE JALOUX DE CEUX QUI Y VIVENT.
NOUS, PETITS EXPATRIÉS AU MAROC, IL NOUS FAIT RÊVER D'UNE FRANCE DIFFÉRENTE, INÉDITE.
ET PUIS IL PARLE COMME NOUS. OU UN LANGAGE DE VOYOU MAIS AVEC BIEN PLUS DE POÉSIE QUE LES POÈMES À LA CON DE L'ÉCOLE...
... AU POINT QUE C'EST NOUS QUI FINISSONS PAR PARLER COMME LUI.
Marche à l'ombre !
Sans dec'
Laisse béton !
IL PARLE DE TOUT CE QUI FAIT LA VIE : NOS CONNERIES DE JEUNES, LA POLITIQUE, LES GONZESSES, LES MÔMES, LES MOBS, LES TITIS PARISIENS, LES GALÈRES...
RENAUD
RENAUD
RENAUD
Renaud
Je suis une bande de jeunes à moi tout seul. J'me fends la gueule.
RENAUD, C'EST SURTOUT UNE HISTOIRE DE FRANCE À LUI TOUT SEUL.

FAN ZONE
J'AI QUITTÉ TANGER IL Y A LONGTEMPS, POUR REJOINDRE LE PAYS DE RENAUD (ET QUAND MÊME UN PEU LE MIEN).
À MOI LES HLM ET LES MOBYLETTES !
JE NE ME DOUTAIS PAS QUE BIEN PLUS TARD, LORS D'UN DE MES RETOURS SUR MA TERRE D'ENFANCE...
IL PARAIT QUE RENAUD A ACHETÉ UNE MAISON À TANGER AVEC SA FEMME !
FAUT QUE JE TROUVE OÙ C'EST !
CHASSE AU TRÉSOR !
TOUT SE SAIT À TANGER.
je connais où c'est !
je t'emmène !
COOL !
voila c'est la !
TOC ! TOC !
NOON !!! NE FRAPPE PAS !
HEUREUSEMENT PERSONNE N'A OUVERT.
? ?
PUTAIN QUE J'AURAIS EU L'AIR CON !

CHAPITRE 6

“ Malgré le blouson clouté sur mes épaules de velours... ”

Renaud
place de ma mob
RENAUD
RENAUD A PRIS DE BONS EXEMPLES EN PLAÇANT LA FEMME QU'IL AIME EN COUVERTURE D'UN 33 TOURS.
THE FREEWHEELIN' BOB DYLAN

LEUR NID D'AMOUR N'EST PAS GREENWICH VILLAGE MAIS LE MARAIS.

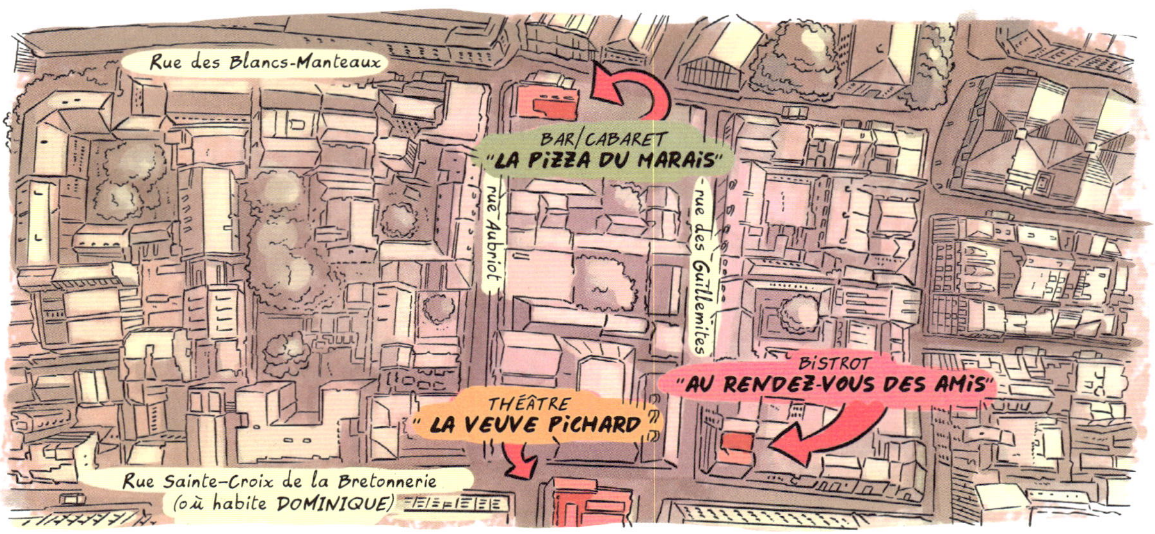
Rue des Blancs-Manteaux
BAR/CABARET "LA PIZZA DU MARAIS"
rue Aubriot
rue des Guillemites
BISTROT "AU RENDEZ-VOUS DES AMIS"
THÉÂTRE "LA VEUVE PICHARD"
Rue Sainte-Croix de la Bretonnerie (où habite DOMINIQUE)

TOUT A COMMENCÉ À LA PIZZA DU MARAIS...

QUI C'EST, CETTE FILLE ?
TU NE LA CONNAIS PAS ? C'EST DOMINIQUE, DOMINIQUE LANVIN.
LANVIN COMME GÉRARD LANVIN ?

OUI ! GÉRARD LANVIN, LE BEAU GÉRARD LANVIN.
BELLE GUEULE DE COMÉDIEN VIRIL ET REBELLE.
BANDANA DE MOTARD (MAIS ÇA PROTÈGE LA VOIX, AUSSI)
PERFECTO EN DIRECT DES PUCES DE SAINT-OUEN
AU 7, RUE SAINTE-CROIX-DE-LA-BRETONNERIE, LES COMÉDIENS GÉRARD LANVIN, ANÉMONE ET MARTIN LAMOTTE ONT CRÉÉ UN THÉÂTRE, LA VEUVE PICHARD, DANS UNE ANCIENNE MENUISERIE.
LA VEUVE P!CHARD
LA VEUVE P!CHARD
7
DOMINIQUE LANVIN JOUE TOUS LES SOIRS À LA VEUVE PICHARD...
GARÇON ! HUM... UNE FLÛTE DE CHAMPAGNE POUR MADAME !
?!
... ET ELLE VIENT SOUVENT BOIRE UN VERRE...
... À LA PIZZA DU MARAIS
CE SOIR...
... JE RESTE AVEC TOI !
ON VA CHEZ TOI OU...?
CHEZ TOI, RENAUD.
VRRRRRR

TU RESTES ?
NON.
TU NE VEUX PAS ME REVOIR ?
SI.
TU VEUX VIVRE AVEC MOI ?
OUI.
TU VAS QUITTER TON MARI, ALORS ?
NON.
MAIS JE TE REVOIS QUAND ?
CE SOIR.
TU NE RENTRES PAS CHEZ TOI, ALORS ?
SI.
MAIS SI ON SE REVOIT CE SOIR...
ON NE SE REVOIT PAS CE SOIR.
ON SE REVOIT DEMAIN ?
NON.
QUAND, ALORS ?
CE SOIR.
VRAIMENT, CE SOIR ?
NON, PAS CE SOIR.
UN JOUR, ELLE EST AVEC MOI...
RENDEZ-VOUS DES AMIS. BAR
CERICO
RENDEZ-VOUS
... PUIS ELLE RETOURNE AVEC LUI.
... PUIS ELLE REVIENT AVEC MOI.
ELLE M'AIME MAIS ELLE N'ARRIVE PAS À LE QUITTER COMPLÈTEMENT...
... MÊME QUAND IL EST PARTI TOURNER DANS LE FILM DE COLUCHE(*)
(*) VOUS N'AUREZ PAS L'ALSACE ET LA LORRAINE
SOIS PATIENT. CE N'EST PAS FACILE DE QUITTER GÉRARD. CE N'EST PAS FACILE DE QUITTER LA VEUVE PICHARD QU'ILS ONT CONSTRUIT ENSEMBLE.
CE N'EST PAS FACILE D'ALLER VIVRE AVEC UN AUTRE ARTISTE...
... MÊME SI TON DISQUE COMMENCE À AVOIR DU SUCCÈS.
... ET PUIS ARRÊTE DE BOIRE, IL FAUT QUE TU MANGES QUELQUE CHOSE.
HÉ, RENAUD, RENTRE CHEZ TOI, Y A DES LARMES PLEIN TA BIÈRE. LE BISTROT VA FERMER, PIS TU GONFLES LA TAULIÈRE.

GÉRARD NE SE CACHE PAS D'AVOIR PLEIN D'AVENTURES. ELLE AUSSI, ELLE A LE DROIT DE TOMBER AMOUREUSE.
POURQUOI N'ARRIVE-T-ELLE PAS À LE QUITTER ?
MOI, JE NE SUIS PAS LE GENRE CAFÉ-THÉÂTRE QUI COURAILLE.
JE NE VAIS PAS ATTENDRE DIX ANS QU'ELLE SE DÉCIDE.
TIENS, JE L'INVITE EN GRÈCE, DANS L'ÎLE DE PARADIS QUE J'AI DÉCOUVERTE IL Y A QUELQUES ANNÉES.
PORT DE PATMOS (GRÈCE), 20 JUILLET 1978
DOMINIQUE !!
Ma gonzesse, celle que j'suis avec Ma princesse.
RENAUD !
Faut dire qu'elle mérite bien Que j'lui consacre une chanson Vu que j'suis amoureux d'elle Un peu comme dans les films

J'AI ÉCOUTÉ TES MAQUETTES, C'EST GÉNIAL !
MAIS T'ES SÛR QUE TU T'ES PAS TROMPÉ ? À PROPOS DE LUI FAIRE UN GOSSE, TU CHANTES : " son mari y veut pas y dit qu'on est trop jeunes "
polydor
NON, JE NE ME SUIS PAS TROMPÉ.
MAIS MAINTENANT, SON MARI EST D'ACCORD !
JE NE VAIS PAS TE DIRE QUE ÇA ME FAIT UNIQUEMENT PLAISIR, VOTRE HISTOIRE...
... MAIS DOMINIQUE A CHOISI. ALORS DÉBROUILLE-TOI POUR LA RENDRE HEUREUSE...
... SINON TU AURAS AFFAIRE À MOI !
JE ME SUIS INSTALLÉ CHEZ COLUCHE, PASSEZ DÎNER QUAND VOUS VOULEZ.
DOMINIQUE M'A CHANGÉ.
MAINTENANT, JE N'AI PLUS PEUR DE RACONTER MA VIE DANS MES CHANSONS.
DE LA MANIÈRE DONT TU PARLES DE TA GONZESSE, TOUT LE MONDE A ENVIE DE LA CONNAÎTRE.
MAINTENANT JE PEUX LA PRÉSENTER À MES PARENTS ET LA REMETTRE SUR MA POCHETTE DU DISQUE.
MAIS PAS COMME DYLAN, HEIN ! ELLE EST TIMIDE.
RENAUD

PAPA, MAMAN, JE VOUS PRÉSENTE DOMINIQUE.
RAVIE DE VOUS RENCONTRER ENFIN, DOMINIQUE.
J'AVAIS L'IMPRESSION DE DÉJÀ VOUS CONNAÎTRE, TELLEMENT RENAUD PARLE DE VOUS.
BONJOUR, MADEMOISELLE.
OH PAPA, TU PEUX L'APPELER "MADAME", TU SAIS...
... ELLE EST MARIÉE !
COMMENT VOUS ALLEZ LE FAIRE, VOTRE PETIT PIERROT, SI TU ES EN TOURNÉE ?
T'INQUIÈTE, MAMAN. ON DORT DANS DES LITS, EN TOURNÉE.
JE VEUX TOUT ET J'AURAI TOUT EN MÊME TEMPS...
... FONDER UNE FAMILLE, FAIRE LA FÊTE AVEC MES POTES, ÉCRIRE DES CHANSONS, SORTIR DES DISQUES, CHANTER PARTOUT...

AVRIL 1979, CONFÉRENCE DE PRESSE D'OUVERTURE DU PRINTEMPS DE BOURGES.
DANIEL COLLING, QUAND VOUS AVEZ CRÉÉ CE FESTIVAL IL Y A DEUX ANS, IMAGINIEZ-VOUS QUE LA NOUVELLE CHANSON FRANÇAISE ALLAIT DEVENIR UN SPORT DE COMBAT ?
DISONS QU'ELLE EST LE REFLET DE LA SOCIÉTÉ.
E PRINTEMPS DE BOURGES
ALORS, CE MATCH ENTRE SOUCHON ET RENAUD, SAMEDI SOIR SOUS LE GRAND CHAPITEAU ?
CE N'EST PAS UN MATCH. NOUS PROPOSONS À DEUX PUBLICS DE DÉCOUVRIR, CHACUN, UN GRAND ARTISTE.
IL EST VENU AU PRINTEMPS 1978 NOUS L'AVIONS REPÉRÉ À LA PIZZA DU MARAIS, SEUL À LA GUITARE, ET L'AVIONS PROGRAMMÉ DANS UNE SOIRÉE DE CHANSON POÉTIQUE.
ENTRETEMPS, IL AVAIT SORTI SON ALBUM ET ÉTAIT DEVENU UNE STAR.
C'ÉTAIT SON PREMIER CONCERT AVEC SON NOUVEAU GROUPE.
ET C'ÉTAIT SURPRENANT !
VOUS SOUVENEZ-VOUS DE VOTRE CRITIQUE ?
EUH, NON...
MOI JE M'EN SOUVIENS : "SES CHANSONS ONT LE MÉRITE DE RÉVEILLER."

CE SAMEDI 14 AVRIL 1979, ON NE RISQUE PAS DE S'ENDORMIR SOUS LE GRAND CHAPITEAU.
Y'a d'la rumba dans l'air
'TAIN, POURQUOI IL Y A SOUCHON AVANT RENAUD ?
ÇA CRAINT.
j'suis Carrément méchant, jamais content
Allo maman bobo
DÉGAGE ! ON VEUT RENAUD !
CHUT !
Je sais que c'est pas vrai mais j'ai dix ans
LAISSE BÉTON !
TU NE FAIS PAS DE RAPPEL ?
NON. DANS LES 5000 SPECTATEURS, TOUS NE GUEULENT PAS, MAIS ON LES ENTEND BIEN.
RE-NAUD RE-NAUD !!
JE SUIS DÉSOLÉ, ALAIN.
CE DOIT ÊTRE LE COSTUME BLANC DE CROONER QUI ÉNERVE.
IL ME FAUDRAIT UN CUIR.
RE-NAUD RE-NAUD !!

BONSOIR BOURGES !
WEEE
VOUS AVEZ VU MA BANDE, MA HORDE SAUVAGE ?
LEUR PATRON, C'EST MON POTEAU, MON FRÈRE ...
... C'EST MOURAD MALKI.
WEEE
MON ACCORDÉONISTE, JE L'AI CHOURAVÉ À PIERRE PERRET.
C'EST GILLES LECOUTY ALIAS GILOU !!
D'AILLEURS, QUELQUES ANNÉES PLUS TARD, ON RÉENTENDRA BEAUCOUP GILOU ET SON P'TIT ACCORDÉON.
LES SUCCÈS DE pierre perret PAR GILOU
MOI JE PRÉFÈRE LES MOCHES
GILOU
VIENS BOIRE UN P'TIT COUP À LA MAISON
LICENCE IV
DEUX HEURES PLUS TARD.
ALORS, LES GARS, VOUS AVEZ VU ?
LE PUBLIC DE SOUCHON A AIMÉ.
BEN "LAISSE BÉTON", MÊME EUX, ILS AIMENT !
C'EST VRAI, RENAUD. PARFOIS ON SE DEMANDE OÙ CE QUE TU AS MIS TON FLINGUE.
BOUFFE
BÂFR

C'N'EST PLUS POUR NOUS QUE TU ÉCRIS.
EH, AVANT QUE VOUS ME CONNAISSIEZ...
C'N'EST PLUS " SOCIÉTÉ TU M'AURAS PAS " !
... JE CHANTAIS AUSSI DES CHANSONS D'AMOUR DE 1900.
GLOU !
GLOU !
OUAIS ! MAIS SI TU NE CHANTES PLUS QU'AVEC TON ACCORDÉON, TU FINIRAS PAR CHANTER TOUT SEUL.
ON EST DE LA MÊME BANDE MAIS IL N'Y A PAS QUE DES LOUBARDS QUI ÉCOUTENT MES DISQUES.
BURP !!
À PANAME, JE PEUX PLUS SORTIR DE CHEZ MOI.
J'AI DÉCOUPÉ TA PHOTO DANS " HIT MAGAZINE ".
TU LA DÉDICACES, POUR MA CHAMBRE ?
RENAUD
RENAUD
CELLE-LÀ POUR TONIO, CELLE-LÀ POUR GASTON, CELLE-LÀ POUR FARID...
RENDEZ-VOUS DES AMIS
DEPUIS QU'ILS ONT DIT DANS LIBÉ QUE LE RENDEZ-VOUS DES AMIS EST TON RADE, IL EN VIENT TOUS LES JOURS.
RENAUD
OH RENAUD ! ÇA ME FAIT PLAISIR DE VOUS CROISER.
AVANT D'ARRIVER ICI, J'ÉTAIS DANS LE XIVe ET JE VOUS AI SANS DOUTE FAIT TRAVERSER LA RUE QUAND VOUS ALLIEZ À LA COMMUNALE.
EZ-VOUS DES AMIS
EST-CE QUE VOUS POUVEZ ME FAIRE UN AUTOGRAPHE DANS MON KÉPI ?
J'IRAI LE MONTRER AUX COLLÈGUES DU XIVe !
AH BEN ÇA TOMBE BIEN, J'AI UN GROS FEUTRE.

TU PEUX METTRE "POUR RIRI, LE LOUBARD DE MAUBEUGE" ?
TU PEUX METTRE "POUR FIFI, LE LOUBARD DE CHÂTEAUROUX" ?
TU PEUX METTRE "POUR LOULOU, LE LOUBARD DE PÉZENAS" ?
PAS FÂCHÉ QU'ON SOIT ENFIN ARRIVÉS.
MAIS ON EST ARRIVÉS OÙ, DÉJÀ ?
BALANCE DANS DIX MINUTES, LES GARS !
RENAUD, TU AS UN PEU DE PROMO QUI T'ATTEND !
BONJOUR, JE SUIS LE JOURNALISTE DE " SUD-EST MATIN ".
AVEZ-VOUS LE SENTIMENT QUE VOUS, L'AUTONOMISTE DE LA PORTE D'ORLÉANS, VOUS ÊTES COMPRIS DANS TOUTE LA FRANCE ?
BONJOUR, JE SUIS LE JOURNALISTE DE " RADIO CÔTES-DE-L'OUEST ".
ICI, ON N'A PAS DE BANLIEUE, EST-CE QUE VOUS PENSEZ QUE VOUS AVEZ QUELQUE CHOSE À DIRE DANS NOTRE RÉGION ?

RENAUD EST DÉSORMAIS UN ARTISTE POPULAIRE. EN CHANTANT LA MARGINALITÉ, IL EN EST SORTI ET DEVRA DÉSORMAIS SE JUSTIFIER DE SA CÉLÉBRITÉ, ET SURTOUT DE L'ARGENT QU'ELLE LUI APPORTE.

FAN ZONE
RENAUD N'EST PAS QUE LE FILS DE SOLANGE ET OLIVIER...
AH BON ?
TU ME CACHES QUELQUE CHOSE ?
RENAUD EST L'ENFANT NATUREL DE BRASSENS, DE FRÉHEL, DE HUGUES AUFRAY, DE BOBY LAPOINTE...
... ET, DANS UN AUTRE REGISTRE, CELUI DE SAN ANTONIO, GOTLIB OU ROBERT DOISNEAU...
RENAUD EST AUSSI LE PAPA DE TOUTE UNE GÉNÉRATION QU'IL A VUE ET FAIT GRANDIR.
CEUX QU'IL FAIT CONNAÎTRE
CEUX QU'IL A BOOSTÉS
CEUX QU'IL A INSPIRÉS
LES VRAIS DE VRAI
HOLÀ ! C'EST QUOI CE SQUATT XXL ?
Soldat Louis
Gauvain Sers
Thiéphaine
Johnny Clegg
Grand Corps Malade, Renan Luce, Sirkis et tous les rappeurs qui ont chanté la banlieue après lui
Lolita et Malone
POUR SON PUBLIC, IL EST LE POTO...
L'IDOLE
LA MADELEINE DE PROUST
L'EXEMPLE
... ET POUR MOI...
IL EST LE GRAND FRÈRE QUE JE N'AI JAMAIS EU.
À qui la faute
Pas à mon père
Pas à ma mère
Tu aurais pu
chanter cela

CHAPITRE 7

“ J’ai troqué mes santiag et mon cuir un peu zone. . . ”

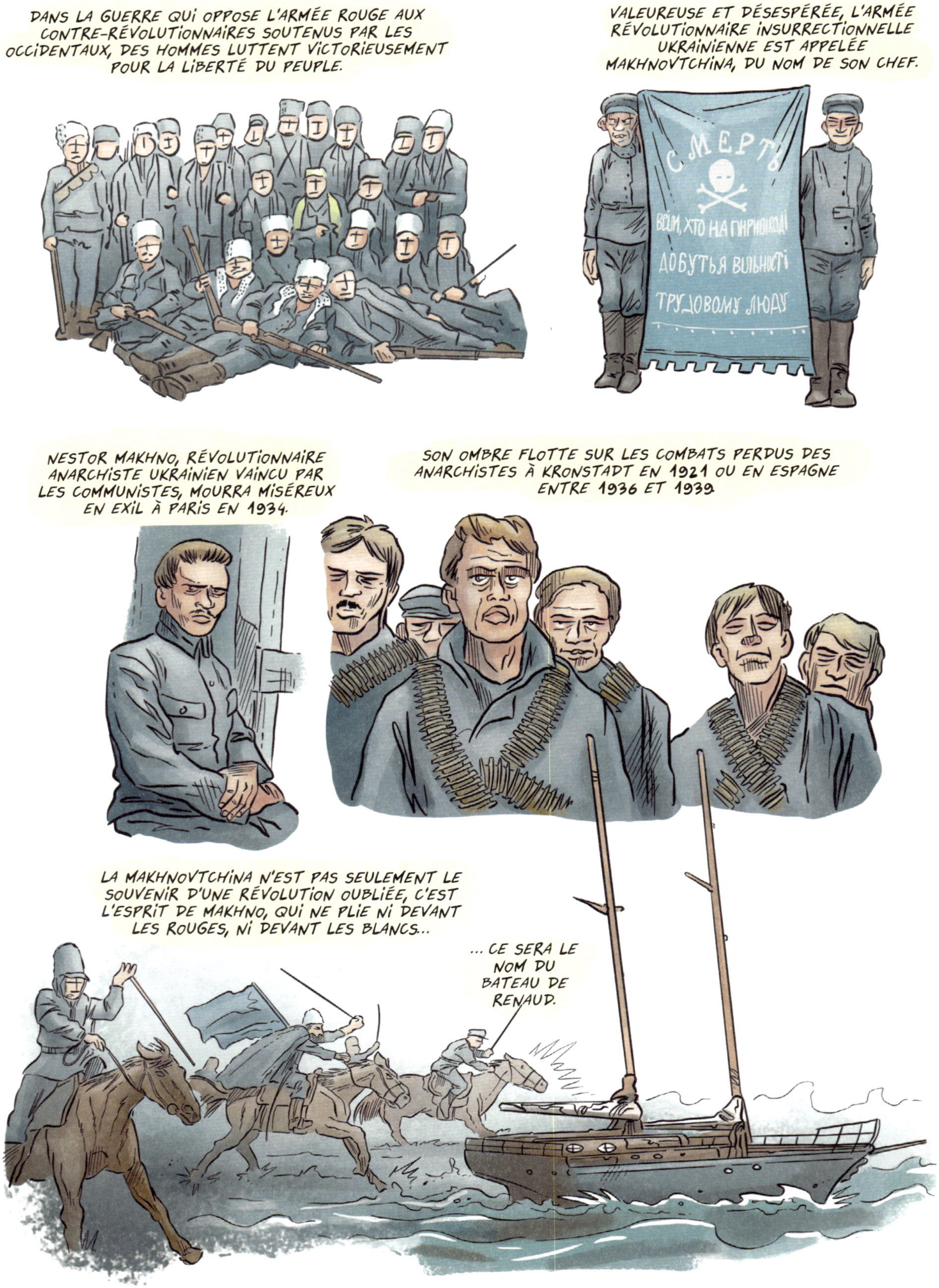
DANS LA GUERRE QUI OPPOSE L'ARMÉE ROUGE AUX CONTRE-RÉVOLUTIONNAIRES SOUTENUS PAR LES OCCIDENTAUX, DES HOMMES LUTTENT VICTORIEUSEMENT POUR LA LIBERTÉ DU PEUPLE.
VALEUREUSE ET DÉSESPÉRÉE, L'ARMÉE RÉVOLUTIONNAIRE INSURRECTIONNELLE UKRAINIENNE EST APPELÉE MAKHNOVTCHINA, DU NOM DE SON CHEF.
СМЕРТЬ
ТРУДОВОМУ ЛЮДУ
NESTOR MAKHNO, RÉVOLUTIONNAIRE ANARCHISTE UKRAINIEN VAINCU PAR LES COMMUNISTES, MOURRA MISÉREUX EN EXIL À PARIS EN 1934.
SON OMBRE FLOTTE SUR LES COMBATS PERDUS DES ANARCHISTES À KRONSTADT EN 1921 OU EN ESPAGNE ENTRE 1936 ET 1939.
LA MAKHNOVTCHINA N'EST PAS SEULEMENT LE SOUVENIR D'UNE RÉVOLUTION OUBLIÉE, C'EST L'ESPRIT DE MAKHNO, QUI NE PLIE NI DEVANT LES ROUGES, NI DEVANT LES BLANCS...
... CE SERA LE NOM DU BATEAU DE RENAUD.

TOUT COMMENCE EN 1980 CHEZ COLUCHE :
ON VA PARTIR VIVRE SUR UN BATEAU, TOUS LES TROIS, ET NAVIGUER AUTOUR DU MONDE.
UN BATEAU ? ET TA CARRIÈRE ?
ELLE M'ATTENDRA, MA CARRIÈRE. JE NE M'INQUIÈTE PAS.
LIVE
BOBINO
RENAUD
RENAUD
MON BEAUF'
MANU
RENAUD
RENAUD
IT IS NOT BECAUSE YOU ARE
RENAUD
CE SERA UNE GOÉLETTE À DEUX MÂTS DE 14 MÈTRES COQUE ALU ET BOIS.
ELLE S'APPELLERA LA **MAKHNOVTCHINA**.

ALORS, C'EST SÉRIEUX ? TU VAS VRAIMENT PARTIR ?
OUI. J'AI ENVIE D'ÊTRE TOUT SEUL EN MER AVEC DOMINIQUE ET LOLITA. JE CROIS QUE JE N'EN PEUX PLUS DES GENS.
EN FAIT, JE NE SUIS PAS TOUJOURS À L'AISE DEVANT LE PUBLIC.
MAIS IL T'AIME.
OUI, MAIS ON NE SAIT JAMAIS.
Beaucoup d'artistes de scène, y compris dans la musique classique, le théâtre ou la danse, sont frappés jusqu à l'obsession par la même image, qui se superpose à celle d'un public aimant.

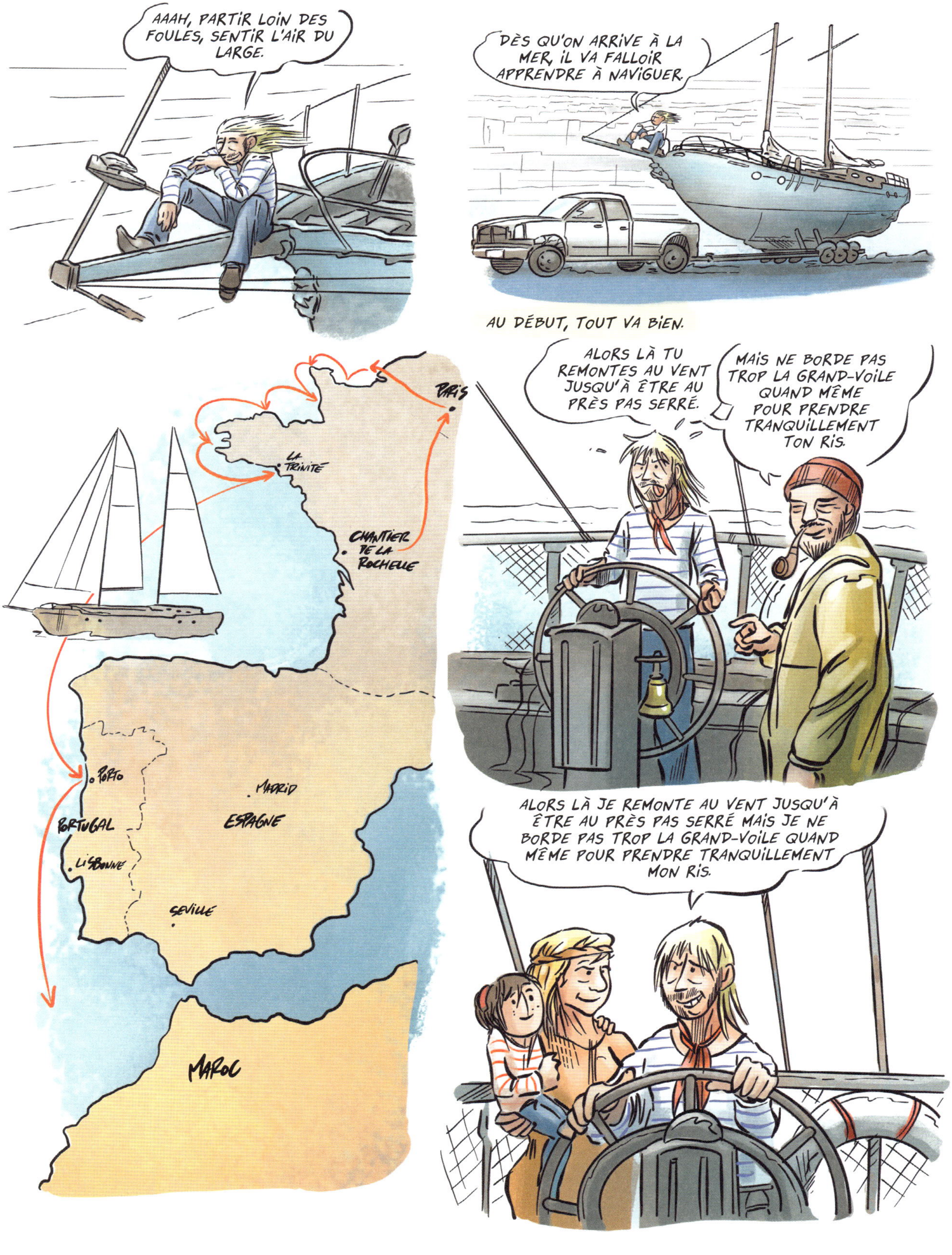
AAAH, PARTIR LOIN DES FOULES, SENTIR L'AIR DU LARGE.
DÈS QU'ON ARRIVE À LA MER, IL VA FALLOIR APPRENDRE À NAVIGUER.
AU DÉBUT, TOUT VA BIEN.
PARIS
LA TRINITÉ
CHANTIER DE LA ROCHELLE
PORTO
MADRID
PORTUGAL
ESPAGNE
LISBONNE
SEVILLE
MAROC
ALORS LÀ TU REMONTES AU VENT JUSQU'À ÊTRE AU PRÈS PAS SERRÉ.
MAIS NE BORDE PAS TROP LA GRAND-VOILE QUAND MÊME POUR PRENDRE TRANQUILLEMENT TON RIS.
ALORS LÀ JE REMONTE AU VENT JUSQU'À ÊTRE AU PRÈS PAS SERRÉ MAIS JE NE BORDE PAS TROP LA GRAND-VOILE QUAND MÊME POUR PRENDRE TRANQUILLEMENT MON RIS.

T'INQUIÈTE PAS !
TANT QUE LE BATEAU FLOTTE, ON NE RISQUE RIEN.
ET TU ES SÛR QU'IL FLOTTE, LÀ ?
QUI AVAIT DIT QUE LES PETITS N'ONT PAS LE MAL DE MER ?
LOLITA VOMIT ENCORE PLUS QUE MOI !
DONC ÇA, RENAUD, C'ÉTAIT JUSTE LA PREMIÈRE ÉTAPE DU TOUR DU MONDE.
IL FAUT QUE TU CONTINUES TOUT SEUL AVEC TES POTES.
MON FOIE ET MA FILLE NE SUPPORTENT PAS LA MER. ON RENTRE À PARIS.

ALLEZ, LES GARS, ON EMBARQUE !
ET C'EST PAS PARCE QUE CES DAMES NE SONT PAS LÀ QU'ON DOIT FAIRE N'IMPORTE QUOI.
ALLEZ, ON TENTE LA PREMIÈRE TRAVERSÉE DE L'ATLANTIQUE SANS TABAC !
COCHON QUI S'EN DÉDIT.
VRAIMENT ?
OUAIS, ON N'EST PAS DES GONZESSES.
TROIS JOURS PLUS TARD...
À L'AIDE ! VOUS AVEZ DES CIGARETTES ?
UNE CLOPE PAR JOUR CHACUN, ON DEVRAIT TENIR.
MAIS, FINALEMENT...
J'EN PEUX PLUS, FAIT TROP CHIER, ON ACCOSTE À DAKAR !
J'AI TROP EU ENVIE DE FUMER. J'AI COMPRIS QUE JE N'AI PAS L'ÂME D'UN NAVIGATEUR.

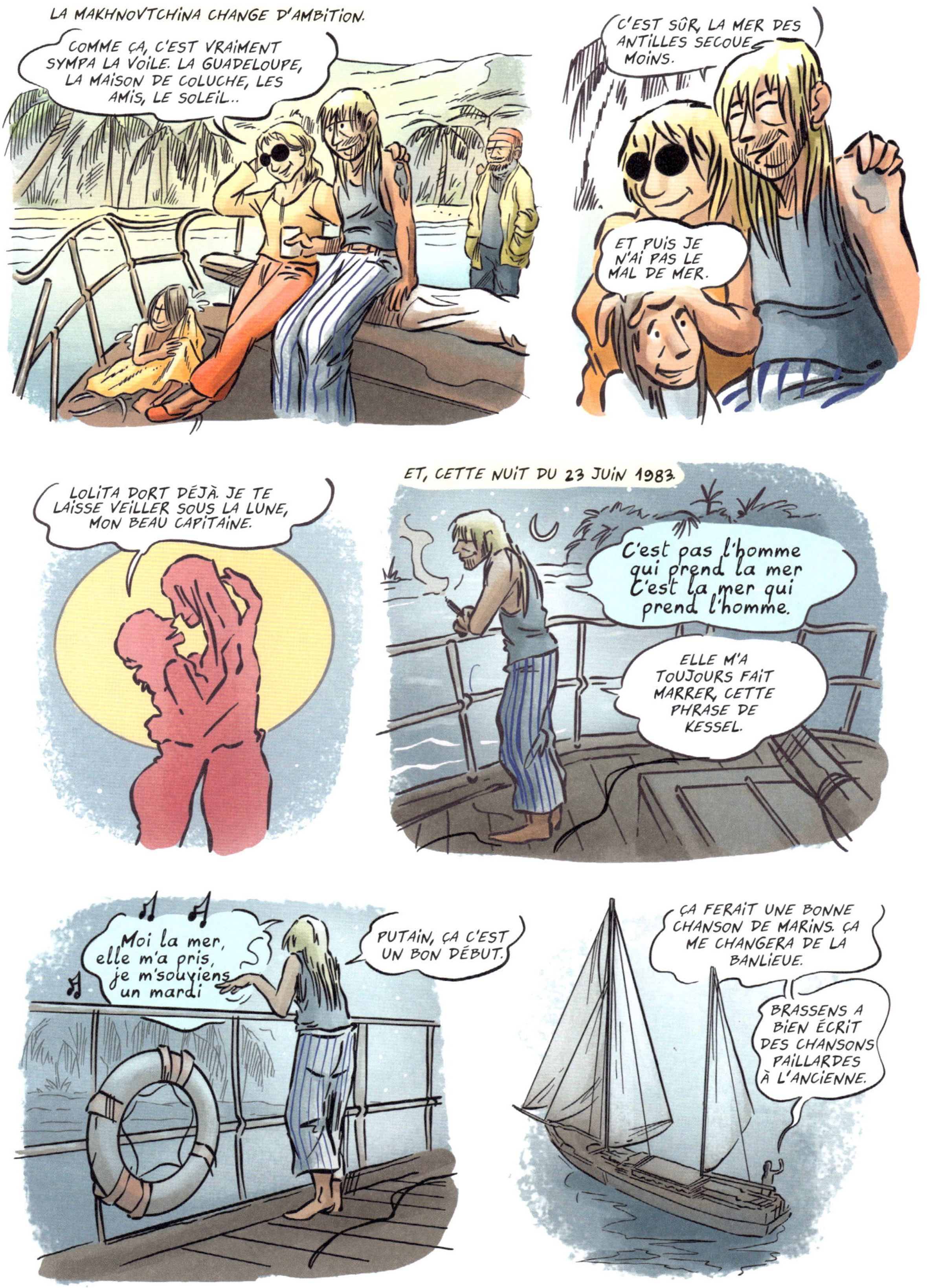

LA MAKHNOVTCHINA CHANGE D'AMBITION.
COMME ÇA, C'EST VRAIMENT SYMPA LA VOILE. LA GUADELOUPE, LA MAISON DE COLUCHE, LES AMIS, LE SOLEIL..
C'EST SÛR, LA MER DES ANTILLES SECOUE MOINS.
ET PUIS JE N'AI PAS LE MAL DE MER.
LOLITA DORT DÉJÀ. JE TE LAISSE VEILLER SOUS LA LUNE, MON BEAU CAPITAINE.
ET, CETTE NUIT DU 23 JUIN 1983.
C'est pas l'homme qui prend la mer C'est la mer qui prend l'homme.
ELLE M'A TOUJOURS FAIT MARRER, CETTE PHRASE DE KESSEL.
Moi la mer, elle m'a pris, je m'souviens un mardi
PUTAIN, ÇA C'EST UN BON DÉBUT.
ÇA FERAIT UNE BONNE CHANSON DE MARINS. ÇA ME CHANGERA DE LA BANLIEUE.
BRASSENS A BIEN ÉCRIT DES CHANSONS PAILLARDES À L'ANCIENNE.

Dès que le vent soufflera je repartira, dès que les vents tourneront nous nous en allerons
EN GÉNÉRAL, LES CHANSONS DE MARIN, C'EST LE MASSACRE DU BESCHERELLE. ALORS JE NE ME SUIS PAS PRIVÉ.
RENAUD S'EST FROTTÉ À TOUS LES STYLES MUSICAUX: ROCK, BLUES, JAVA, TANGO, REGGAE. LÀ, IL SE LANCE DANS LA CHANSON DE MARIN, QUE NE RENIERAIT PAS SON IDOLE DE TOUJOURS: HUGUES AUFRAY.
Je ferai le tour du monde Pour voir à chaque étape...
...Si tous les gars du monde veulent bien me lâcher la grappe
VOILE CLUB
CETTE CHANSON DEVIENDRA UN CLASSIQUE DU GENRE. LES (VRAIS) MARINS LA CHANTERONT BIEN APRÈS QUE RENAUD, PLUTÔT QUE DE LARGUER LES AMARRES, FINISSE PAR LARGUER SON BATEAU.
J'irai aux quatre vents Foutre un peu le boxon
Dès que le vent soufflera je repartira, dès que les vents tourneront nous nous en allerons

RENAUD FEND L'ARMURE, COMME ON DISAIT JADIS ...
... NOTAMMENT AVEC UNE CHANSON RACONTANT CE QUI EST SURVENU QUELQUES ANNÉES PLUS TÔT.
JE ME DEMANDE CE QU'IL AURAIT ÉCRIT, BRASSENS, SI SA MEUF ATTENDAIT UN ENFANT.
ELLE A L'AIR DE NE PLUS PENSER QU'À ÇA, AVEC TOUTES SES ENVIES DE FRAISES ET L'INSTALLATION DE LA CHAMBRE DU MÔME.
EN UNE HEURE À PEINE, IL ÉCRIT L'ÉMERVEILLEMENT QUI LE SAISIT PENDANT LA GROSSESSE DE DOMINIQUE...
C'est comme si je pissais Dans un violoncelle Comme si j'existais plus Pour elle
... UNE PÉRIODE QUI BOULEVERSE TOUTES SES HABITUDES...
Je me retrouve planté Tout seul dans mon froc
... QUI LUI INSPIRE UNE CHANSON À VIOLONS.
Depuis qu'elle est En cloque

LOLITA DEVIENT UNE SOURCE NOUVELLE ET INÉPUISABLE D'AMOUR ET D'INSPIRATION POUR SON AUTEUR DE PÈRE.
Y a un mariole, il a au moins quatre ans
Y veut t'piquer ta pelle et ton seau
Lolita défends-toi fous-y un coup d'râteau dans l'dos
MAIS, AU MOMENT DE CHOISIR LES CHANSONS DE SON SIXIÈME ALBUM STUDIO...
Morgane de toi...
(DANS L'DOS)
EN CLOQUE
VOUS CROYEZ VRAIMENT QUE JE DOIS ENREGISTRER ÇA ?
AH OUI, RENAUD, CE SONT DEUX CHANSONS FORMIDABLES.
ET SURTOUT TRÈS INATTENDUES.
ELLES VONT FAIRE UN CARTON.
ET N'OUBLIE PAS : BRASSENS, ELVIS, PIAF, ILS ONT FAIT DES CHANSONS INTIMES QU'ON CONNAÎT PAR CŒUR.
MAIS SI JE PARLE DE MA MÔME, COMMENT VONT RÉAGIR LES LOUBARDS, LES BIKERS, LES CUIRS, LES GAUCHISTES ?

ON PEUT IMAGINER QUE LES FANS SOIENT SURPRIS PAR " MORGANE DE TOI "...
PARCE QUE JE N'AI PAS ENVIE QUE MA FILLE SE FASSE EMMERDER PAR CES GROS MACHOS QUI ROULENT DES MÉCANIQUES DEPUIS LA MATERNELLE...
C'EST QUOI CES CONNERIES ?
T'AS QUELQUE CHOSE CONTRE LES MACHOS ?
...ET PAR LES PETITES TERREURS DES TROTTOIRS QUI FONT PEUR AUX PETITES VIEILLES...
...DEPUIS LEURS ANNÉES DE BAC À SABLE...
C'EST QUOI CES CONNERIES ?
ON EST DE LA STREET ET TU NOUS PARLES DE BAC À SABLE ?
...ET IL FAUT QUE LES FILLES AIENT UNE ÉDUCATION FÉMINISTE POUR NE PAS AVOIR À SE BATTRE PLUS TARD CONTRE LE MACHISME.
PSU
SOLIDARITÉ CHILI
C'EST QUOI CES CONNERIES ?
CE SENTIMENTALISME ÉLOIGNE LA JEUNESSE DES VRAIES LUTTES.

RENAUD A SURTOUT PEUR DES CONCERTS.
ET MAINTENANT UNE CHANSON D'AMOUR POUR MA FILLE QUI A TROIS ANS.
ELLE S'APPELLE " MORGANE DE TOI ".
ENFIN, LA CHANSON, PAS MA FILLE.
MA FILLE, C'EST LOLITA.
J'ESPÈRE QU'ELLE VA VOUS PLAIRE.
JE L'APPELLE AUSSI LOLA DANS MA CHANSON.
MA CHANSON.
Lola J'suis qu'un fantôme quand tu vas où j'suis pas
Tu sais ma môme Que j'suis morgane de toi
LOLITA
LE CHANTEUR IMAGINE LE PIRE...
VA CHANGER LES COUCHES
LOUBARD À LA MIE DE PAIN !
RENTRE CHEZ TOI, FRÉDÉRIC FRANÇOIS !
CENTRISTE PETIT-BOURGEOIS !
... MAIS CE SERA EXACTEMENT L'INVERSE.
C'EST TELLEMENT BEAU, RENAUD. DEPUIS MA PREMIÈRE HARLEY, JE N'AI PAS ÉTÉ AUSSI ÉMU.
TU SAIS, RENAUD, TA CHANSON EST BELLE COMME UNE REMISE DE PEINE.
EN PLUS, TU PARLES MÊME DE FÉMINISME À TA FILLE.
LES CAVES PEUVENT PAS COMPRENDRE LES SENTIMENTS COMME TU LE FAIS. TU ME PERMETS D'APPELER MA FILLE LOLITA ?

POUR CET ALBUM, RENAUD A OBTENU UN CHANGEMENT IMPORTANT DE SA MAISON DE DISQUES.
VOUS GAGNEZ DES MILLIONS AVEC MES DISQUES, NON ?
EUH... OUI.
polydor
ALORS POURQUOI ON NE CHANGERAIT PAS NOTRE MANIÈRE DE TRAVAILLER ?
ÉVIDEMMENT, C'EST SYMPA D'ALLER ENREGISTRER DANS UN VIEUX STUDIO À DEUX PAS DE CHEZ MOI...
... ET DE TRAVAILLER AVEC DES ARTISANS PARISIENS DU DISQUE DE TRADITION.
MAIS J'AI ENTENDU DIRE QU'ILS ONT AUSSI DES STUDIOS EN AMÉRIQUE...
... ET QUE CERTAINS DE MES CONFRÈRES SONT SATISFAITS DES SERVICES DES RICAINS.

RENAUD A ÉTÉ CONVAINCANT ET LE VOICI PARTI AUX PAYS DES LIMOUSINES...
... ET DES STUDIOS AU LUXE MYTHOLOGIQUE.
EN FAIT, IL Y A BIEN DES LIMOUSINES À LOS ANGELES...
HOLLYWOOD
... MAIS RUMBO RECORDERS À CANOGA PARK, AU NORD-OUEST DE LA VILLE, EST UN STUDIO NORMAL...
WELCOME RUMBO RECORDERS
...OÙ LES MUSICIENS FRANÇAIS HABITUELS SONT RENFORCÉS PAR DE LÉGENDAIRES REQUINS DE STUDIO.
LUI, C'EST ALBERT LEE, IL A JOUÉ AVEC ERIC CLAPTON, JOE COCKER ET JERRY LEE LEWIS. ENTRE AUTRES.
LUI, C'EST PAULINHO DA COSTA, LE DIEU BRÉSILIEN DES PERCUSSIONS. ON L'ENTEND SUR PLUS DE 500 ALBUMS.

À LOS ANGELES, RENAUD ENREGISTRE L'ALBUM DE " MORGANE DE TOI ", " EN CLOQUE ", " DÈS QUE LE VENT SOUFFLERA ", " DÉSERTEUR "...
... DANS UNE BELLE EUPHORIE CRÉATIVE ET UN CONFORT DE TRAVAIL MAGNIFIQUE.
LA POCHETTE LÉGENDAIRE EST SHOOTÉE EN QUELQUES MINUTES À LOS ANGELES PAR DAVID SÉCHAN AVEC LA PETITE LOLITA EN SANTIAGS.
L'ALBUM MORGANE DE TOI SE VEND À 1,5 MILLIONS D'EXEMPLAIRES, C'EST-À-DIRE PLUS DU DOUBLE QUE LE PRÉCÉDENT, LE RETOUR DE GÉRARD LAMBERT...
... EN 33 TOURS, CASSETTE ET, POUR LA PREMIÈRE FOIS DE LA CARRIÈRE DE RENAUD, EN CD.
Renaud
morgane de toi...

RENAUD ENCHAÎNE SUR UNE TOURNÉE ÉVIDEMMENT TRIOMPHALE...
VOUS VOUS SOUVENEZ QUE VIAN AVAIT FAIT ÉCRIT " LE DÉSERTEUR " PENDANT QU'ON FAISAIT LA GUERRE À L'AUTRE BOUT DU MONDE.
... QUI CONFIRME L'IMPORTANCE DE SA VOIX DANS LE PAYSAGE POLITIQUE ET SOCIAL EN FRANCE.
ALORS J'AI FAIT À MON TOUR UNE CHANSON POUR DIRE QUE LES JEUNES D'AUJOURD'HUI N'ONT AUCUNE RAISON DE FAIRE UN AN DE SERVICE MILITAIRE.
EN JANVIER ET FÉVRIER 1984, IL INAUGURE LE ZÉNITH DE PARIS...
LE ZENITH
... AVANT DE TERMINER SA TOURNÉE AU PRINTEMPS DE BOURGES PUIS DE PARTIR CONQUÉRIR LE PUBLIC QUÉBÉCOIS...
LE 8 SEPTEMBRE 1984, IL CHANTE CHEZ "LES COCOS", À LA FÊTE DE L'HUMANITÉ.
BEAUCOUP SONT DEVENUES TRICOLORES. CERTAINES MÊMES SONT DEVENUES FRANCHEMENT BRUNES. IL RESTE ENCORE QUELQUES BANLIEUES ROUGES.
VOICI UNE CHANSON DE L'ALBUM D'AVANT LE DERNIER.
Elle habite quelque part Dans une banlieue rouge Mais elle vit nulle part Y a jamais rien qui bouge Pour elle la banlieue c'est toujours gris
PUBLIC EXTATIQUE, CHANTEUR RADIEUX. ON PEUT CROIRE QUE TOUT VA POUR LE MIEUX ENTRE LES COMMUNISTES ET RENAUD.
PERSONNE N'IMAGINE QUE C'EST LE PRÉLUDE D'UN DRAME.

FAN ZONE
LA PREMIERE FOIS QUE J'AI RENCONTRÉ RENAUD...
... C'ÉTAIT AU THÉÂTRE ANTIQUE D'ORANGE.
À L'ÉPOQUE, LA VILLE N'ÉTAIT PAS SOUS ÉTENDARD FN.
SINON, J'Y SERAIS JAMAIS ALLÉ.
SANS DEC'.
À L'ÉPOQUE JE DESSINAIS POUR LE MIDI-LIBRE, RUBRIQUE "SPECTACLES".
prévendus un mois à l'avance. En bref
nateur Alain Rémy qui l'a vu au Printemps de Bourges, Renaud
fait l'effort de bouger un peu sur scène. Ce soir et demain soir, le
Zénith affiche complet. Pour vous consoler, sachez que le chan-
teur fera Béziers et Nîmes les 26 et 28 juillet prochains
VOUS VOYEZ! MAINTENANT JE BOUGE SUR SCÈNE!!
...R'GARDEZ MON PIED
TAP! TAP!
A. /86
UN POTE
JE SUIS ALLÉ VOIR LE CONCERT DE RENAUD HIER SOIR ...
... IL A PARLÉ DE TON DESSIN.
AH OUAIS ?
JE VAIS LUI APPORTER L'ORIGINAL, ALORS.
C'ÉTAIT EN 1995, LA TOURNÉE POUR L'ALBUM MORGANE DE TOI.
MON PASS.
MON SOUS-VERRE.
J'AI TOUT.
UN MEC LUI A TENU LA JAMBE PENDANT LES BALANCES. JE SAIS PAS CE QU'IL LUI A RACONTÉ.
C'EST BON. CHACUN SON TOUR.

ALLEZ VIENS ! JE T'EMMÈNE VOIR RENAUD !
SUIS-MOI !
COMMENT UN GRINGALET PAREIL PEUT-IL ÊTRE SI IMPRESSIONNANT ?
CE QUI S'ENSUIT NE PEUT PAS DÉCEMMENT S'APPELER UNE CONVERSATION.
MMH.
'RCI.
CE JOUR-LÀ J'AI FAIT UNE PHOTO QUE J'AI GARDÉE TOUTE MA VIE.
COMME J'AI UN DESSIN TROP POURRI, JE LA METS EN VRAI.
EN SORTANT J'AI CROISÉ LE GARS QUI LUI TENAIT LA JAMBE AUX BALANCES...
...
LUI, IL NE RENTRE PLUS.
SORTIE
AUJOURD'HUI, J'AIMERAIS SAVOIR SI RENAUD A TOUJOURS MON DESSIN.
Dès que le vent soufflera

FAN ZONE
JE N'AI JAMAIS EU DE GRAND FRÈRE...
CALTEZ LES P'TIOTS !
LAISSEZ PASSEZ L'AÎNÉ !
...ALORS JE M'EN SUIS INVENTÉ UN.
...MÊME SI JE N'ÉTAIS PAS LE SEUL.
CALTEZ LES FANS!
VOUS ME FAITES FLIPPER AVEC VOS FOULARDS ROUGES.
RENAUD A TOUJOURS EU UN TRAIN D'AVANCE SUR MOI.
UN GRAND FRÈRE, C'EST UN MODÈLE.
ENLÈVE-MOI CETTE BOUCLE D'OREILLE !
C'EST QUOI CE FOULARD RIDICULE ?
RENAUD A EU LUI-MÊME UN GRAND FRÈRE, MAIS J'AI CRU COMPRENDRE QUE C'ÉTAIT PAS FACILE D'ÊTRE LE GRAND FRÈRE D'UN GRAND HOMME.
TIENS !
J'AI ENCORE FAIT UN LIVRE SUR TOI.
QUAND IL EST PARTI EN VOYAGE, JE VENAIS VIVRE EN FRANCE .
DÈS QUE LE VENT SOUFFLERA...
...JE REVIENDRA.
QUAND SA FILLE LOLITA ÉTAIT DÉJÀ UN PEU GRANDE, MA FILLE MORGANE NAISSAIT, AVEC UN SUPER SECOND PRÉNOM.
2. «MORGANE DETOA»
3. 20.12.1991 (LE PUY EN
4 a 30.05.2018 4 c. préfet d

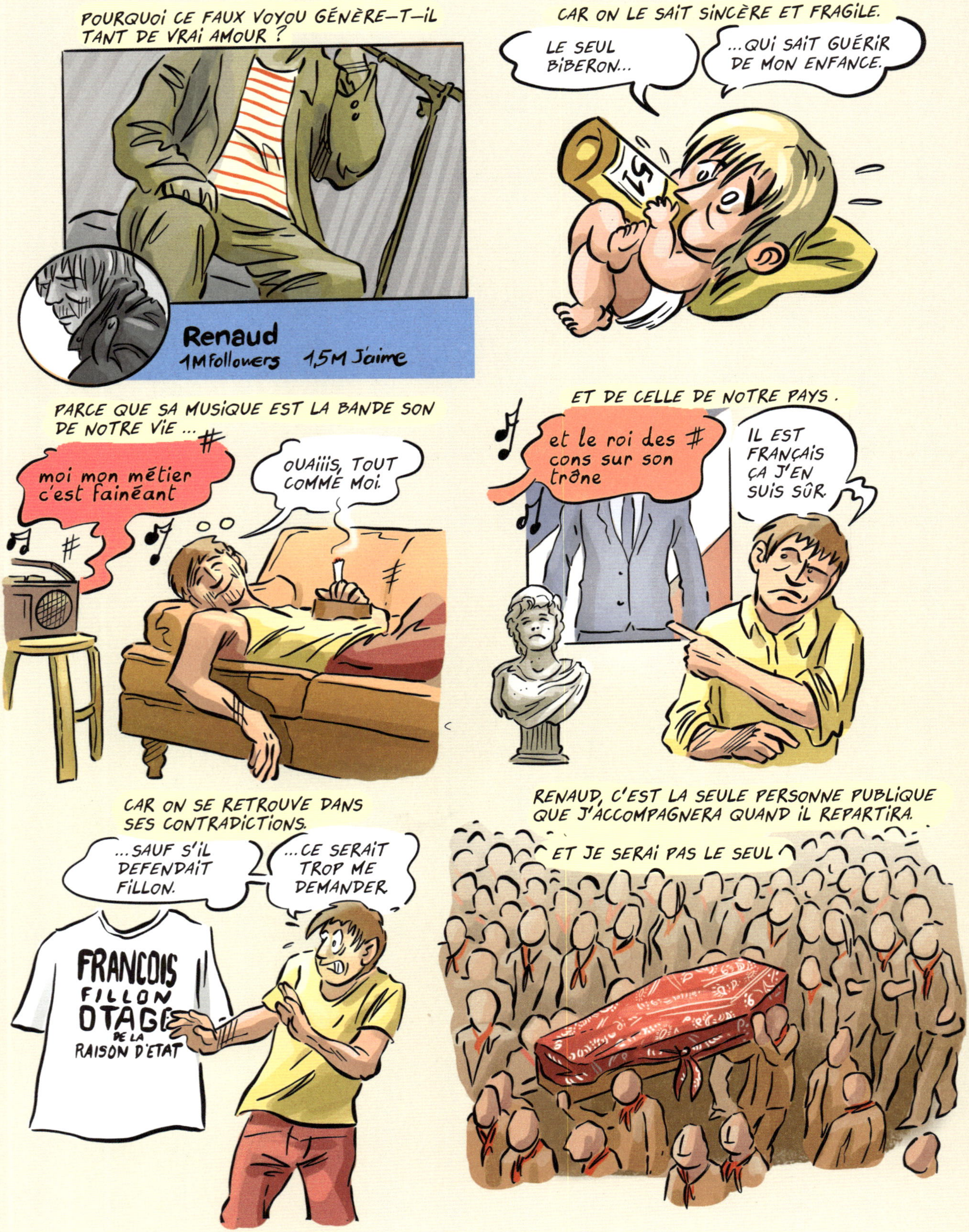
POURQUOI CE FAUX VOYOU GÉNÈRE-T-IL TANT DE VRAI AMOUR ?
Renaud
1M Followers 1,5M J'aime
CAR ON LE SAIT SINCÈRE ET FRAGILE.
LE SEUL BIBERON...
...QUI SAIT GUÉRIR DE MON ENFANCE.
51
PARCE QUE SA MUSIQUE EST LA BANDE SON DE NOTRE VIE ...
moi mon métier c'est fainéant
OUAIIIS, TOUT COMME MOI.
ET DE CELLE DE NOTRE PAYS .
et le roi des cons sur son trône
IL EST FRANÇAIS ÇA J'EN SUIS SÛR.
CAR ON SE RETROUVE DANS SES CONTRADICTIONS.
...SAUF S'IL DEFENDAIT FILLON.
...CE SERAIT TROP ME DEMANDER
FRANCOIS FILLON OTAGE DE LA RAISON D'ETAT
RENAUD, C'EST LA SEULE PERSONNE PUBLIQUE QUE J'ACCOMPAGNERA QUAND IL REPARTIRA.
ET JE SERAI PAS LE SEUL

CHAPITRE 8

“ Quand les Russes, les Ricains f’ront péter la planète... ”

MOSCOU, FIN JUILLET 1985.
POURQUOI ÊTES-VOUS ICI, AU 12E FESTIVAL MONDIAL DE LA JEUNESSE ?
JE SUIS RENAUD, CHANTEUR, ARTISTE FRANÇAIS, INVITÉ DU FESTIVAL.

LA GUERRE FROIDE ATTEINT UN SOMMET AVEC NOTAMMENT LE PROJET DE "GUERRE DES ÉTOILES" DU PRÉSIDENT AMÉRICAIN RONALD REAGAN, ET L'URSS A DÉCIDÉ D'UN GRAND RASSEMBLEMENT "PACIFISTE" À MOSCOU.
HET B AMEPUKY
JE SUIS FASCINÉ PAR CETTE CHALEUR ET CE MONDE, TOUTES CES CULTURES REPRÉSENTÉES, ET ÇA VA ME PERMETTRE DE DÉCOUVRIR LE PEUPLE DE MOSCOU.
ON FAIT RENCONTRER À RENAUD LA PLUS GRANDE STAR DU ROCK SOVIÉTIQUE, ALLA POUGATCHEVA, COMPROMIS DE KIM WILDE ET MICHÈLE TORR.
J'AI CRU COMPRENDRE QUE VOUS ÊTES TRÈS POPULAIRE EN FRANCE ?
OUI. MON PREMIER PUBLIC, ÇA A ÉTÉ LES VOYOUS... HEU... LES LOUBARDS.
VOUS ÉCRIVEZ DES CHANSONS POLITIQUES ?
JE VEUX ! PAR EXEMPLE, "DÉSERTEUR"...
PARCE QUE JE SUIS MILITANT DU PARTI DES OISEAUX, DES BALEINES, DE LA TERRE, DES ENFANTS ET DE L'EAU DE LA MER.

APRÈS LA CÉRÉMONIE D'OUVERTURE AVEC LE PRÉSIDENT GORBATCHEV ET TOUT LE SOVIET SUPRÊME DANS UN STADE IMMENSE, LE FESTIVAL SE DÉROULE AU PARC GORKI.

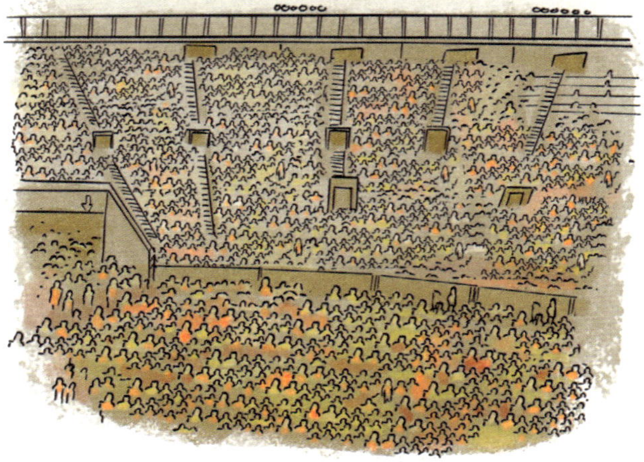

LE VASTE PARC DE MOSCOU ACCUEILLE LES DÉLÉGATIONS DE 150 PAYS MEMBRES D'ORGANISATIONS COMMUNISTES OU PROCHES DE L'URSS...

LES JEUNES MILITANTS DISCUTENT INLASSABLEMENT DE LA MENACE MILITAIRE AMÉRICAINE ET DU PACIFISME SOVIÉTIQUE...

... OU SE CONTENTENT DE JOUIR DU SOLEIL SANS SE SOUCIER DU CONFLIT ENTRE CONSERVATEURS ET PARTISANS DE LA PÉRESTROÏKA AU SEIN DE POUVOIR SOVIÉTIQUE.

RENAUD DOIT JOUER LE 30 JUILLET AU THÉÂTRE DE VERDURE DU PARC GORKI.

SUR LE LIEU DU CONCERT, SOUS HAUTE PROTECTION POLICIÈRE, RENAUD ET SON ÉQUIPE DOIVENT ÊTRE PATIENTS FACE À LA LENTEUR ET LA PASSIVITÉ DES TECHNICIENS SOVIÉTIQUES.
CETTE INERTIE, C'EST ÉNERVANT.
RIEN NE BOUGE, RIEN N'AVANCE.
LES JEUNES MOSCOVITES ORDINAIRES NE PEUVENT APPROCHER DU THÉÂTRE DE VERDURE.
ILS ONT RÉSERVÉ LE PARTERRE AUX DÉLÉGATIONS DU FESTIVAL. TOUS LES GRADINS, C'EST SUR INVITATIONS.
MAIS QUI DONNE LES INVITATIONS ?
EH BIEN ON NE SAIT PAS. LE PARTI, SANS DOUTE...
LE CONCERT EST RETARDÉ D'UNE HEURE ET DEMIE. EN ATTENDANT, DANS LA LOGE, L'INTERPRÈTE RUSSE S'EST MISE AU PIANO.
JE CONNAIS, CE QU'ELLE JOUE. C'EST QUOI, DÉJÀ ?
C'EST LA MUSIQUE DU FILM L'ARNAQUE.

dès que le vent soufflera je repartira.
LA DÉLÉGATION FRANÇAISE, DANS LES PREMIERS RANGS, ASSURE L'AMBIANCE.
22 HEURES.
J'AIMERAIS BIEN PARLER VOTRE LANGUE. JE SUIS EMMERDÉ.
IL Y A EN FRANCE UN JOURNALISTE QUI A DIT QUE JE M'EN PRENDS UN PEU TROP SYSTÉMATIQUEMENT AUX FLICS, AUX CURÉS, AUX MILITAIRES.
ET PUISQU'EN FRANCE LE SOCIALISME S'ARRÊTE À LA PORTE DE CASERNES, VOICI UNE CHANSON LÉGÈREMENT IMPERTINENTE.
C'EST LA VERTU PRINCIPALE D'UN ARTISTE, L'IMPERTINENCE VIS-À-VIS DES GRANDS DE CE MONDE. VOICI UNE CHANSON QUI S'APPELLE " DÉSERTEUR ".

Quand les Russes, les 'Ricains feront péter la planète
Moi, j'aurai l'air malin avec ma bicyclette
?!
C'EST PRÉCISÉMENT CETTE ALLUSION AUX "RUSSES ET LES RICAINS" QUI VAUT À RENAUD, LE FILS D'UNE FAMILLE DE GAUCHE, CE GUET-APENS DES "SERVICES" SOVIÉTIQUES.
Je serai jamais soldat, j'aime pas les bruits de bottes
MAIS POURQUOI ILS ONT RALLUMÉ LES LUMIÈRES ?
Mais va pas t'imaginer, monsieur le président
ILS FILMENT LES GRADINS VIDES.
RENAUD NE S'EST PAS MÉFIÉ QUAND ON LUI A DEMANDÉ UNE TRADUCTION EN RUSSE DE TOUTES LES CHANSONS PRÉSENTÉES EN CONCERT.
Que j'suis manipulé par les rouges ou les blancs
ON CONTINUE LES GARS, ON CONTINUE.

RENAUD TERMINE SON CONCERT, MAIS NE FAIT PAS DE RAPPEL APRÈS LA DERNIÈRE CHANSON.
J'AI FERMÉ MA GUEULE POUR LA CLASSE OUVRIÈRE FRANÇAISE, POUR LES MECS QUI BOSSENT ET QUI CROIENT À ÇA !!
JE VOULAIS PAS CRAQUER MAIS JE CROIS QUE JE VAIS CRAQUER !
QU'EST-CE QU'IL Y AURA DEMAIN DANS LA PRESSE ?
QUE RENAUD FAIT UN BIDE À MOSCOU !
LES MÔMES PENDANT CE TEMPS-LÀ, ILS SONT DANS LA RUE !
LES MÔMES DE MOSCOU QUI VOULAIENT VENIR À MON CONCERT, ILS ONT PAS PU !
J'AI FERMÉ MA GUEULE PAR AMITIÉ POUR LES MECS QUI LUTTENT EN FRANCE, QUI BOSSENT, QUI SONT AU CHÔMAGE...
LES TRAVAILLEURS QUI ONT TOUJOURS VÉCU LES MAINS DANS LE CAMBOUIS, DANS LE GOUDRON, DANS LA MERDE !
LES MECS QUI LUTTENT TOUTE LEUR VIE POUR AVOIR UNE VIE DÉCENTE ET POUR AVOIR DU PAIN...
... J'ME DÉFONCE LE CUL AVEC EUX EN FRANCE !
TOUTE MA VIE, JE ME SUIS DÉFONCÉ POUR EUX, J'AI CHANTÉ L'INTERNATIONALE EN 68, J'AI FAIT LES BARRICADES, J'ME SUIS COGNÉ CONTRE LES FLICS...
... ET EUX ILS CROIENT À ÇA J'PEUX PAS L'CROIRE !

ÇA A FAIT TILT QUAND J'AI VU QU'ILS TOURNAIENT LES CAMÉRAS VERS LES GRADINS.
VOUS AVEZ ÉTÉ LONGS À COMPRENDRE, LES MECS !
TOUT ÉTAIT PRÉVU, ORGANISÉ, CADRÉ, PENSÉ !
Y EN A LÀ-DEDANS !
ILS SONT FORTS, TRÈS FORTS !
J'AURAIS JAMAIS PENSÉ QU'ILS ÉTAIENT FORTS COMME ÇA !
JE ME DISAIS : "POURQUOI ILS M'INVITENT ?"
"JE SUIS PAS DANS LA LIGNE, POURTANT" !
ON S'EST FAIT AVOIR JUSQUE LÀ !!

CE MATIN, J'ÉTAIS ASSIS SUR UN BANC, TOUT SEUL AU SOLEIL DEVANT L'HÔTEL UKRAINE.
JE REPENSAIS À TOUT CE QU'ON A VÉCU ICI DEPUIS HUIT JOURS, EN REGARDANT LA STATUE DE LÉNINE.
IL Y A DEUX GRANDS PEUPLIERS QUI SONT PLUS GRANDS QUE LUI.
Je voudrais être un arbre
Me nourrir de la terre,
M'abreuver de la pluie,
Pour avoir la tête si haut dans le ciel
Que jamais personne ne pourra y
planter un drapeau.

ET LÀ J'AI ÉCRIT UNE CHANSON POUR DIRE À QUEL POINT J'EN AI MARRE.
QUE JE N'EN PEUX PLUS DE LEURS SALADES.
TU SAIS, JE SUIS TELLEMENT FATIGUÉ.
Les oiseaux qui se poseront sur moi
Ne me parleront pas
Le vent et le silence, enfin.
Plus de paroles, plus de mensonges

Devant l'hôtel Ukraine, Renaud ne s'est pas assis devant une statue de Lénine, le fondateur de l'Union soviétique, avec sa pelouse, son banc et ses peupliers, mais devant le monument célébrant Taras Chevtchenko,considéré comme le père de la culture et la nation ukrainiennes.
Les oiseaux ne viennent pas se poser sur la tête d'un dictateur dont les successeurs oppriment la jeunesse moscovite au nom d'un juste idéal dévoyé, mais sur celle d'un poète romantique du XIXe siècle, rêvant que chacun puisse vivre libre sur sa terre en parlant librement sa langue.
Fatigué, fatigué Fatigué, fatigué Fatigué du mensonge et de la vérité Fatigué, fatigué
Je changerai la sève du premier olivier Contre mon sang impur d'être civilisé Responsable anonyme de tout le sang versé Fatigué, fatigué

La chanson «Fatigué», écrite devant cette statue (et parue sur l'album *Mistral gagnant*, en décembre 1985) n'évoquera pas le voyage en Union soviétique ni la mésaventure de Renaud au Parc Gorki.
Elle deviendra un manifeste écologique et humaniste face à tous les gâchis causés par l'appât du gain et la soif de pouvoir depuis des siècles.
Rien ne subsistera explicitement des circonstances et de l'inspiration du texte originel. La seule allusion à une grande puissance de la guerre froide ne vise pas l'URSS et le bloc communiste, mais plutôt les États-Unis…
Fatigué, fatigué Fatigué, fatigué Fatigué d'espérer et fatigué de croire
Fatigué, fatigué Quand la moitié du monde en assassine un tiers Fatigué de ces hommes qui ont tué les Indiens.

ALLEZ, ON RENTRE À L'HÔTEL.
J'EN REVIENS PAS.
JE SUIS SÛR QUE CE SONT LES JEUNESSES COMMUNISTES QUI ONT TOUT ONT MANIGANCÉ DEPUIS PARIS.
MAIS QU'EST-CE QUE TU FOUS, RENAUD ?
ZOOF
BAISSE-TOI. Y A UN HALF TRACK. ILS VONT NOUS DÉGOMMER.
SÉRIEUX, TU CROIS QU'ILS VONT TE TUER ?
BEN OUI, C'EST ÉVIDENT. POURQUOI ILS M'AURAIENT FAIT VENIR, SINON ?

HÔTEL UKRAINE, 4 HEURES DU MATIN.
VRAIMENT, RENAUD, IL FAUT DORMIR.
COMMENT TU VEUX QUE JE DORME QUAND ILS ESSAIENT DE ME BUTER ?
ILS M'ONT FAIT VENIR JUSTE POUR ÇA. POUR MONTRER QUE JE FAISAIS UN BIDE. ILS SONT TRÈS FORTS, PLUS FORTS QUE JE LE CROYAIS.
ILS PRÉPARAIENT LEUR COUP DEPUIS LONGTEMPS.
8 SEPTEMBRE 1984, À LA COURNEUVE.
ON EST VRAIMENT HEUREUX QUE TU SOIS À LA FÊTE DE L'HUMA.
C'EST UN PEU COMME TE VOIR REVENIR À LA MAISON.
T'AS PAS TOUJOURS ÉTÉ TENDRE AVEC LE P.C.
MAIS AVEC TA CHANSON "OSCAR" ON A VRAIMENT SU QUE T'ÉTAIS DES NÔTRES.
L'avait fait '36, le Front Populaire Il était marxiste tendance "Pif le chien" Syndiqué á mort, inscrit au Parti
Nous traitait d'feignants moi et mes frangins Parce qu'on était anar, tendance patchouli
AGORA de l'Humanité
TOULOUSE
C'EST TELLEMENT ÉMOUVANT QUE TU PARLES DE TON GRAND-PÈRE COMMUNISTE.
DOMMAGE QU'IL SOIT MORT SOUS GISCARD ET QU'IL N'AIT PAS VU LA VICTOIRE DE LA GAUCHE.
Parti communiste

SI ÇA SE TROUVE, ILS Y PENSAIENT DÉJÀ À LA FÊTE DE L'HUMA.
SALUT. VOUS AVEZ PAS TROP LE TRAC ? MÊME S'IL PLEUT, VOUS ALLEZ RESTER ?
VOUS AVEZ REMARQUÉ QUE CHAQUE FOIS QU'ON FAIT LA FÊTE, IL PLEUT ?
À LA BASTILLE, LE 10 MAI... IL PARAÎT QUE LA PLUIE EST DE DROITE.
DEUX HEURES ET VINGT-QUATRE CHANSONS PLUS TARD...
ILS SONT RAVIS, LES COCOS.
C'EST DINGUE, APRÈS CE QUE JE LEUR AI MIS SUR L'AFGHANISTAN.
ALORS, ON N'EST PLUS FÂCHÉS ?
TU SAIS, RENAUD, LE PARTI CHANGE, SURTOUT CHEZ LES JEUNESSES COMMUNISTES.
QUAND JE PENSE QU'IL Y A QUELQUES ANNÉES, LES RESPONSABLES NOUS DISAIENT DE NE PAS ALLER À TES CONCERTS.
JUSTEMENT, ON PENSE À T'INVITER À UN PETIT VOYAGE AVEC NOUS.

L'ÉTÉ PROCHAIN, C'EST LE FESTIVAL MONDIAL DE LA JEUNESSE ET DES ÉTUDIANTS.
CHAQUE DÉLÉGATION VIENT AVEC DES ARTISTES ET CE SERAIT GÉNIAL QUE TU SOIS AVEC LA DÉLÉGATION FRANÇAISE.
TU N'ES PAS UN COMPAGNON DE ROUTE AFFICHÉ DU PC. MAIS TU ES AVEC NOUS CONTRE LA DROITE ET DANS LE COMBAT POUR LA PAIX.
ET C'EST IMPORTANT AUSSI DE FAIRE COMPRENDRE QUE LES COMMUNISTES CHANGENT, QUE CE NE SONT PAS TOUS DES NOSTALGIQUES DE BREJNEV ALIGNÉS SUR MOSCOU.
XII - MOCKBA - 1985
PUTAIN, MOSCOU... LE MEILLEUR ET LE PIRE... L'IDÉAL ET LA TRAHISON
LA PATRIE DES TRAVAILLEURS / STALINE.
L'APPROPRIATION COLLECTIVE DES MOYENS DE PRODUCTION / LE GOULAG .
L'HÉROÏSME DE STALINGRAD / LE MASSACRE DES MARINS DE KRONSTADT.
L'ANTIFASCISME / LE PACTE GERMANO-SOVIÉTIQUE.
LA CULTURE POUR LE PEUPLE / LE RÉALISME SOCIALISTE.
LE SALON DES SÉCHAN.
ÇA ME FAIT DRÔLE, QUAND MÊME, QUE TU AILLES À MOSCOU.
ÇA A TELLEMENT CHANGÉ DE CHOSES, QUE TON GRAND-PÈRE Y SOIT ALLÉ.
J'AVAIS NEUF ANS EN 1931, QUAND MON PAPA EST PARTI À MOSCOU.

En 1931, ouvrier dans une usine chimique de Stains et considéré comme un des militants les plus prometteurs du Parti Communiste dans la banlieue nord de Paris, Oscar Mériaux part avec un faux passeport pour étudier à l'École Léniniste Internationale de Moscou.

Sous le pseudonyme de Jean Bayeux, il côtoie d'autres élèves français appelés à prendre des postes à responsabilités du PCF et du Komintern, l'organisation communiste internationale controlée par l'URSS.

Oscar Mériaux ne quitte pas tout de suite le PC.

Il se présente aux élections législatives, il devient premier adjoint au maire communiste de Stains, il mène la grève en 1936 aux Câbleries d'Aubervilliers...

Mais, écœuré par le Parti et par l'URSS, il rejoint en 1937 le Parti populaire français de Jacques Doriot.

Tribun communiste immensément populaire, Doriot aurait pu devenir le n° 1 du PCF… s'il ne s'était pas méfié de Moscou autant que Moscou se méfie de lui. Son PPF se caractérise rapidement par son anticommunisme sans nuance.

ALORS OSCAR L'OUVRIER DEVIENT JOURNALISTE POUR UN JOURNAL DU PPF !

à Saint-Etienne

Voici les résultats de l'élection législative qui a eu lieu hier dans la circonscription de Saint-Etienne

Ont obtenu :

MM.

Marcel Thibaud, comm.	4.711	voix
Raymond - Laurent, ancien président du Conseil municipal de Paris, dém. popul.....	4.651	—
Jean Robert, S.F.I.O...	3.115	—
Alexandre de Fraissinette, rép. soc. de défense ouvrière	1.561	—
Auguste Roux, P.S.F...	1.221	—
Georges Fouilland, ancien député, radical-socialiste	1.188	—
Oscar Mériaux, P.P.F...	1.121	—
Dubreuil, ind.	268	—

Il y a ballottage.

On notera que le total s voix recueillies par les candidats du Front populaires est de 10.860

Anticommuniste et patriote, le PPF bascule, après la défaite de 1940, dans la collaboration. Et Jacques Doriot endosse bientôt un uniforme allemand.
LES JEUNES FRANÇAIS DOIVENT TENIR LEUR RANG DANS LA GUERRE DE L'EUROPE NOUVELLE CONTRE LE BOLCHÉVISME !
Oscar Mériaux écrit dans la presse collaborationniste et parcourt la France pour répandre la parole du PPF.
PARTI POPULAIRE FRANÇAIS
FÉDÉRATION DE LA VIENNE
Le rôle de la Paysannerie dans la Révolution Nationale contre le Bolchevisme
GRANDE RÉUNION POPULAIRE
Mercredi 1er Avril, à 20 heures
A AVANTON, Salle de la Mairie
Orateurs
OSCAR MÉRIAUX
Inspecteur régional du P. P. F.
JEAN CHARTIER
BERTON RAPHAEL
ENTRÉE LIBRE
Sa fille Solange est engagée par le directeur allemand de Radio Paris, la station officielle de la collaboration.
LA COPIE DE VOTRE NOTE EST BIENTÔT PRÊTE, MONSIEUR.
RADIO-PARIS
J'AI FINI MES TRADUCTIONS DE COMMUNIQUÉS ALLEMANDS. VOUS AVEZ LE TEMPS DE DÉJEUNER AVEC MOI, SOLANGE ?
VOLONTIERS M. SÉCHAN. UNE DERNIÈRE NOTE À TAPER ET J'ARRIVE.
VIVEMENT QUE TOUT CELA SOIT FINI ET QUE L'ON SOIT DÉBARRASSÉS...
... DE CETTE ENGEANCE.

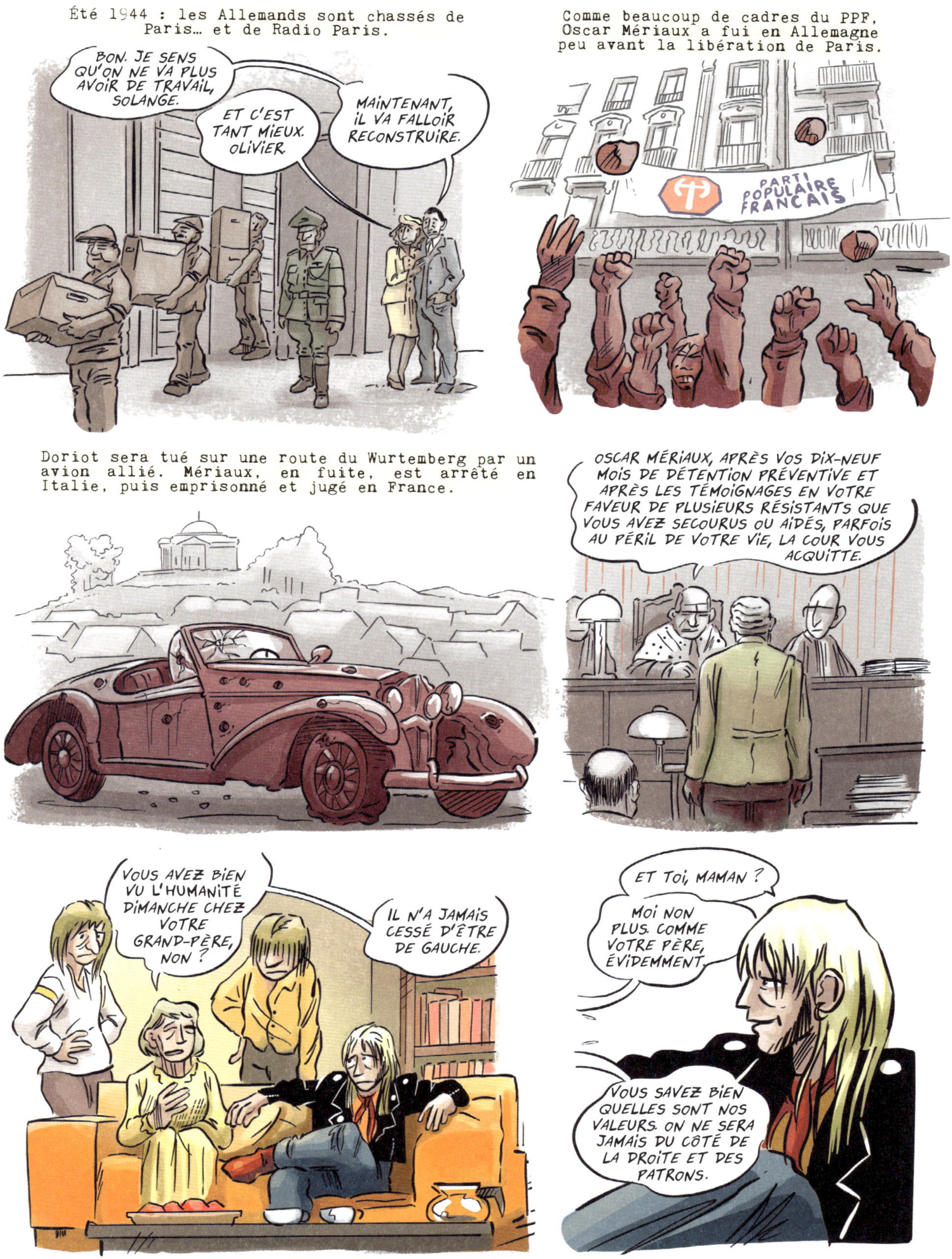
Été 1944 : les Allemands sont chassés de Paris… et de Radio Paris.
BON. JE SENS QU'ON NE VA PLUS AVOIR DE TRAVAIL, SOLANGE.
ET C'EST TANT MIEUX. OLIVIER.
MAINTENANT, IL VA FALLOIR RECONSTRUIRE.
Comme beaucoup de cadres du PPF, Oscar Mériaux a fui en Allemagne peu avant la libération de Paris.
PARTI POPULAIRE FRANCAIS
Doriot sera tué sur une route du Wurtemberg par un avion allié. Mériaux, en fuite, est arrêté en Italie, puis emprisonné et jugé en France.
OSCAR MÉRIAUX, APRÈS VOS DIX-NEUF MOIS DE DÉTENTION PRÉVENTIVE ET APRÈS LES TÉMOIGNAGES EN VOTRE FAVEUR DE PLUSIEURS RÉSISTANTS QUE VOUS AVEZ SECOURUS OU AIDÉS, PARFOIS AU PÉRIL DE VOTRE VIE, LA COUR VOUS ACQUITTE.
VOUS AVEZ BIEN VU L'HUMANITÉ DIMANCHE CHEZ VOTRE GRAND-PÈRE, NON ?
IL N'A JAMAIS CESSÉ D'ÊTRE DE GAUCHE.
ET TOI, MAMAN ?
MOI NON PLUS. COMME VOTRE PÈRE, ÉVIDEMMENT.
VOUS SAVEZ BIEN QUELLES SONT NOS VALEURS. ON NE SERA JAMAIS DU CÔTÉ DE LA DROITE ET DES PATRONS.

J'AI JAMAIS ÉTÉ AVEC LA DROITE. JAMAIS.
MAIS ÇA LEUR SUFFIT PAS.
ILS VEULENT QUAND MÊME MA PEAU.
ÇA FAIT LONGTEMPS QU'ILS M'ONT REPÉRÉ.
Renaud comprendra plus tard, rétrospectivement ...
... qu'à Moscou se manifeste pour la première fois ce que les psychiatres appellent un "délire en secteur"...
... psychose qui, chez le patient, réorganise tout le réel - le présent comme le passé - ...

... selon une interprétation paranoïaque d'une cohérence apparemment rationnelle.
ILS SAVENT TOUT, PUTAIN. ILS M'ONT TOUJOURS SUIVI, TOUJOURS SURVEILLÉ.
ILS NE M'ONT JAMAIS RIEN DIT MAIS MAINTENANT C'EST CLAIR : ILS SAVENT POUR OSCAR.
LA CLIQUE DE MARCHAIS ET DES FAUX RÉSISTANTS QUI DIRIGENT LE PC TRAVAILLE MAIN DANS LA MAIN AVEC LE KGB.
ILS ONT CONTINUÉ À SURVEILLER OSCAR, ILS ME SURVEILLENT DEPUIS LONGTEMPS.
OSCAR A ÉTÉ DE TOUS LEURS COMBATS, MAMAN AUSSI ET MOI, QUAND IL LE FALLAIT, J'AI TOUJOURS ÉTÉ DU MÊME CÔTÉ QU'EUX. AVEC LES OUVRIERS EN LUTTE, CONTRE LE RACISME, CONTRE LES FACHOS.
J'EN PEUX PLUS QU'ILS VEUILLENT TOUJOURS ME FAIRE PAYER...
... PARCE QUE JE VEUX RENDRE LE MONDE MEILLEUR.

RENAUD, IL FAUT QUE TU DORMES, IL FAUT QUE TU MANGES.
JE PEUX PAS DORMIR.
ET PUIS J'AI PAS FAIM.
J'AI PEUR QU'ILS M'EMPOISONNENT.
ÇA FAIT TROIS JOURS QUE TU ES ENFERMÉ DANS TA CHAMBRE. IL FAUT SORTIR.
ET S'IL Y A UN SNIPER SUR UN TOIT ?
DE TOUTE FAÇON, LE FESTIVAL SE TERMINE CE SOIR ET ON RENTRE AVEC LA DÉLÉGATION FRANÇAISE DEMAIN.
IL FAUDRA AU MOINS SORTIR POUR ALLER PRENDRE L'AVION.
ILS VONT NOUS FAIRE LE COUP DU BOEING CORÉEN !
Le 1er septembre 1983, le vol 007 de la Korean Air Lines allant de New York à Séoul dévie par erreur de sa route et entre dans l'espace aérien soviétique. Un chasseur Soukhoï Su-15 abat le Boeing 747. 269 passagers et membres d'équipage sont tués.

следующие
отправления
PUTAIN, ON VA Y PASSER, ON VA TOUS Y PASSER.
PUTAIN, ON VA TOUS Y PASSER. ET C'EST À CAUSE DE MOI.
NOUS ALLONS ATTERRIR DANS QUELQUES INSTANTS À PARIS-CHARLES DE GAULLE.
VEUILLEZ ATTACHER VOS CEINTURES ET ÉTEINDRE VOS CIGARETTES.
TU VOIS, RENAUD, ON EST ARRIVÉS SAINS ET SAUFS.
TU FINISSAIS PAR NOUS FAIRE FLIPPER, À LA FIN.
OK ! CE N'EST PAS POUR CETTE FOIS. CE N'EST QUE PARTIE REMISE.
ILS M'ONT FAIT VENIR POUR SE DÉBARRASSER DE MOI.
MAIS NON, RENAUD, MAIS NON.
À LA PROCHAINE OCCASION, ILS NE ME RATERONT PAS.

FAN ZONE
BIEN AVANT POUTINE, LES COMMUNISTES NOUS ONT TRAHIS.
POURTANT, QUELLE BELLE IDÉE, ET SI NATURELLE, DE TOUT PARTAGER À PARTS ÉGALES...
COMMENT CE COUTEAU SOI-DISANT SI GÉNÉREUX A-T-IL FINI ENTRE LES DENTS ET NE RESTE-T-IL QUE DES MIETTES À SE PARTAGER ?
LES RUSSES N'ONT PAS ABÎMÉ QUE L'UKRAINE.
ILS ONT RÉDUIT EN MIETTES NOS ILLUSIONS ALTRUISTES ET ÉGALITAIRES GLANÉES DEPUIS L'ENFANCE.
EST-CE À CAUSE DE CES ILLUSIONS PERDUES QUE L'ENFANCE EST SI SOUVENT DE GAUCHE ET LA VIEILLESSE SI SOUVENT DE DROITE ?
RENAUD, C'EST MON ENFANCE. QUAND RENAUD PLEURE SON ENFANCE JE PLEURE RENAUD ET JE PLEURE MON ENFANCE.

CHAPITRE 9

“ À m’asseoir sur un banc cinq minutes avec toi...”

DEPUIS L'ÉTÉ 1984, LE MONDE EST HORRIFIÉ PAR LA FAMINE EN ÉTHIOPIE.
C'EST HORRIBLE. QU'EST-CE QU'ON PEUT FAIRE ?
IL FAUT FAIRE QUELQUE CHOSE, IL FAUT FAIRE QUELQUE CHOSE !
LES ANGLAIS ONT ÉTÉ RAPIDES AVEC "DO THEY KNOW IT'S CHRISTMAS ?"
BAND AID
LES AMÉRICAINS AUSSI, ON NE PEUT PAS ALLUMER LA TÉLÉ SANS VOIR "WE ARE THE WORLD."
USA AFRICA
IL FAUT FAIRE QUELQUE CHOSE. MAI 68 A FOIRÉ, ON NE VA PAS FOIRER ÇA AUSSI !
ALLÔ, RENAUD ? IL FAUT QUE JE TE PARLE C'EST VALÉRIE. VALÉRIE LAGRANGE.

OH, VALÉRIE ! MAIS ÇA FAIT MILLE ANS QU'ON NE S'EST PAS PARLÉS, MA GRANDE SŒUR DE MAI.
FLASHBACK ! EN MAI 68, VALÉRIE LAGRANGE NE S'EST PAS ENFUIE DU LYCÉE. VEDETTE DEPUIS LE FILM LA JUMENT VERTE EN 1959, ELLE AVAIT VINGT-SIX ANS.
LE CINÉMA, LA CHANSON, LA BEAUTÉ, CETTE JEUNE FEMME ÉTAIT CÉLÈBRE, SEXY, AIMÉE.
lui
JEAN CAU CASANOVA
SEMPÉ JACQUES LANZMANN
FRANCOIS TRUFFAUT MILES DAVIS
VALÉRIE LAGRANGE
Valérie Lagrange
PHILIPS
TIME
GRAND PRIX FESTIVAL INTERNATIONAL CANNES 1966
anouk aimée
j-louis trintignant
un homme et une femme
un film de claude lelouch
valérie lagrange
ELLE PLAQUE TOUT EN MAI 68. ELLE DEVIENT HIPPIE, VOYAGE JUSQU'EN INDE, ABANDONNE LE SHOW BUSINESS ET REFUSE DE DONNER DES CONCERTS CONVENTIONNELS...
Drouot
... PUIS ELLE EST REVENUE, ET BIEN REVENUE, DEPUIS QUELQUES ANNÉES.
Mais ce qui est certain Faut plus me la faire
La vie est souffrance, Qui l'a rendue comme ça ?

TU COMPRENDS, RENAUD, IL N'Y A QUE TOI QUI PEUX LE FAIRE.
FAIRE QUOI ?
COMME LES ANGLAIS, COMME LES AMÉRICAINS. ÉCRIRE UNE CHANSON, APPELER TOUS LES CHANTEURS ET LES FAIRE ENREGISTRER.
MAIS POURQUOI MOI ?
PARCE QUE TU ES LE MEILLEUR, RENAUD. ET PUIS MOI JE SUIS TROP TIMIDE.
ALORS JE PEUX COMPTER SUR TOI, RENAUD ?
EUH... OUI.
MERCI. ALORS JE TE LAISSE FAIRE. À BIENTÔT.
DOMINIQUE !
MAIS POURQUOI J'AI DIT OUI ? PERSONNE NE SAIT FAIRE UN TRUC PAREIL ! ET SURTOUT PAS MOI !
T'INQUIÈTE PAS. IL FAUT SEULEMENT CRÉER UNE ASSOCIATION POUR COLLECTER L'ARGENT QUE RAPPORTE LA CHANSON ET L'EMPLOYER POUR SECOURIR LA POPULATION EN ÉTHIOPIE.
CE N'EST PAS UN COPAIN À TOI, RONY BRAUMAN, LE PRÉSIDENT DE MÉDECINS SANS FRONTIÈRES ?
ET ILS NE SONT PAS EN ÉTHIOPIE, JUSTEMENT ?
MEDECINS SANS FRONTIERES

MAIS LES ANGLAIS ET LES AMÉRICAINS, ILS SONT DES DIZAINES, DANS LA CHANSON.
MOI JE NE CONNAIS PAS TOUT LE MONDE.
IL Y A PLEIN DE CHANTEURS QUI NE M'AIMENT PAS.
CE N'EST PAS POUR TOI QU'ILS VONT CHANTER, DE TOUTE MANIÈRE, MAIS POUR L'ÉTHIOPIE.
ET POURQUOI TU NE DEMANDES PAS À FRANCIS CABREL DE T'AIDER ?
VOUS N'AVEZ PAS LE MÊME CARNET D'ADRESSES.
AUSSITÔT DIT, AUSSITÔT FAIT.
ALLÔ ? C'EST RENAUD. JE VOUDRAIS TE PROPOSER UN TRUC, C'EST À PROPOS DE L'ÉTHIOPIE.
OK, JE M'EN CHARGE.
COLUCHE SOUCHON HIGELIN AUBERT CLERC AUFRAY BERGER SANSON GOLDMAN FORESTIER
CARA CHEDID VOULZY DEPARDIEU BALASKO TELL GALL COUTURE PEYRAL LAGRANGE GOTAINER
ALLÔ, MICHEL ?
MERCI DE ME RAPPELER, JE VOULAIS TE PARLER DE L'ÉTHIOPIE.
ALLÔ, JEAN-JACQUES ?
SALUT, C'EST FRANCIS. IL FAUT QU'ON DISCUTE DE L'ÉTHIOPIE.
ALLÔ, CATHERINE ?
REGARDE, DOMINIQUE !
TOUS CEUX-LÀ SONT D'ACCORD !
Y A PLUS QU'À CALER UNE DATE AVEC TOUT LE MONDE. ET PUIS RÉSERVER LE STUDIO ET LES MUSICIENS.
COMME ÇA JE PEUX ALLER FAIRE UN PETIT TOUR AVEC LE BATEAU.
JE VEUX BIEN M'EN OCCUPER MAIS ELLE EST PRÊTE, LA CHANSON ?
EUH...!

OUI, ELLE EST PRÊTE. TEXTE DE RENAUD, MUSIQUE DE FRANCK LANGOLFF, ÉTHIOPIE VA FÉDÉRER LA CHANSON FRANÇAISE POUR UNE EXPÉRIENCE HISTORIQUE.
Ils n'ont jamais vu la pluie Ils ne savent même plus sourire
J.Clerc
Il n'y a même plus de larmes Dans leurs yeux si grands
le Forestier
Les enfants d'Éthiopie Embarqués sur un navire
Goldman
Berger
Qui n'a plus ni voiles ni rames Attendent le vent
Aubert
Loin du cœur et loin des yeux De nos villes, de nos banlieues L'Éthiopie meurt peu à peu peu à peu.
Rien qu'une chanson pour eux Pour ne plus fermer les yeux C'est beaucoup et c'est bien peu C'est bien peu.
Mais à chaque enfant qui tombe Qui meurt loin des yeux de l'Occident
Higelin
Depardieu
Notre ciel devient plus sombre Et notre avenir moins grand.
Cabrel
Coluche
Lagrange
Renaud

LE MAXI 45 TOURS ÉTHIOPIE SORT EN MAI 1985.
TOP 50
DÈS SA DEUXIÈME SEMAINE, LA CHANSON EST EN TÊTE DU TOP 50 ET Y RESTE HUIT SEMAINES.
1
USA AFRICA
We ARE THE World
6
ETHIOPIE
CHANTEURS SANS FRONTIERES
1
ETHIOPIE
CHANTEURS SANS FRONTIERES
USA AFRICA
We ARE THE World
TOUS LES PROGRAMMATEURS RADIO VEULENT AIDER "ÉTHIOPIE", DONT TOUS LES DROITS SACEM VONT À L'ASSOCIATION CHANTEURS SANS FRONTIÈRES.
TU SAIS, RENAUD, ILS M'ONT DIT À LA SACEM QUE JAMAIS UNE CHANSON N'A ÉTÉ DIFFUSÉE EN HAUTE ROTATION PAR AUTANT DE RADIOS.
MÊME FRANCE MUSIQUE L'A PASSÉE !
Pathé
ALLEZ, FAIS TOURNER LE BOUTON DE LA BANDE FM : À N'IMPORTE QUELLE HEURE, TU ES SÛRE DE TOMBER SUR "ÉTHIOPIE" QUI PASSE AU MOINS SUR UNE RADIO.
LE TRÉSORIER DE CHANTEURS SANS FRONTIÈRES, FRANCIS CABREL, A LE SOURIRE.
L'ENSEMBLE DES VENTES, DES DROITS DE DIFFUSION ET LES RECETTES DU CONCERT TOTALISENT 23 MILLIONS DE FRANCS.
ETHIOPIE
CHANTEURS SANS FRONTIERES

MAIS " ÉTHIOPIE " N'A PAS ÉTÉ ÉPARGNÉ PAR LA POLÉMIQUE.
pourquoi juste les amis de Renaud ?
pourquoi toute une generation est-elle exclue ?
ETHIOPIE
EN INVITANT DES DIZAINES D'ARTISTES À LE REJOINDRE EN STUDIO POUR ENREGISTRER " ÉTHIOPIE ", LE CHANTEUR RENAUD A-T-IL DÉLIBÉRÉMENT ÉCARTÉ LES ARTISTES DE LA GRANDE CHANSON POPULAIRE, QUE SES FANS STIGMATISENT VOLONTIERS COMME DE LA VARIÉTÉ À PAILLETTES ?
C'EST PAS PARCE QU'ON EST DES VEDETTES DE PRISUNIC QU'ON N'A PAS UN CŒUR.
MAINTENANT ON PASSE POUR DES ÉGOÏSTES PARCE QUE RENAUD NE NOUS A PAS INVITÉS SUR SON DISQUE.
JE SAIS QUE RENAUD ME CONSIDÈRE COMME UN RINGARD.
À TITRE PERSONNEL, JE ME FICHE DE NE PAS ÊTRE DANS SA CHANSON.
MAIS SON ATTITUDE EST UNE INSULTE AU PUBLIC.
ON N'A PAS APPELÉ QUE DES COPAINS. IL Y A DES CHANTEURS QUE J'AI FLINGUÉS DANS " MA CHANSON LEUR A PAS PLU " ET QUI SONT DANS " ÉTHIOPIE ".
EN FAIT, ON NE VOULAIT PAS D'UN DÉFILÉ DE LIMOUSINES, D'IMPRESARIOS ET DE MAQUILLEUSES À L'ENTRÉE DU STUDIO.
C'EST QUAND MÊME DINGUE QU'ON PUISSE PAS FAIRE QUELQUE CHOSE SANS SE FAIRE CRACHER À LA GUEULE PAR LES CASSE-COUILLES ET LES JOURNALEUX.

FAN ZONE

RENAUD ADORE LA BD ET LA BD ADORE RENAUD.

À SES DÉBUTS, IL A SCÉNARISÉ UNE BD SUR GÉRARD LAMBERT AVEC JACQUES ARMAND.

PLEIN DE POCHETTES D'ALBUMS ONT ÉTÉ RÉALISÉES PAR DES AUTEURS DE BD.

IL EST GRAND POTE AVEC MARGERIN, AVEC QUI IL RÉALISE GUITARES DE COLLEC, AFFICHES D'EXPOS, FIGURINES, ETC.

IL SE BALADE EN MOTO AVEC PTILUC.

IL A RELANCÉ "CHARLIE HEBDO" À UNE ÉPOQUE OÙ LE JOURNAL BATTAIT DE L'AILE ...

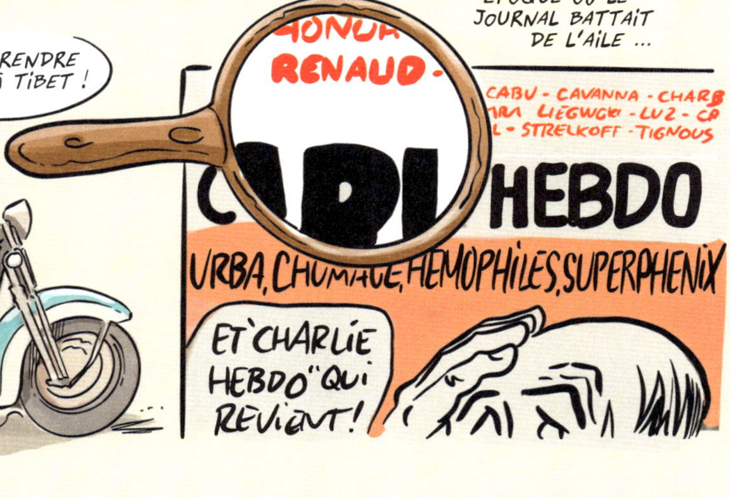

RENAUD COLLECTIONNE LES BD ET LES ORIGINAUX...
JE NE PILLE PAS LE PATRIMOINE BELGE...
... JE LE PRÉSERVE.
Natacha
CAUCHEMIRAGE
... DONT IL N'HÉSITE PAS À SE SÉPARER POUR AIDER SA FILLE.
... C'EST POUR TE PAYER UNE ROULOTTE.
LOLITA, SA FILLE, ELLE-MÊME DEVENUE AUTEURE DE BD...
... CHEZ PLUSIEURS ÉDITEURS, DONT DELCOURT...
... QUI DOIT À RENAUD UN DE SES PREMIERS GRANDS SUCCÈS D'ÉDITION...
SES CHANSONS ILLUSTRÉES PAR LES CADORS DE LA BD.
LES BRUMES DE SAPA
MARSHMALONE
LOLITA SECHAN
AINSI QUE PLUSIEURS LIVRES POUR ENFANTS CHEZ ACTES SUD.
Les CENDRES de Maman
La bande à RENAUD
le retour de la bande à RENAUD
CACHÉES OU PAS
Bartok Biloba
FAIRE UNE BD SUR RENAUD DEVIENT DE FAIT UN GRAND HONNEUR...
QUAND JE S'RAI GRAND, JE RACONTERAI TA VIE !
... ET UNE GRANDE RESPONSABILITÉ.
C'EST DE LA MERDE !

L'EUPHORIE DE MORGANE DE TOI EST LARGEMENT DISSIPÉE QUAND RENAUD REVIENT À LOS ANGELES POUR L'ENREGISTREMENT DE SON NOUVEL ALBUM, EN SEPTEMBRE 1985.
C'EST L'ALBUM DE FATIGUÉ...
Fatigué, fatigué Fatigué, fatigué Fatigué du mensonge et de la vérité
CES CONDITIONS ENSOLEILLÉES SONT TERNIES PAR LA NOIRCEUR DU DEUIL ...
J'ai pensé à l'enfer D'un téléphone qui crie Pour réveiller ta mère
Au milieu de la nuit
Pascale Ogier 1958–1984
...LA GRISAILLE DES DÉSILLUSIONS D'UNE ENFANCE DÉJÀ TROP LOINTAINE...
Mort l'enfant qui vivait en moi Qui voyait en ce monde-là Un jardin, une rivière
...DU ROUGE DU SANG ET DE LA FUREUR DES HOMMES...
Y a pas de gonzesses hooligans imbéciles et meurtrières Y en a pas, même en grande Bretagne
À part, bien sûr, Madame Thatcher
Stade du Heysel, 29 mai 1985.
L'ALBUM DE SON PLUS GRAND SUCCÈS EST AUSSI CELUI DE SES DÉSESPOIRS, ET DE QUELQUES ESPOIRS.
Mais si t'es mon pote Tu m'laisses pas boire tout seul Et tu m'fais pas la gueule Quand tu m'vois délirer
T'ES SÛR QUE C'EST UNE CHANSON DRÔLE ?
AH OUI, JE VEUX !

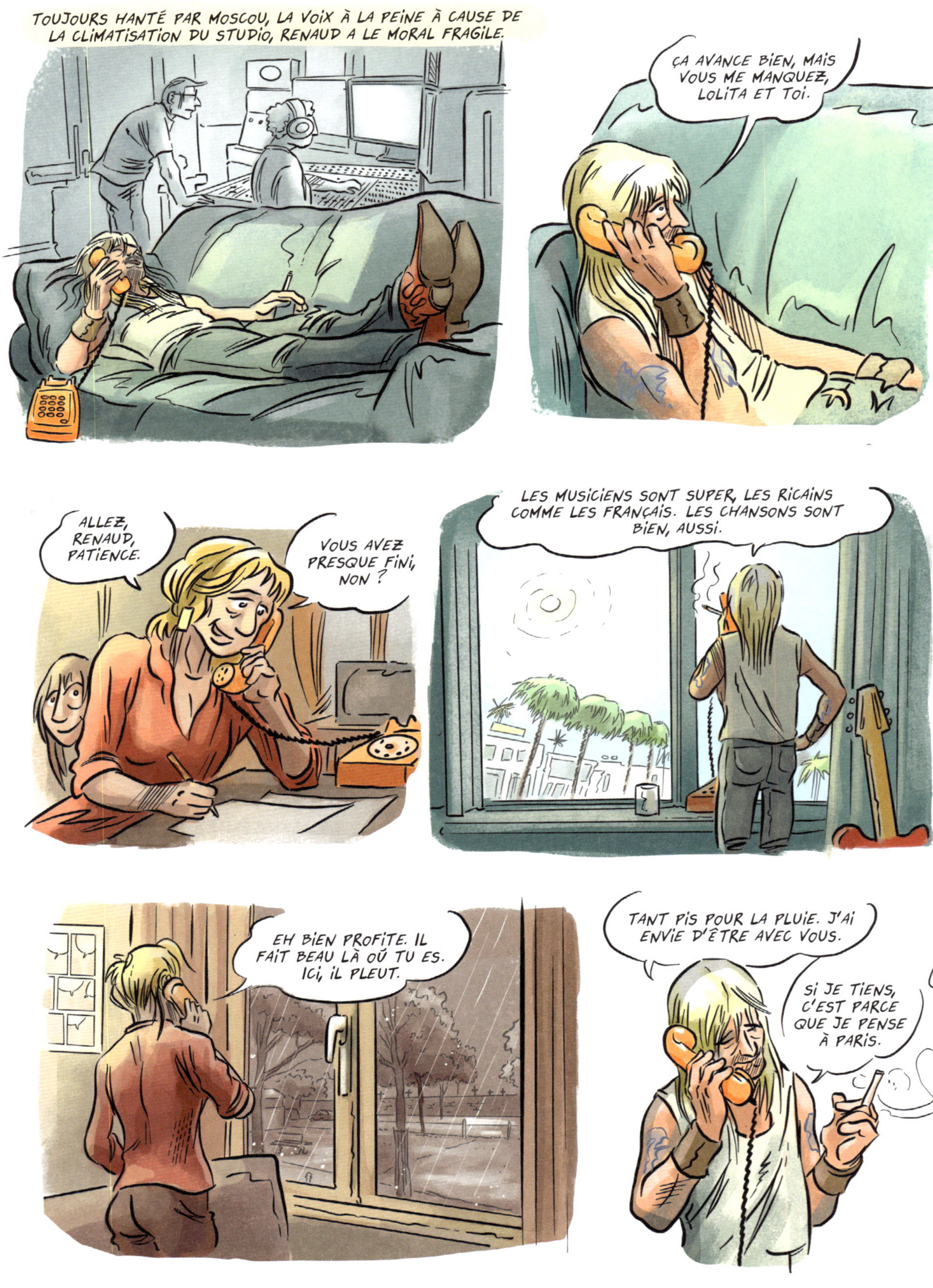
TOUJOURS HANTÉ PAR MOSCOU, LA VOIX À LA PEINE À CAUSE DE LA CLIMATISATION DU STUDIO, RENAUD A LE MORAL FRAGILE.
ÇA AVANCE BIEN, MAIS VOUS ME MANQUEZ, LOLITA ET TOI.
ALLEZ, RENAUD, PATIENCE.
VOUS AVEZ PRESQUE FINI, NON ?
LES MUSICIENS SONT SUPER, LES RICAINS COMME LES FRANÇAIS. LES CHANSONS SONT BIEN, AUSSI.
EH BIEN PROFITE. IL FAIT BEAU LÀ OÙ TU ES. ICI, IL PLEUT.
TANT PIS POUR LA PLUIE. J'AI ENVIE D'ÊTRE AVEC VOUS.
SI JE TIENS, C'EST PARCE QUE JE PENSE À PARIS.

"MISTRAL GAGNANT" REPOSE SUR LA DERNIÈRE CHOSE SUR LAQUELLE RENAUD N'A PAS PERDU TOUTES SES ILLUSIONS: SON ENFANCE, AVEC SES BONBONS SUCRÉS COMME L'INNOCENCE, ET LES MADELEINES DE PROUST.

C'EST MAGNIFIQUE, RENAUD !!
TU N'AS JAMAIS ÉCRIT UNE CHANSON AUSSI BELLE.
DÉCONNE PAS.
J'AI JUSTE PONDU ÇA VITE FAIT, TOUT À L'HEURE.
RENAUD, C'EST SUBLIME.
C'EST LA MEILLEURE CHANSON DU DISQUE.
MAIS C'EST PAS POUR LE DISQUE.
JE NE VAIS PAS ENREGISTRER UNE CHANSON QUI PARLE DE MES SOUVENIRS D'ENFANCE.
TOUT LE MONDE S'EN COGNE. ET PUIS C'EST IMPUDIQUE.
RENAUD, C'EST SIMPLE : SI TU N'ENREGISTRES PAS CETTE CHANSON, JE TE QUITTE !
SO, RENAUD, WHAT DOES THAT MEAN, "MISTRAL GAGNANT"?

" MISTRAL GAGNANT " DONNE SON TITRE AU SEPTIÈME ALBUM DE RENAUD, SORTI EN DÉCEMBRE 1986 ET VENDU EN QUELQUES MOIS À PLUS D'UN MILLION D'EXEMPLAIRES.
RENAUD
MISTRAL GAGNANT
ÉNORME PROMOTION. ON VOIT MÊME RENAUD DANS L'ÉMISSION LITTÉRAIRE "APOSTROPHES" POUR LA PARUTION EN COLLECTION DE POCHE D'UN RECUEIL DE SES TEXTES.
APOSTROPHES
VOUS ÊTES DANS UNE TRADITION POPULO-ANARCHO-POÉTICO-ARGOTIQUE QUI VA DE VILLON À VIAN EN PASSANT PAR BRUANT.
MAIS LA SORTIE EN SINGLE DE " MISS MAGGIE " VIENT S'INSCRIRE DANS UNE LONGUE HISTOIRE DE QUERELLES FRANCO-BRITANNIQUES MARQUÉE PAR JEANNE D'ARC, WATERLOO ET LES MALHEURS DU XV DE FRANCE.
Miss Maggie
RENAUD
2
LA CHANSON FÉMINISTE DE RENAUD AFFIRME QUE LES HORREURS DE L'HISTOIRE SONT TOUJOURS PERPÉTRÉES PAR DES HOMMES...
Margaret Thatcher
SUPPORT THE MINERS
ITS NOT JUST MINERS JOBS THEY ARE FIGHTING FOR
... MAIS LE PASSIF DE LA PREMIÈRE MINISTRE BRITANNIQUE EST LOURD, DE LA MORT EN GRÈVE DE LA FAIM DE BOBBY SANDS ET SES CAMARADES IRLANDAIS JUSQU'À LA GUERRE CONTRE LA CLASSE OUVRIÈRE.
Bobby Sands

POURTANT, LA DAME DE FER DEVRAIT ÊTRE PLUS POPULAIRE QUE JAMAIS EN FRANCE CAR, EN JANVIER 1986, LA FRANCE ET LA GRANDE-BRETAGNE DÉCIDENT LE CREUSEMENT DU TUNNEL SOUS LA MANCHE.
CE N'EST QU'UN PREMIER PAS. CE GRAND PROJET SERA JUGÉ PASSIONNANT COMME RÉALISATION NOUVELLE, PASSIONNANT COMME GRANDE ENTREPRISE, PASSIONNANT ENFIN COMME OUVRAGE DIGNE DE NOTRE ÉPOQUE ET DES ASPIRATIONS DES PEUPLES DE NOS DEUX PAYS.
LA CHANSON " MISS MAGGIE " ENTRAÎNE LES DEUX NATIONS À RETROUVER LEURS VIEUX RÉFLEXES MUTUELS, FLEGME BRITANNIQUE CONTRE FURIA FRANÇAISE.
Frogs, Renaud, garlic, Waterloo...
THE Sun
IL N'APPARTIENT PAS À L'AMBASSADEUR DE FRANCE EN GRANDE-BRETAGNE DE COMMENTER LA LIBRE EXPRESSION D'UN ARTISTE.
The Observer
À LA DEMANDE DE SA MAISON DE DISQUES EN ALLEMAGNE, RENAUD ENREGISTRE UNE VERSION EN ANGLAIS DE SA CHANSON.
'cause there's no woman in this land Quite so stupid as her brother
Except, maybe, Madame Thatcher
ALORS ON EST BIEN D'ACCORD, HEIN ? VOUS NE SORTEZ PAS LE SINGLE EN ANGLAIS À LONDRES.
Virgin
IL EST JUSTE POUR L'EUROPE NON FRANCOPHONE. C'EST ASSEZ LE BORDEL COMME ÇA.

EN MARS 1986, RENAUD S'INSTALLE AU ZÉNITH DE PARIS, PORTÉ PAR LE TRIOMPHE DE L'ALBUM MISTRAL GAGNANT.
LA CHETRON SAUVAGE
RENAUD AU ZENITH A PARTIR DU 25 FEV.
RENAUD AU ZENITH
80F
DÈS L'ENTRÉE EN SCÈNE, MAÎTRISE TOTALE ET PUBLIC EXTATIQUE.
Nous étions trois jeunes matelots
Trois beaux marins grands et costauds
DÉCOR MARIN SPECTACULAIRE ET RÉFÉRENCE AU BATEAU DU CRABE AUX PINCES D'OR DES AVENTURES DE TINTIN.
Premier jour de vacances infernal La pépette a voulu s'éclater
DEUX HEURES ET DEMIE DE CONCERT, POUR UNE TRENTAINE DE TITRES...
... DONT ONZE SUCCÈS DE SES PREMIERS ALBUMS DANS UN POT-POURRI AU MILIEU DU CONCERT.
Casse-toi tu pues Et marche à l'ombre
ET FINALE SUR " FATIGUÉ ".
Fatigué, fatigué Fatigué du mensonge et de la vérité
PUIS RENAUD PREND LA ROUTE POUR DES MOIS DE TOURNÉE.
FIN

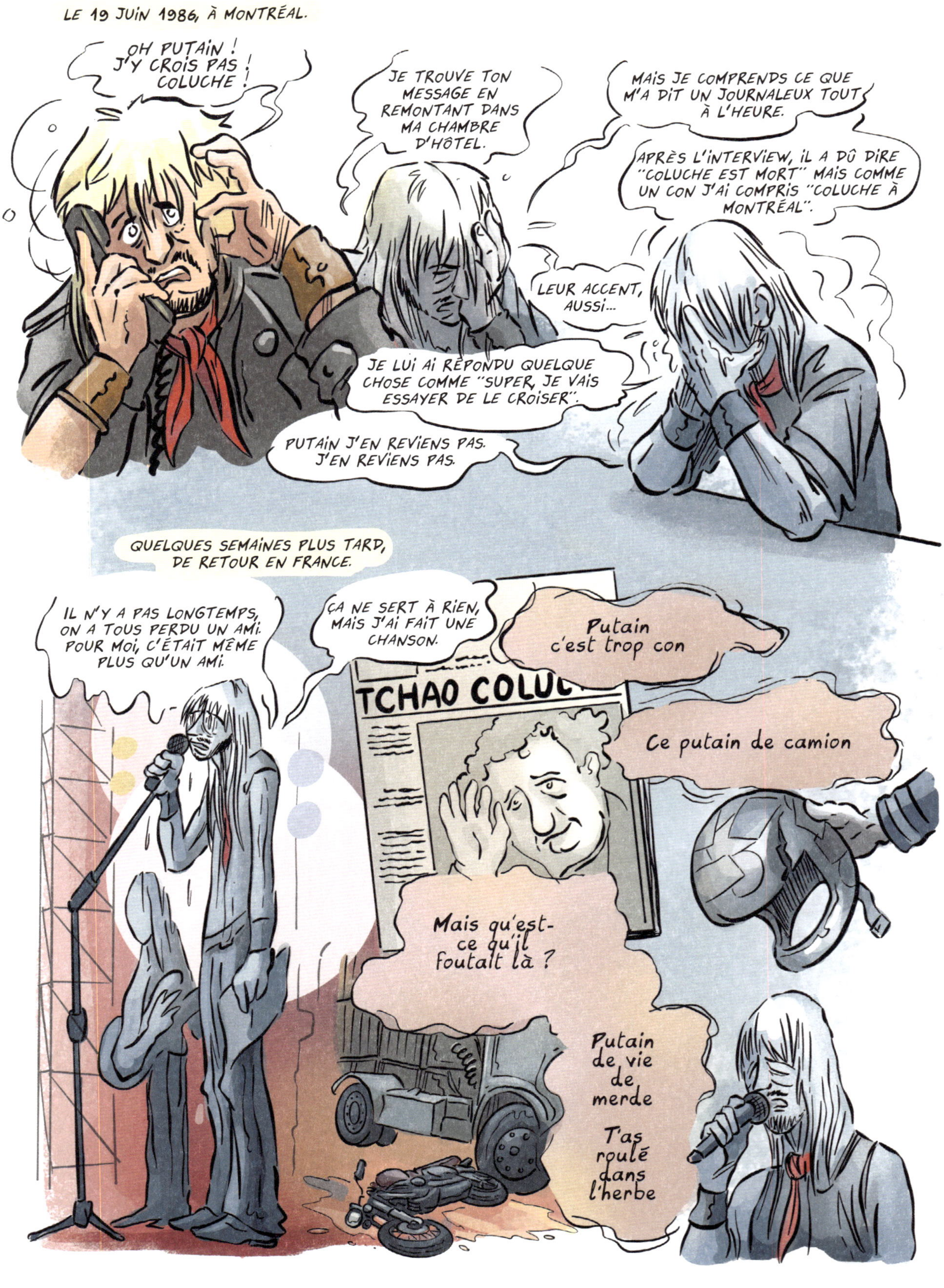
LE 19 JUIN 1986, À MONTRÉAL.
OH PUTAIN ! J'Y CROIS PAS ! COLUCHE !
JE TROUVE TON MESSAGE EN REMONTANT DANS MA CHAMBRE D'HÔTEL.
MAIS JE COMPRENDS CE QUE M'A DIT UN JOURNALEUX TOUT À L'HEURE.
APRÈS L'INTERVIEW, IL A DÛ DIRE "COLUCHE EST MORT" MAIS COMME UN CON J'AI COMPRIS "COLUCHE À MONTRÉAL".
LEUR ACCENT, AUSSI...
JE LUI AI RÉPONDU QUELQUE CHOSE COMME "SUPER, JE VAIS ESSAYER DE LE CROISER".
PUTAIN J'EN REVIENS PAS. J'EN REVIENS PAS.
QUELQUES SEMAINES PLUS TARD, DE RETOUR EN FRANCE.
IL N'Y A PAS LONGTEMPS, ON A TOUS PERDU UN AMI. POUR MOI, C'ÉTAIT MÊME PLUS QU'UN AMI.
ÇA NE SERT À RIEN, MAIS J'AI FAIT UNE CHANSON.
Putain c'est trop con
TCHAO COLUC
Ce putain de camion
Mais qu'est-ce qu'il foutait là ?
Putain de vie de merde
T'as roulé dans l'herbe

La mort de Coluche est le pire choc de l'année. Mais la camarde rôde. Artistes plus ou moins proches, victimes de la police ou de la violence sociale... Chaque fois, la déprime de Renaud s'aggrave. Et son ami Pierre Desproges s'affaiblit de plus en plus, personne n'osant prononcer devant lui le mot de cancer.
Daniel Balavoine, 14 janvier 1986
Thierry Le Luron, 13 novembre 1986
Malik Oussékine, 6 décembre 1986
Pierre Desproges, 18 avril 1988
Début 1988, Renaud enregistre son nouvel album. Mais pas à Los Angeles. À Paris, au studio de la Grande Armée.
Il ne voulait pas enregistrer " Putain de camion ", chanson qu'il croyait éphémère. Mais elle donnera son titre à un album sombre.
renaud putain de camion
Renaud ne cache pas sa mélancolie, sa nostalgie, son amour saturnien pour Dominique et Lolita...
Tu peux pas t'casser, je t'aime À m'en taillader les veines Et pi d'abord ça suffit
On s'casse pas à six ans et d'mi
... Et même ses chansons drôles sont désenchantées.
Elle était socialiste, protestante et féministe.
Moi j'étais rien du tout-tiste Anarcho-mitter-randiste

AYANT REÇU L'ALBUM, ET SURPRIS PAR SA TONALITÉ TRÈS SOMBRE, LES JOURNALISTES FONT LE SIÈGE DE L'ATTACHÉE DE PRESSE DE VIRGIN.
ALLÔ, PUPUCE, TU PEUX ME CALER UNE INTERVIEW AVEC RENAUD POUR SON NOUVEL ALBUM ?
COMMENT ÇA, RENAUD A DÉCIDÉ DE NE PAS FAIRE DE PROMOTION ?
DIS-MOI, PUPUCE, C'EST QUOI, CETTE CONNERIE ?
DIS-LUI BIEN QUE C'EST MOI, PUPUCE.
ON S'EST RENCONTRÉS JE NE SAIS COMBIEN DE FOIS, IL NE PEUT PAS ME REFUSER UNE INTERVIEW.
SÉRIEUX, PUPUCE, EN ÉCOUTANT L'ALBUM, ON SENT BIEN QU'IL EST AU FOND DU TROU.
VOUS L'AVEZ TROP EXPOSÉ DEPUIS DES ANNÉES.
TU ME CALES MON RENDEZ-VOUS ?
EUH... NON, VRAIMENT ?
JE TE PRÉVIENS, PUPUCE...
... JE NE SUPPORTERAI PAS QUE VOUS M'AYEZ FAIT LE PLAN DE L'INTERVIEW EXCLUSIVE À UN AUTRE JOURNAL.
FRANCHEMENT, PUPUCE, ON A ÉTÉ PATIENTS, NON ? ON LE SOUTIENT DEPUIS DES ANNÉES ALORS QU'IL NOUS CRACHE À LA GUEULE.
ON NE PEUT PAS RESTER AUSSI GENTILS, TU COMPRENDS ?

DEPUIS SES DÉBUTS, RENAUD NE PORTE PAS DANS SON CŒUR "LES JOURNALEUX", TOUT EN ÉTANT D'UNE IMPECCABLE DISPONIBILITÉ POUR LA PROMOTION.

TOUTE SA CARRIÈRE, SES CHANSONS PORTERONT TÉMOIGNAGE DE SA FIDÈLE RANCUNE ENVERS LA PRESSE ÉCRITE.

LE FIGARO

"Aujourd'hui c'journal
Est l'ami des enfants
Au Front National
Et au Vatican"

Le Sirop de la rue, 1994

"Mais il était con comme un manche
Comme un déjeuner du dimanche
Comme un article du Figaro"

Trois matelots, 1985

Libération

"Mais elle veut pas d'enfants
Parce que ça fait vieillir
Ça ramollit les fesses
Elle l'a lu dans L'Express
C'est vous dire si elle lit"

Dans mon HLM, 1980

"Comme quelqu'un qu'aurait
taillé ses chaussettes
Dans un vieux Libé aux
pages culturelles
Ça schlinguait le vestiaire
du Parc des Princes"

Chanson dégueulasse, 1980

J'ai mis une annonce dans Libé
Pour m'trouver une gonzesse
sympa
Qui boss'rait pour m'payer ma
bouffe"

Deuxième génération, 1983

L'EXPRESS

"Pis j'me suis fait un punk
Qu'avait pas oublié d'être
moche
Et un intellectuel en Loden
genre Nouvel Obs"

Marche à l'ombre, 1980

le nouvel Observateur

France-Soir

"Loin des cris de la plage
Où s'ébattent joyeux
Des enfants dérisoires
Des lecteurs de France Soir
Et des chiens dangereux"

Allongés sous les vagues, 1988

"Ils lisent Houellebecq ou Philippe
Djian
Les Inrocks et Télérama
Leur livre de chevet c'est Cioran
Près du catalogue Ikea"

Les Bobos, 2006

les inrockuptibles

Télérama

"Libérez enfin ma terre
Des curés, des journaleux, des militaires
De tous les preneurs de tête
Qui provoquent, sous ma fenêtre
Ma colère"

L'Aquarium, 1991

VOUS ÊTES QUAND MÊME DES BRANQUES, MES COCOS.
VOUS SOUTENEZ CE TYPE QUI TABASSE LES JOURNALISTES À LONGUEUR D'ALBUM ET VOUS VENEZ PLEURER PARCE QU'IL VOUS CLAQUE LA PORTE AU NEZ ?
C'EST QUAND MÊME LE MEILLEUR DE SA GÉNÉRATION, PATRON.
ET NOS LECTEURS L'AIMENT, PATRON.
ON NE PEUT PAS SE PERMETTRE DE LE FLINGUER.
OK, LES GARS. ON NE LUI FAIT PAS LA PEAU CETTE FOIS-CI.
MAIS PAS UNE LIGNE SUR RENAUD.
COMPRIS ?
SUR RENAUD, ON ARRIVE AU DOUBLE PLATINE ET ON VA FAIRE 800 000 EXEMPLAIRES EN FIN D'EXPLOITATION.
Virgin
ON N'ARRIVERA PAS AU MILLION ?
SANS PROMO ? NON.
BRAVO, RENAUD. BEAU SUCCÈS.
MERCI. MAIS JE SAIS QUE VOUS EN AVEZ VENDU DEUX FOIS MOINS QUE MISTRAL GAGNANT.
ON VA DIRE QU'ON S'EN FOUT, NON ?
OUAIS. ON VA DIRE ÇA.
ON S'EN FOUT.

FAN ZONE
RENAUD A GAGNÉ TROP D'ARGENT TROP VITE, ALORS POUR SE FAIRE PARDONNER IL EST DEVENU GÉNÉREUX...
... IL A SOUTENU MOULT ASSOCIATIONS, CAUSES ET PARTICULIERS QUI LE LUI DEMANDAIENT...
... IL OFFRE DES OBJETS AUX FANS...
... IL A DONNÉ SON BATEAU...
... IL A SOUTENU D'ILLUSTRES PRISONNIERS...
YVAN COLONNA OTAGE DE LA RAISON D'ETAT
RENAUD DANS LA JUNGLE
RENAUD DANS LA JUNGLE
N°1
CHARLIE HEBDO
URBA, CHÔMAGE, HEMOPHILES, SUPERPHENIX
ET "CHARLIE HEBDO" QUI REVIENT !
... IL A SAUVÉ CHARLIE DE LA BANQUEROUTE...
... IL A COMBATTU LA CORRIDA, LE FN, L'APARTHEID...
FN
... IL A ÉCRIT "ÉTHIOPIE", FAIT DES LIVRES POUR ENFANTS...
ETHIOPIE
SOS
CHANTEURS SANS FRONTIERES
Renaud
Renaud
LE PETIT OISEAU QUI CHANTAIT FAUX
... MAIS CEUX AVEC LESQUELS IL A ÉTÉ LE PLUS GÉNÉREUX SE GARDENT BIEN DE LE REMERCIER.
Marlboro
LIGHTS
RICARD

L'Éléphant et la Bibine

Voici un conte moral à l'intention des petits enfants protestanto-nordistes, qui y apprendront la relativité du Mal et le triomphe inévitable du Bien, tout autant que la nécessaire fidélité à la civilisation morale de Jean Calvin et d'Ami Bost, et que la solidarité de ceux qui gagnent leur vie dans les bistrots envers ceux qui voudraient échapper à une destinée clouée au comptoir.

En ce temps-là, Renaud et David allaient régulièrement visiter la Galerie de Zoologie du Museum national d'histoire naturelle. Une heure ou deux en compagnie des animaux empaillés avant d'aller prendre le goûter sur un banc, dans les vastes allées du Jardin des Plantes.

La Galerie de Zoologie a été inaugurée en 1889, dans l'élan bâtisseur de l'Exposition universelle pour laquelle Eiffel construit sa Tour.
L'architecte Louis-Jules André a conçu une nef centrale de cinquante-cinq mètres sur vingt-cinq, sous une verrière à trente mètres de haut.
Les petits Parisiens pouvaient aller ainsi dans l'Afrique lointaine des éléphants, des lions, des léopards, des rhinocéros, des gnous, des antilopes ou des hyènes, admirant une collection d'animaux empaillés dont les plus anciens dataient du XVIIe siècle, quand avait été créé le Museum.

Des animaux figés dans des poses superbes, comme un défilé d'une nature plus vraie que nature, puisqu'immobile et offerte de tout près aux yeux écarquillés des enfants.

Cette arche de Noé conçue pour la science et non pour échapper au châtiment voulu par un Dieu vengeur marquera Renaud à jamais.

Sur les côtés de la nef, dans les immenses couloirs des étages la surplombant, des collections hallucinantes d'animaux empaillés : 80 000 mammifères et oiseaux, un million de poissons, des millions de reptiles, d'insectes, d'invertébrés dont des milliers d'espèces, dans l'enfance de Renaud, ont déjà disparu de la Terre.
Le projet scientifique de la Galerie de Zoologie incarne un des rêves universalistes de la IIIe République : connaître et inventorier la nature tout entière et la ramener à Paris, là où scientifiques, étudiants et simples visiteurs pourront contempler l'effarante diversité du vivant. (Pour la botanique, c'est un autre bâtiment, tout aussi fou.)
Outre le spectacle de la faune terrestre, la nef de la Galerie de Zoologie présente des squelettes de baleines et de rorquals, figurant toute la démesure des univers promis aux enfants sages qui veulent être un jour explorateurs et courir le monde.
Mais en 1965, la vétusté de la verrière et le manque de moyens pour maintenir en l'état l'énorme collection taxidermique entraînent la fermeture de la Galerie de Zoologie. Puis on pose un toit en zinc sur la verrière. Dans la pénombre, les animaux morts commencent à dépérir.
L'éléphant qui faisait rêver Renaud s'éventre peu à peu. De temps en temps, avec la complicité du personnel du Museum, des photographes se glissent dans la Galerie de Zoologie où ils constatent que la poussière, les moisissures ou les variations de température détériorent irrémédiablement une collection unique au monde. Mais il n'y a jamais assez de crédits pour la rendre au public.
Dans les années 80, des appels de plus en plus pressants se font entendre pour la restauration de la Galerie. Mais elle apparaît à certains comme le symbole d'une science colonialiste et réactionnaire. Les autorités scientifiques françaises sont ivres de cosmos, d'infiniment petit ou de cybernétique et il n'y a plus de moyens pour un Museum démodé, voire politiquement suspect.

Disques d'or et longues tournées donnent à Renaud le droit de faire tout ce qu'il veut – l'aventure, la récréation, le plaisir professionnel qu'il souhaite. Et, en lui, l'enfant bien élevé a parfois la tentation de céder au chenapan, le Bien songe à entrouvrir la porte au Mal.

Saisi par la curiosité des choses qu'il n'a jamais faites et peut-être par la facilité de gagner beaucoup d'argent en peu de temps, il accepte de tourner dans une publicité. Après tout, depuis que la réclame s'appelle pub dans la France de winners des années 80, c'est une activité très tendance.

Renaud ne se refuse donc pas à Kanterbräu, bière lorraine que l'alsacienne Kronenbourg vient de racheter. Il paraîtra dans trois petits films, chantant en voix off un titre dans son genre gouailleur.

Le spot pour Kanterbräu sera donc drôle et mode. Jean-Louis Roques et sa belle moustache, au coude-à-coude avec Renaud, boivent une bière bien fraîche à un comptoir branché, environnés d'élégantes désirables et de modeux modernes.

Cette publicité, diffusée uniquement sur TF1, qui vient d'être privatisée et a reçu l'autorisation d'avoir des brasseurs pour annonceurs, suscite la colère du professeur Claude Got, sommité de l'accidentologie et donc militant acharné de la lutte contre l'alcoolisme. Il demande d'emblée une loi interdisant aux artistes de variétés de paraître dans des publicités de boissons alcoolisées, sachant qu'elles visent en priorité le jeune public.

Renaud admet qu'il n'est guère défendable alors que, par ailleurs, il invite son public à se méfier de tous les esclavages, et donc de l'alcool. Il doit bien admettre que les messages euphoriques qu'il reçoit de Kanterbräu le gênent horriblement : grâce à lui, la marque réalise une soudaine percée chez les adolescents. Heureusement, le Mal cède parfois au Bien, et le vice au premier froncement de sourcils de la vertu.

Renaud annonce qu'il renonce à tourner les deux autres spots prévus pour Kanterbräu. Quant au million de francs reçu pour tourner le premier film (moins les 10% de son agent), il va les consacrer à un cadeau pour les enfants – un cadeau pour Lolita et pour tous les petits Parisiens, banlieusards et enfants du monde, un cadeau de rêve, d'ailleurs et d'éternité.
Le père de Lolita l'emmène souvent au Jardin des Plantes et regrette qu'elle ne puisse partager l'émerveillement de son enfance. Un jour, un conservateur lui explique vingt ans de fermeture, les menaces de pourriture et d'oubli, l'espoir que l'opinion réclame qu'on lui rende la poésie des animaux empaillés.
En 1986, l'essentiel des collections s'installe dans la Zoothèque, bâtiment souterrain destiné à la conservation, à la restauration et à la recherche sur des millions de spécimens venus de la Galerie de Zoologie. Mais il n'y a toujours pas de crédits suffisants pour rouvrir celle-ci, où attendent toujours les plus gros animaux.
En février 1987, sous la verrière toujours obstruée par son toit de zinc, les projecteurs s'allument pour un spectacle son et lumière de vingt minutes qui attire des dizaines de milliers de spectateurs dans la Galerie provisoirement rendue à la vie. Les animaux empaillés retrouvent leur puissance onirique. C'est le cadeau de Renaud (et de l'alcool maudit).
Enfants protestanto-nordistes qui allez à la Galerie de l'Évolution et contemplez la procession des animaux, sachez qu'elle a pu être financée, réalisée puis inaugurée en 1994 grâce à la volonté du Président Mitterrand, grâce à l'action de scientifiques et de fonctionnaires déterminés et grâce aux impôts de tous les citoyens mais aussi grâce à la manière dont un des vôtres a transformé ses remords personnels en bienfait pour tous.
Sachez que Renaud a donné l'argent qu'il avait le plus mal gagné de toute sa carrière pour que vous partagiez, bien longtemps après sa propre enfance, le même émerveillement que lui devant l'immensité de la Création. Et que vous demandiez, avec infiniment de compassion et d'étonnement : « Et il est vrai, l'éléphant ? »
Que cela vous serve de leçon, pour apprendre à respecter vos rêves d'enfant et pour veiller à ce que l'argent que vous gagnez ne trahisse jamais la morale que vous avez héritée de ceux qui vous précèdent.

FAN ZONE
FINALEMENT, COMME FAN, JE SUIS ASSEZ BASIQUE.
J'AI JUSTE UNE VIEILLE INTÉGRALE...
... UN PAUVRE TEE-SHIRT DE DODO.
J'AIME LA VIE
et les coquillettes
... PLUSIEURS BOUQUINS.
RENAUD
Putain de livre!
Chroniques de Renaud
LES MANUSCRITS DE RENAUD
... ET J'AI SUIVI TOUTES LES TOURNÉES.
RENAUD ZENITH
RENAUD
C'EST DÉJÀ PAS MAL, NON ?
JE ME SUIS DEMANDÉ QUI ÉTAIT LE PLUS GRAND FAN DE RENAUD...
Google
fan de renaud
JE L'AI TROUVÉ SANS MAL. CURIEUSEMENT, IL EST BELGE ET VIT À WANZE...
LILLE
ALLONS VOIR ÇA DE PLUS PRÈS.
BELGIQUE
BRUXELLES
LIEGE
WANZE
FRANCE
OLIVIER EST OSTÉO ET SA FEMME GARDIENNE DE PRISON...
POUR SURVEILLER SA COLLECTION ?
ON AURAIT PU EN FAIRE DES VOYAGES, À LA PLACE.
OLIVIER EST UN COLLECTIONNEUR DANS L'ÂME : FÉES CLOCHETTE, CARTES DE TÉLÉPHONE, PIN-UP MANARA.
MAIS JE M'EN DÉBARRASSE...
... POUR COMPLÉTER MA COLLECTION "RENAUD".

POUR SE FAIRE UNE IDÉE D'À QUOI RESSEMBLE LA COLLEC' D'OLIVIER, IL FAUT VOIR "JEAN-PHILIPPE" QUI RACONTE L'HISTOIRE D'UN FAN DE JOHNNY.
POSTERS, AFFICHES, PHOTOS
RENAUD
JE NE COLLECTIONNE QUE DES PIÈCES OFFICIELLES.
FIGURINES
TOUTES LES ÉDITIONS DE TOUS LES CD
DES DISQUES D'OR
TEE SHIRTS
L'INTÉGRALE DES INTÉGRALES
GUITARES COLLECTOR
BOUQUINS, MAGAZINES
33T-45
PLV
DVD, K7 AUDIO
Y A MÊME MA BD QUI CITE RENAUD
COFFRETS
IL A, BIEN SÛR, LE GRAAL ABSOLU DE TOUT COLLECTIONNEUR DE RENAUD SÉRIEUX...
LE 45T PROMO D'UNE CHANSON MOINS CONNUE.
Renaud
Le camionneur rêveur
... QUELQUES RELIQUES PERSONNELLES.
J'AVAIS SON BLOUSON ET IL L'A REPRIS.
J'AURAIS PAS DÛ LUI RENDRE
PIN'S, BADGES
TICKETS DE CONCERT, BACKSTAGES
LA MONTRE "PUTAIN DE CAMION" EST MON GRAAL PERSO.
C'EST DAVID SON FRÈRE QUI ME L'A DONNÉE.
T'AS PLEIN DE DÉDICACES !
ÇA DATE DU JOUR OÙ "IL" EST VENU VOIR MA COLLECTION.
ON S'EST CONNUS EN S'ENGUEULANT SUR INTERNET.
(ILS ÉTAIENT PLUS JEUNES TOUS LES DEUX.)

OLIVIER A MÊME ÉDITÉ UN ARGUS, COMME ÇA IL FAIT PARTIE DE SA PROPRE COLLECTION.
C'EST LA DERNIÈRE MISE À JOUR.
JE N'EN FERAI PAS D'AUTRES, SI JE VEUX GARDER MA FEMME.
OLIVIER BOVENISTY
RENAUD Putain d'argus!
ON EST UNE BANDE DE COLLECTIONNEURS. ON SE RÉUNIT DES FOIS, MAIS ON NE PARLE PAS QUE DE RENAUD.
ENCORE HEUREUX !
J'AIME PAS LES CLONES DE RENAUD.
JE NE L'ÉCOUTE PAS TOUS LES JOURS.
J'AI COMMENCÉ CETTE COLLECTION A 14 ANS.
J'IRAI À SON ENTERREMENT. J'ESPÈRE FAIRE PARTIE DES PROCHES.
JE PRÉFÈRE SES PREMIERS ALBUMS.
RENAUD EST UN GRAND COLLECTIONNEUR AUSSI.
IL M'APPELLE PARFOIS QUAND IL A BESOIN DE QUELQUE CHOSE (POUR UNE EXPO, PAR EXEMPLE).
RENAUD
RENAUD
LA VISITE TOUCHE À SA FIN.
JE NE LAISSE JAMAIS PERSONNE SEUL DANS CETTE PIÈCE.
JE N'Y VIENS PAS TOUS LES JOURS.
Place RENAUD SECHAN
AVANT DE NOUS QUITTER, IL M'OFFRE UNE COLLECTION DE TARTINES BELGES.
MA COLLEC' EST ASSURÉE À HAUTEUR DE 25 00 EUROS.
JE LA CÉDERAI À LOLITA POUR SON "MUSÉE RENAUD".
... ET ON PARTIRA ENFIN EN VOYAGE.

CHAPITRE 10

“ Tout en haut de ch’terril ”

L'AVENTURE DE GERMINAL COMMENCE EN MARS 1980, APRÈS UN CONCERT À BOBINO.
BOBINO
LE THEATRE DE LA CHANSON ET D
RENAUD
TU ES GÉNIAL SUR SCÈNE, TU SERAS GÉNIAL EN ACTEUR.
AH NON, JE SUIS CHANTEUR, ÇA ME SUFFIT.
MAIS SI, MAIS SI.
CLAUDE BERRI EST DÉJÀ UN DES RÉALISATEURS ET PRODUCTEURS LES PLUS PUISSANTS DU CINÉMA FRANÇAIS.
JE VAIS TE TROUVER UN RÔLE QUI T'IRA PARFAITEMENT.
DANS L'IMMÉDIAT, CLAUDE BERRI FAIT DÉBUTER ALAIN SOUCHON DANS JE VOUS AIME AVEC JEAN-LOUIS TRINTIGNANT, CATHERINE DENEUVE, GÉRARD DEPARDIEU ET SERGE GAINSBOURG.
IL SE PASSE UNE DIZAINE D'ANNÉES JUSQU'À UN COUP DE TÉLÉPHONE DE L'AGENT DE RENAUD.
CLAUDE BERRI VOUDRAIT QUE VOUS JOUIEZ LANTIER DANS UNE ADAPTATION DE GERMINAL.
QU'EN PENSEZ-VOUS ?
AH OUI, LANTIER, ÉVIDEMMENT. EUH, JE RÉFLÉCHIS...
TOUS LES LYCÉENS ONT LU GERMINAL. TOUS LES GENS DE GAUCHE ONT LU GERMINAL. SAUF RENAUD.
ZOLA
GERMINAL

IMMENSE FRESQUE PUBLIÉE EN 1885, GERMINAL EST LE PLUS CÉLÈBRE ROMAN DU CYCLE DES " ROUGON-MACQUART " D'ÉMILE ZOLA.
À LA FOIS UN SOMMET DU COURANT LITTÉRAIRE DU NATURALISME ET UN DOCUMENT BOULEVERSANT SUR LES CONDITIONS SOCIALES DANS LES MINES DE CHARBON DU NORD DE LA FRANCE.
FILS DE GERVAISE, L'HÉROÏNE DE L'ASSOMMOIR MORTE DANS LA MISÈRE, ÉTIENNE LANTIER TROUVE UN EMPLOI DANS UNE MINE ET DÉCOUVRE QUE LES CONDITIONS DE TRAVAIL SONT LES PIRES DE CE QU'IL A CONNU COMME OUVRIER.
TOMBÉ AMOUREUX D'UNE JEUNE FEMME QUI TRAVAILLE AUSSI DANS LA MINE, IL EST RÉVOLTÉ PAR LA SITUATION DES MINEURS ET DEVIENT LE MENEUR D'UNE LONGUE GRÈVE MEURTRIÈRE QUI S'ACHÈVE PAR LA DÉFAITE DU PROLÉTARIAT.
LANTIER REPART VERS PARIS OÙ IL COMPTE POURSUIVRE LE COMBAT SYNDICAL, TANDIS QUE LES MINEURS COMPRENNENT QUE LEURS SACRIFICES N'ONT PAS ÉTÉ VAINS.
ET ZOLA CONCLUT SON ROMAN PAR L'ESPOIR D'UNE SOCIÉTÉ PLUS JUSTE.
feuilles vertes, les champs tressaillaient de la
des herbes. De toutes parts, des graines
flaient, s'allongeaient, gerçaient la plaine,
d'un besoin de chaleur et de lumière.
ment de sève coulait avec des voix chuchot
bruit des germes s'épandait en un grand
Encore, encore, de plus en plus distinc
comme s'ils se fussent rapprochés du sol, le
rades tapaient. Aux rayons enflammés de l'as
cette matinée de jeunesse, c'était de cette rum
la campagne était grosse. Des hommes pou
une armée noire, vengeresse, qui germait len
dans les sillons, grandissant pour les récol

CLAUDE, JE SUIS FLATTÉ DE LA PROPOSITION MAIS JE NE PEUX PAS ACCEPTER. DÉCIDÉMENT, JE NE SUIS QUE CHANTEUR, PAS ACTEUR.
TU N'ES PAS ACTEUR, MAIS TU ES LANTIER. JE TE RAPPELLE DANS QUELQUES JOURS.
LE CINÉASTE RAPPELLE, ET RAPPELLE, ET RAPPELLE ENCORE...
ALORS, CHÉRI, TU FAIS MON FILM ?
NON, CLAUDE.
ALORS, TU LE FAIS, MON FILM ?
NON, CLAUDE.
ET POUR MON FILM ?
NON, CLAUDE.
DES AMIS INTERVIENNENT, VINCENT LINDON SE MONTRANT LE PLUS ÉLOQUENT ET LE PLUS CONVAINCANT.
TU ES FOU DE REFUSER.
ENFIN, RENAUD, PENSE AU RÔLE.
PENSE À L'EXPÉRIENCE, PENSE AUX CÉSARS, PENSE À CE QU'ON TE PROPOSERA ENSUITE.
PENSE AUX RENCONTRES. PENSE À LA GLOIRE. PENSE AU POGNON.

ET, SOUDAIN...
TU ES AU COURANT QUE PATRICK BRUEL A ACCEPTÉ DE JOUER LANTIER DANS GERMINAL ?
ALLÔ, CLAUDE ?
TU M'AS CONVAINCU, LANTIER EST UN SUPER RÔLE. JE DESCENDS D'UN MINEUR, C'EST POUR MOI.
C'EST OK POUR GERMINAL.
MONTAND
CLAUDE BERRI
SSOURCES
ET RENAUD REJOINT UNE DISTRIBUTION ÉTOURDISSANTE, AVEC MIOU-MIOU, GÉRARD DEPARDIEU, BERNARD FRESSON, JUDITH HENRY, JEAN CARMET, LAURENT TERZIEFF...
... 8 000 FIGURANTS POUR LES MINEURS, LES OUVRIERS, LES SOLDATS, LE PEUPLE DES CORONS...
... DES DÉCORS IMMENSES UTILISANT D'ANCIENS SITES MINIERS...

GERMINAL DISPOSE DU PLUS GROS BUDGET DE TOUTE L'HISTOIRE DU CINÉMA FRANÇAIS.
JE SUIS HEUREUX QUE TU AIES ACCEPTÉ, RENAUD.
PARCE QUE TOUT LE FILM REPOSE SUR TOI.
AH ÇA NE MET PAS DU TOUT LA PRESSION.
PAS DU TOUT. DU TOUT, DU TOUT.
ET PUIS JOUER LE RÔLE D'UN MINEUR DU NORD QUI SE BAT POUR LA CLASSE OUVRIÈRE, ÇA ME FAIT ÉVIDEMMENT PENSER À MON GRAND-PÈRE OSCAR.
ET PUIS RETROUVER MIOU-MIOU, PLUS DE VINGT ANS APRÈS LE CAFÉ DE LA GARE, C'EST ÉMOUVANT.
ET PUIS DEPARDIEU, ET CARMET, ET TERZIEFF, DES MONUMENTS... CE N'EST PAS INTIMIDANT DU TOUT.
C'EST PAS COMPLIQUÉ, CHÉRI, TU SENS TON PERSONNAGE ET TU JOUES. PAS DE STRESS, SURTOUT.
JE SUIS LÀ POUR T'AIDER.

GERMINAL 144 SUR 2, 1RE
ACTION !
SALUT LA COMPAGNIE !
ON LA REFAIT !
GERMINAL 144 SUR 2, 2E.
ACTION !
SALUT LA COMPAGNIE !
C'EST PIRE, ON LA REFAIT !
GERMINAL 144 SUR 2, 3E.
ACTION !
SALUT LA COMPAGNIE !
AH MERDE, RENAUD, FAIS UN EFFORT !

GERMINAL 144 SUR 2, 8.
ACTION !
SALUT LA COMPAGNIE !
MAIS MERDE, RENAUD, TU LE FAIS EXPRÈS !
GERMINAL 144 SUR 2, 15E.
ACTION !
SALUT LA COMPAGNIE !
MEEEEERDE ! IL EST TROP MAUVAIS !
GERMINAL 144 SUR 2, 22E.
ACTION !
SALUT LA COMPAGNIE !
TANT PIS, ON VA EN RESTER LÀ. ON N'ARRIVERA PAS À AVOIR MIEUX.
ON VERRA AU MONTAGE SI ON ARRIVE À SAUVER QUELQUE CHOSE.

ALORS, CHÉRI, ÇA VA ?
IL ÉTAIT BIEN TON PLAN AVEC "SALUT LA COMPAGNIE". TU AS DU TALENT.
TU FAIS DES PROGRÈS.
JE ME SUIS PEUT-ÊTRE EMPORTÉ À UN MOMENT. PEUT-ÊTRE.
MAIS JE T'ADORE, CHÉRI. À DEMAIN.
ET, LE LENDEMAIN...
DIS-MOI, LA MAHEUDE...
AH MAIS MERDE, MERDE, MERDE ! MERDE !
C'EST NUL, NUL, NUL !

LE TOURNAGE DURE SIX MOIS, ÉREINTANT POUR LES ACTEURS, L'ÉQUIPE TECHNIQUE ET LES FIGURANTS.
MERDE, RENAUD, TA RÉPLIQUE C'EST "ON Y VA !" PAS "ALLONS-Y !"

MÊME SI LE COURANT PASSE BIEN AVEC DES ACTEURS QU'IL ADMIRE ET QU'IL AIME...

... MÊME SI LE RÔLE DE LANTIER EST MAGNIFIQUE...

... RENAUD NE SE SENT PAS À SON AISE COMME VEDETTE DU CINÉMA...

... MÊME S'IL SAIT QU'IL SERA EN HAUT DE L'AFFICHE.
MIOU
RENAUD
JEAN CA
DITH HENRY
JEAN-ROGER M
ET
GERARD DEPARDIEU

RENAUD PASSE BEAUCOUP DE TEMPS AVEC LES FIGURANTS RECRUTÉS DANS LA RÉGION...
... LA PLUPART ANCIENS MINEURS, FILS, FILLES, PETITS-FILS OU PETITES-FILLES DE MINEURS.
IL SE SENT PLUS À L'AISE AVEC EUX POUR DÉJEUNER À LA CANTINE...
... OU POUR FAIRE UN TIERCÉ.
QUEEN L SERA AU PODIUM, C'EST SÛR.
VOURASIE A QUAND MÊME SA CHANCE.
MOI JE METS TOUT SUR UN OUTSIDER, URANE SAUTONNE.
Paris-Turf
ET COMME ÉTIENNE LANTIER DÉFENDAIT LES MINEURS, RENAUD DÉFEND LES FIGURANTS.
IL FAUT REVOIR LES HORAIRES, ILS N'ONT QU'UNE DEMI-HEURE POUR DÉJEUNER.
ET PUIS AUSSI LA PAYE, ILS NE TOUCHENT PAS BEAUCOUP.
ET PUIS LA BOUFFE.
ET LE CHAUFFAGE À LA CANTINE.

POUR LA 146E JOURNÉE DE TOURNAGE, DANS LA NUIT DU 5 AU 6 MARS 1993, ON TOURNE LES IMAGES D'ÉTIENNE LANTIER QUI, LA TRAGÉDIE CONSOMMÉE, REPART VERS PARIS...
ACTION !
... ET, À 4H30 DU MATIN...
COUPEZ !
JOURNÉE, NUIT, SEMAINE TERMINÉES !
... ET TOURNAGE TERMINÉ !
UNE AVENTURE, UNE ÉPOPÉE, UNE ÉPREUVE S'ACHÈVE...
... LAISSANT RENAUD CHANGÉ.
... AVEC TOUS LES GENS QUE J'AI RENCONTRÉS ICI, TOUTES LES RÉALITÉS QUE J'AI ÉPROUVÉES, JE REVENDIQUE D'AUTANT PLUS MES ORIGINES CH'TI.

RENAUD A AUSSI DÉCOUVERT AVEC LES FIGURANTS D'AUTRES CHANSONS CH'TI QUE CELLES DE SA MÈRE...
Quand un' ch'timi i'est d'sortie Quoi qu'i bot à vou avis
I bot un d'mi i bot un d'mi
... TOUT UN FOLKLORE LIÉ AUX MINES, ÉCRIT PAR DES CHANSONNIERS COMME EDMOND TANIÈRE OU DES PLUMES ANONYMES...
Ej' passe mes vacances tout in haut de ch'terril
J'a toudis d'la chance
... ET QUE LE CHANTEUR-ACTEUR COMMENCE AUSSITÔT À APPRENDRE...
Viens donc boir' eun'goutt' ed'jus
Eun'goutt' ed'jus Eun'goutt' ed'jus
... ET CE QUI DEVAIT ARRIVER ARRIVE.
J'AI TROUVÉ DES MUSICIENS ET LE SOIR, APRÈS LE TOURNAGE, JE PARS ENREGISTRER À LILLE.
SPÉCIALE DÉDICACE À OSCAR ET SOLANGE MÉRIAUX.
In n'peut pas s'mette dins l'idée Chou qu'ch'est qu'd'aller m'ner ch'bidet
J'AI TELLEMENT ENTENDU CET ACCENT AVEC MON GRAND-PÈRE...
...QUE LES COURS ACCÉLÉRÉS DES MINEURS ONT TOUT FAIT RESSORTIR : JE N'AI EU AUCUN MAL À CHANTER EN CH'TI.

L'ALBUM RENAUD CANTE EL' NORD SORT EN JUIN 1993 ET EXPLOSE LES PRÉVISIONS : 350 000 EXEMPLAIRES VENDUS...
RENAUD cante el' Nord
... ET LA PREMIÈRE VICTOIRE DE LA MUSIQUE DE SA CARRIÈRE, EN CATÉGORIE "MUSIQUE TRADITIONNELLE".
J'AI ÉTÉ PRIS D'UN AMOUR POUR DES CHANSONS QUE DES GENS M'ONT DONNÉES EN CADEAU...
... À QUI J'AI VOULU DONNER UNE SECONDE JEUNESSE.
LE FILM SORT EN SALLES FIN SEPTEMBRE 1993, PRÉCÉDÉ D'UNE GIGANTESQUE CAMPAGNE DE PROMOTION...
MIOU-MIOU
GERARD DEPARDIEU
RENAUD
JEAN CARMET
JUDITH HENRY
JEAN-ROGER MILO
CLAUDE BERRI
Germinal
EMILE ZOLA
... ET OBTIENT EN SALLES DES SCORES COLOSSAUX : 6 MILLIONS D'ENTRÉES...
REX
Germinal
REX
... DONT ÉVIDEMMENT TOUTE UNE GÉNÉRATION D'ÉLÈVES ...
... POUR QUI LANTIER AURA À TOUT JAMAIS LE VISAGE DE RENAUD.

FIN SEPTEMBRE 1993, AU GALA OFFICIEL DU LANCEMENT DE GERMINAL, ÉMOTION ÉNORME, AVEC UN PETIT PLUS POUR RENAUD.
RENAUD, VIENS, TU VAS T'ASSEOIR À CÔTÉ DU PRÉSIDENT POUR LA PROJECTION.
LE PRÉSIDENT DE LA RÉPUBLIQUE CONNAÎT BIEN LE PARCOURS DE L'ANCIEN GAUCHISTE VOLONTIERS IRONIQUE ENVERS LE PARTI SOCIALISTE...
Elle était socialiste, protestante et féministe
Puis elle m'a dit qu'elle avait des relations
Qu'elle était pote avec un pote à Tonton
... TOUT COMME LE LIEN ENTRE LE CHANTEUR ET MADELEINE SÉCHAN, LE MÉDECIN D'AVIGNON QUI A VEILLÉ SUR LA NAISSANCE DE SA FILLE CACHÉE, MAZARINE.
RENAUD ET MITTERRAND SE SONT RENCONTRÉS EN 1984, À L'INAUGURATION DU ZÉNITH DE PARIS PUIS À UN DÉJEUNER À L'ÉLYSÉE...
... QUI MARQUE LE DÉBUT D'UNE CORRESPONDANCE RÉGULIÈRE ENTRE LE CHANTEUR ET LE PRÉSIDENT...

… ET DE GESTES PUBLICS FORTS COMME UNE RENCONTRE AVEC NELSON MANDELA…
… OU L'APPEL DE RENAUD POUR UN SECOND SEPTENNAT DU PRÉSIDENT, FIN 1987…
TONTON, LAISSE PAS BETON
… AVEC DES CHANSONS PARFOIS INSOLENTES…
Tonton est colère
Tout va de travers
Il a rêvé
Qu'un beau jour
La gauche revenait
Tonton s'en va
À petits pas
… QUE MITTERRAND CONSIDÈRE AVEC INDULGENCE…
J'AI UNE GRANDE FAIBLESSE POUR VOS CHANSONS, MÊME LES DERNIÈRES.
… COMME DES DIVERGENCES POLITIQUES RÉGULIÈRES NE REMETTANT PAS EN CAUSE LA PROFONDEUR D'UN LIEN UNIQUE.
JE SAIS QUE ÇA PEUT SURPRENDRE MAIS IL A ÉTÉ POUR MOI COMME UN SECOND PÈRE.
ET CETTE FIDÉLITÉ DÉPASSE LES DEUX MANDATS DE FRANÇOIS MITTERRAND…
PARMI LES PROCHES DE L'ANCIEN PRÉSIDENT DÉCÉDÉ, VENUS PRÉSENTER LEURS CONDOLÉANCES À SA FAMILLE, ON A VU LE CHANTEUR RENAUD.

FAN ZONE
À CETTE ÉPOQUE-LÀ, JE PASSE TOUS MES ÉTÉS AVEC LA **CARAVANE DES QUARTIERS**.
LA CARAVANE, C'EST UN FESTIVAL ITINÉRANT, QUI SE DÉROULE PLUSIEURS FOIS PAR SAISON.
LE FESTIVAL DURE UNE SEMAINE, AVEC DES CONCERTS ET DES SPECTACLES ÉQUESTRES.
ÇA RESSEMBLE À UNE COLONIE DE VACANCES POUR LES GRANDS.
EN GÉNÉRAL DANS DES QUARTIERS POURRIS OÙ AUCUN FESTIVAL N'A LIEU.
LES ORGANISATEURS EUX-MÊMES VIENNENT DE BONDY OU DE MANTES-LA-JOLIE.
LÀ-BAS ! DES LOUBARDS !
ON DIT DES "RACAILLES", MAINTENANT.
ON N'EST PAS TOUJOURS BIEN ACCUEILLIS...
... MAIS ENTRE JEUNES DE QUARTIERS, ON FINIT TOUJOURS PAR DEVENIR COPAINS.
CO-PAINS = PARTAGE DE PAINS.
ET HEUREUSEMENT, LA CARAVANE ATTIRE PAS MAL DE PETITES NANAS.
ÇA PIQUE ?
PFF ! MÊME PAS MAL.
POUR NOUS TOUS BÉNÉVOLES (LES "GARENNES"), C'EST UN PEU LA VIE DE TOURNÉES PAR PROCURATION.
ouh ! la ga-doue la gadoue
MOI, ÉVIDEMMENT, JE SUIS LE DESSINATEUR DE SERVICE.
FAIS GAFFE À CE QUE TU DIS SUR MOI, HEIN ?

MANU CHAO EST DE TOUTES LES CARAVANES, EN TRANSITION ENTRE LA MANO NEGRA ET SA CARRIÈRE SOLO.
(LES PRÉMICES DE "RADIO BEMBA")
C'EST LUI QUI RAMEUTE TOUT CE QUI COMPOSERA LA PROGRAMMATION DU FESTIVAL.
NOIR DÉSIR
IDIR
ZEBDA
À VALENCIENNES, C'EST RENAUD LA TÊTE D'AFFICHE.
ALORS, C'EST ÇA LA FAMEUSE CARAVANE DONT MANU M'A TANT PARLÉ ?
REAGAN HATES ME.
JE FRÔLE LA SYNCOPE.
JE LUI FAIS VISITER LES LIEUX. C'EST NOTRE DEUXIÈME RENCONTRE. MAIS ÉVIDEMMENT, JE M'EN SOUVIENS PLUS QUE LUI.
LÀ, LES CUISINES.
ICI, LE GRAND CHAPITEAU.
LÀ, LE COIN CACA.
REAGAN HATES ME.
MAIS JE NE SUIS PAS SEUL À VÉNÉRER L'ÉNERVANT...
RENAUD ! VIENS VOIR !
ICI C'EST LE CLANDO DE LA CARAVANE.
TU BOIS QUOI ?
CLANDO
Tous les garennes de l'Hexagoooone

RENAUD N'A PAS JOUÉ DEPUIS UN MOMENT. LA BALANCE RESSEMBLE PLUTÔT À UNE RÉPÉTITION GÉNÉRALE.
M'lampiste Em' tiot' lampiste M'lamp'all'va bien mais mi j'sus triste
PRESQUE UN CONCERT PRIVÉ POUR TOUS LES GARENNES.
LORS D'UNE INTERVIEW, ON APPREND QU'IL A EN PARTIE FINANCÉ CETTE CARAVANE.
ÇA N'A PAS ENCOURAGÉ LES OFFICIELS À VOUS AIDER AUSSI ?
LE SOIR, RENAUD CHANTE POUR "SES" CH'TIS.
Quand un ch'timi l'est d'sortie Quoi qu'i bot à vou avis
CETTE CARAVANE EST POUR LUI L'OCCASION DE REVOIR TOUS LES FIGURANTS DE GERMINAL ET LEUR OFFRIR CE CONCERT.
I bot un d'mi i bot un d'mi,
C'EST UN MEC BIEN, CE RENAUD. MAIS ÇA NE SUFFIT PAS À EXPLIQUER CET AMOUR INSENSÉ QU'IL PROVOQUE.
TOUR BUS
RENAUD C'EST COMME MA MEUF...
JE NE SUIS JAMAIS JALOUX DE L'INTÉRÊT QUE LES AUTRES LUI PORTENT...
AU CONTRAIRE : ÇA LUI DONNE ENCORE PLUS DE VALEUR À MES YEUX.

FAN ZONE

QUE CE SOIENT NOS PÈRES OU NOS PAIRS, NOUS VIVONS À L'OMBRE DE NOS GRANDS ARBRES...
VOUS ÊTES DANS LA CHANSON VOUS AUSSI ?
... C'EST UNE GRANDE ÉMOTION D'APPROCHER LES GENS QU'ON ADMIRE...
... MAIS IL NE FAUT PAS EN ABUSER.
IL Y A LE RISQUE D'ÊTRE DÉÇU...
... OU DE DÉCEVOIR
ET MERDE !
QUEL MALADROIT !
À L'OMBRE DES GRANDS ARBRES, RIEN NE POUSSE.
IL NOUS FAUT NOTRE PART DE SOLEIL POUR GRANDIR, AUSSI.
ET NOS GRANDS ARBRES ONT LEUR PART D'OMBRE ÉGALEMENT.
IL FAUT SAVOIR S'EN ÉLOIGNER POUR NE PAS SOMBRER DANS LA NOIRCEUR DE CETTE OMBRE.
PASTIS
45°
PASTIS DE MARSEIL

CHAPITRE

“ J’donne ma langue au chagrin”

LE DÉBUT DU BOULEVARD EDGAR-QUINET EST CURIEUSEMENT TRANQUILLE, ENTRE LE BOULEVARD RASPAIL ET LA RUE DE LA GAÎTÉ – MÊME SI LE TERRE-PLEIN CENTRAL EST UTILISÉ COMME PARKING.
EN FACE DU CIMETIÈRE DU MONTPARNASSE, UN ANCIEN HÔTEL PARTICULIER POSE SON CHARME CLASSIQUE ENTRE DES IMMEUBLES BANALS.
RENAUD S'INSTALLE LÀ AVEC DOMINIQUE, LOLITA ET TOUT SON BONHEUR...
À UN TEL POINT QU'IL NE VEUT PAS EN PARTIR POUR ENREGISTRER SON ONZIÈME ALBUM.
Quand il est arrivé À la belle de Mai Y connaissait dégun Le Parisien,
Qu'es aco ce fadoli Avé ses yeux de gobi ? A dit tout le quartier Qui l'espinchait
L'ARTISTE POURSUIT SA VISITE DES LANGUES RÉGIONALES EN CHANTANT MARSEILLE, NOTAMMENT EN HOMMAGE À SON ÉQUIPE DE FOOT, QU'IL SOUTIENT, ET À SON NOUVEAU PROPRIÉTAIRE.

OUTRE LE PERSONNAGE DE BERNARD TAPIE QUI LUI INSPIRE LA CHANSON " À LA BELLE DE MAI "
Y fait le fier ce pébronnasse Oh, Bonne Mère, qué counas L'est pas de la Marsiale C'est un con à la voile On va lui esquicher Le bout du nez
... RENAUD S'INTÉRESSE À LA VIE D'UN POLICIER ORDINAIRE...
Ronde de nuit Dans les ruelles noires Drôle de vie Pour Willy Brouillard Le flicard
... OU, ENCORE UNE FOIS, À LOLITA ET, À TRAVERS ELLE, À UNE NOUVELLE GÉNÉRATION D'ADOLESCENTS DÉSENCHANTÉS.
L'essentiel à nous apprendre, c'est l'amour des livres qui fait Qu'tu peux voyager d'ta chambre autour de l'humanité C'est l'amour de ton prochain, même si c'est un beau salaud
Quand j's'rai grande j'veux être heureuse, savoir dessiner un peu Savoir m'servir d'une perceuse, savoir allumer un feu
La haine ça n'apporte rien, pis elle viendra bien assez tôt Si on nous apprend pas ça, alors j'dis "Halte à tout"
Explique-moi, Papa, c'est quand qu'on va où ?
À PROPOS, TU SAIS QUE C'EST JULIEN CLERC QUI A FAIT LA MUSIQUE DE CETTE CHANSON ?
UN ENREGISTREMENT IDYLLIQUE...
RENAUD
À LA BELLE DE MAI
... COURONNÉ PAR L'HABITUELLE MOISSON DE DISQUES D'OR ET DE PLATINE...
RENAUD

... L'ALBUM À LA BELLE DE MAI EST SUIVI EN 1995 PAR LE SUCCÈS D'UN ALBUM D'HOMMAGE À GEORGES BRASSENS ...
RENAUD CHANTE BRASSENS
... QUI RAPPELLE L'EMPREINTE DÉCISIVE DU MAÎTRE HÉLAS TROP PEU FRÉQUENTÉ...
... MAIS DONT LE FIDÈLE SECRÉTAIRE, GIBRALTAR, BOULEVERSE RENAUD...
JE NE VEUX PAS DIRE DU MAL DES AUTRES, MAIS JE CROIS QUE C'EST LE MEILLEUR DISQUE D'HOMMAGE À GEORGES.
... TOUT COMME CERTAINES CRITIQUES...
TU AS VU QUE LE FIGARO DIT QUE TU CHANTES MIEUX " JE SUIS UN VOYOU " QUE BRASSENS LUI-MÊME ?
LE FIGARO
... TANDIS QUE LA SORTIE DE COMPILATIONS AUX VENTES MASSIVES...
The meilleur of RENAUD
15 titres
85-95
75-85
... CÉLÈBRE SES VINGT ANS DE CARRIÈRE DANS LA CHANSON.
EH OUI, MON GARS, VINGT ANS, J'EN AI FAIT DU CHEMIN !
T'AS PAS TROP CHANGÉ, FINALEMENT.

LE BONHEUR N'AURAIT JAMAIS DÛ S'INTERROMPRE, AU BOULEVARD EDGAR-QUINET.
UN FLINGUE ! IL FAUT QUE J'ACHÈTE UN FLINGUE POUR VOUS PROTÉGER !
RENAUD, ARRÊTE, CALME-TOI.
ET TU AS ENTENDU CE BRUIT ? JE SUIS SÛR QU'ILS CREUSENT SOUS LA MAISON.
RENAUD, ARRÊTE, CALME-TOI.
1997 : RENAUD DIRA LUI-MÊME QUE C'EST CETTE ANNÉE-LÀ QU'IL BASCULE EN ENFER...
DE TOUTE FAÇON, ILS VONT ME BUTER.
JE NE PEUX MÊME PAS ME BARRER, ILS ME SUIVENT PARTOUT.
RENAUD, ARRÊTE, CALME-TOI.
... AU RETOUR D'UN VOYAGE À CUBA QUI AVAIT TOUT, POURTANT, D'UN VOYAGE PARADISIAQUE.
UN PARADIS TROPICAL MOINS COLONISÉ PAR LE TOURISME QUE LA GUADELOUPE CHÈRE À COLUCHE...
... ET SURTOUT PLUS BEAU DES CHAMPS DE BATAILLE DU PLUS BEAU DES RÉVOLUTIONNAIRES, ERNESTO CHE GUEVARA.

RENAUD EST PARTI À CUBA AVEC SON AMI MOURAD ET ON LEUR A FOURNI UN CHAUFFEUR-ACCOMPAGNATEUR.

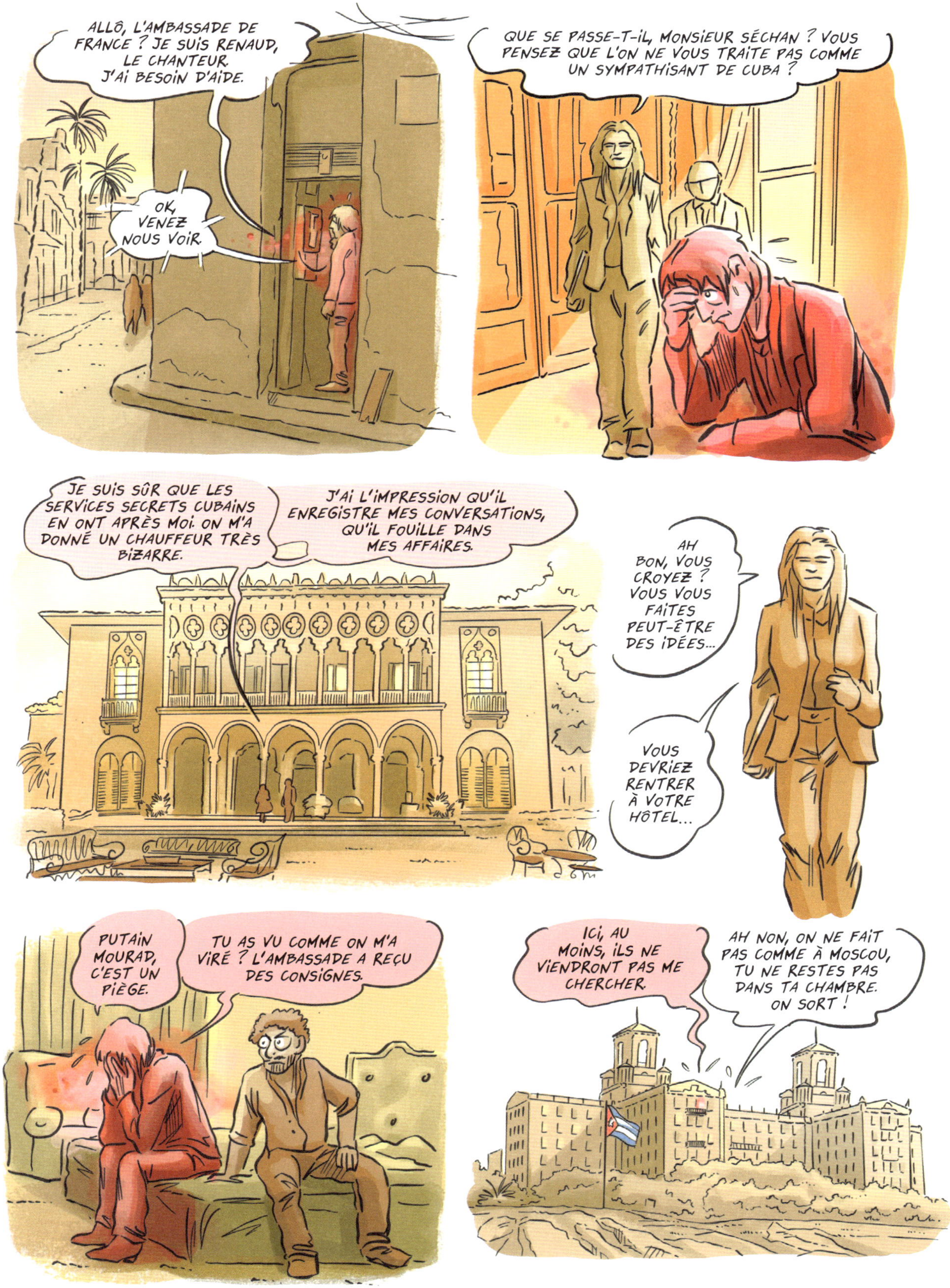

ALLÔ, L'AMBASSADE DE FRANCE ? JE SUIS RENAUD, LE CHANTEUR. J'AI BESOIN D'AIDE.
OK, VENEZ NOUS VOIR.
QUE SE PASSE-T-IL, MONSIEUR SÉCHAN ? VOUS PENSEZ QUE L'ON NE VOUS TRAITE PAS COMME UN SYMPATHISANT DE CUBA ?
JE SUIS SÛR QUE LES SERVICES SECRETS CUBAINS EN ONT APRÈS MOI. ON M'A DONNÉ UN CHAUFFEUR TRÈS BIZARRE.
J'AI L'IMPRESSION QU'IL ENREGISTRE MES CONVERSATIONS, QU'IL FOUILLE DANS MES AFFAIRES.
AH BON, VOUS CROYEZ ? VOUS VOUS FAITES PEUT-ÊTRE DES IDÉES...
VOUS DEVRIEZ RENTRER À VOTRE HÔTEL...
PUTAIN MOURAD, C'EST UN PIÈGE.
TU AS VU COMME ON M'A VIRÉ ? L'AMBASSADE A REÇU DES CONSIGNES.
ICI, AU MOINS, ILS NE VIENDRONT PAS ME CHERCHER.
AH NON, ON NE FAIT PAS COMME À MOSCOU, TU NE RESTES PAS DANS TA CHAMBRE. ON SORT !

SENOR, LE HACEMOS UNA FOTO?
HÉ, RENAUD, QU'EST-CE QUI T'ARRIVE ?
C'EST UN GUET-APENS ! ILS ORGANISENT UNE PHOTO DE MOI AVEC UN GOSSE ET ILS VONT LANCER UN SCANDALE SEXUEL.
LÀ, AU MOINS, JE SUIS SÛR QU'ILS NE VIENDRONT PAS ME CHERCHER.

ENFIN, C'EST LE RETOUR À PARIS.
MA CHÉRIE, QUEL ENFER.
JE NE POUVAIS PAS TOUT TE DIRE AU TÉLÉPHONE. LES CUBAINS, LE KGB.
ENFIN LE KGB CUBAIN.
PAS DORMI DEPUIS UNE SEMAINE.
RIEN COMPRIS AU JEU QUE JOUE L'AMBASSADE.
ET LE CHAUFFEUR, SI TU L'AVAIS VU.
ALLEZ VIENS, ON RENTRE. TU ME RACONTERAS DANS LA VOITURE.
PARTOUT DES ESPIONS.
C'EST COMME DANS UN FILM.
TU SAIS JAMAIS SI LE MEC QUE TU CROISES DANS LA RUE N'EST PAS UN FLIC.
ET PUIS LE CHAUFFEUR, LÀ, IL ÉTAIT BIZARRE.
OH PUTAIN, DOMINIQUE !
REGARDE DANS LE RÉTRO !
QUOI, RENAUD, LA 4L BLANCHE AVEC DEUX ÉCHELLES SUR LE TOIT ?
OUAIS, LES DEUX MECS DEDANS...
... C'EST LE GENRE CUBAIN, NON ?

ENFIN RENAUD, C'EST PAS DES CUBAINS. ILS SONT IMMATRICULÉS 91. ILS VIENNENT DE L'ESSONNE.
SÉRIEUX, RENAUD, TU CROIS QUE DES ESPIONS VONT FAIRE UNE FILATURE DANS UNE 4L POURRIE AVEC DEUX ÉCHELLES SUR LE TOIT ?
... TU PARLES D'UNE DISCRÉTION.
MAIS TU VOIS BIEN QU'ILS NOUS SUIVENT.
BEN NON. LÀ, JE NE LES VOIS PLUS DANS LE RÉTRO.
ET PUIS DÉTENDS-TOI, MON AMOUR. ÇA A QUAND MÊME DÛ TE FATIGUER, LE VOL DE NUIT.
ON ARRIVE À LA MAISON, ON VA ACHETER DES CROISSANTS.
ENFIN PARIS, ENFIN LA MAISON. LOIN DES DINGUES !
S'EN GRILLER UNE SUR LA TERRASSE, QUEL PIED...
OH !

Paranoïa : trouble mental caractérisé par une méfiance et une suspicion excessives à l'égard d'autrui. La paranoïa est un état délirant s'appuyant sur un mécanisme interprétatif qui s'adosse à une forte cohérence interne. Le sujet peut, par exemple, repérer les indices d'un complot visant à attenter à sa vie.

DÈS LORS, LE SOIR...
RENAUD, VIENS TE COUCHER, IL EST TARD.
JE JETTE UN ŒIL DANS LA RUE, ON NE SAIT JAMAIS.
ILS PEUVENT VENIR CETTE NUIT.
ENFIN, RENAUD, C'EST INUTILE. ON NE RISQUE RIEN.
TU EN ES SÛRE ?
BON. COMME TU VEUX. BONNE NUIT.
DE TOUTE FAÇON, JE NE POURRAI PAS DORMIR.

RENAUD, TU TE RENDS COMPTE ?
TU AS BU UNE BOUTEILLE DE PASTIS.
J'AI TELLEMENT PEUR QU'ILS S'EN PRENNENT À LOLITA ET TOI.
MAIS RENAUD, QUEL RAPPORT ?
TU N'AS JAMAIS PICOLÉ. ET SURTOUT PAS DU PASTIS.
AU BOUT D'UN MOMENT, J'ARRÊTE DE REGARDER DANS LA RUE.
JE N'ANGOISSE PLUS.

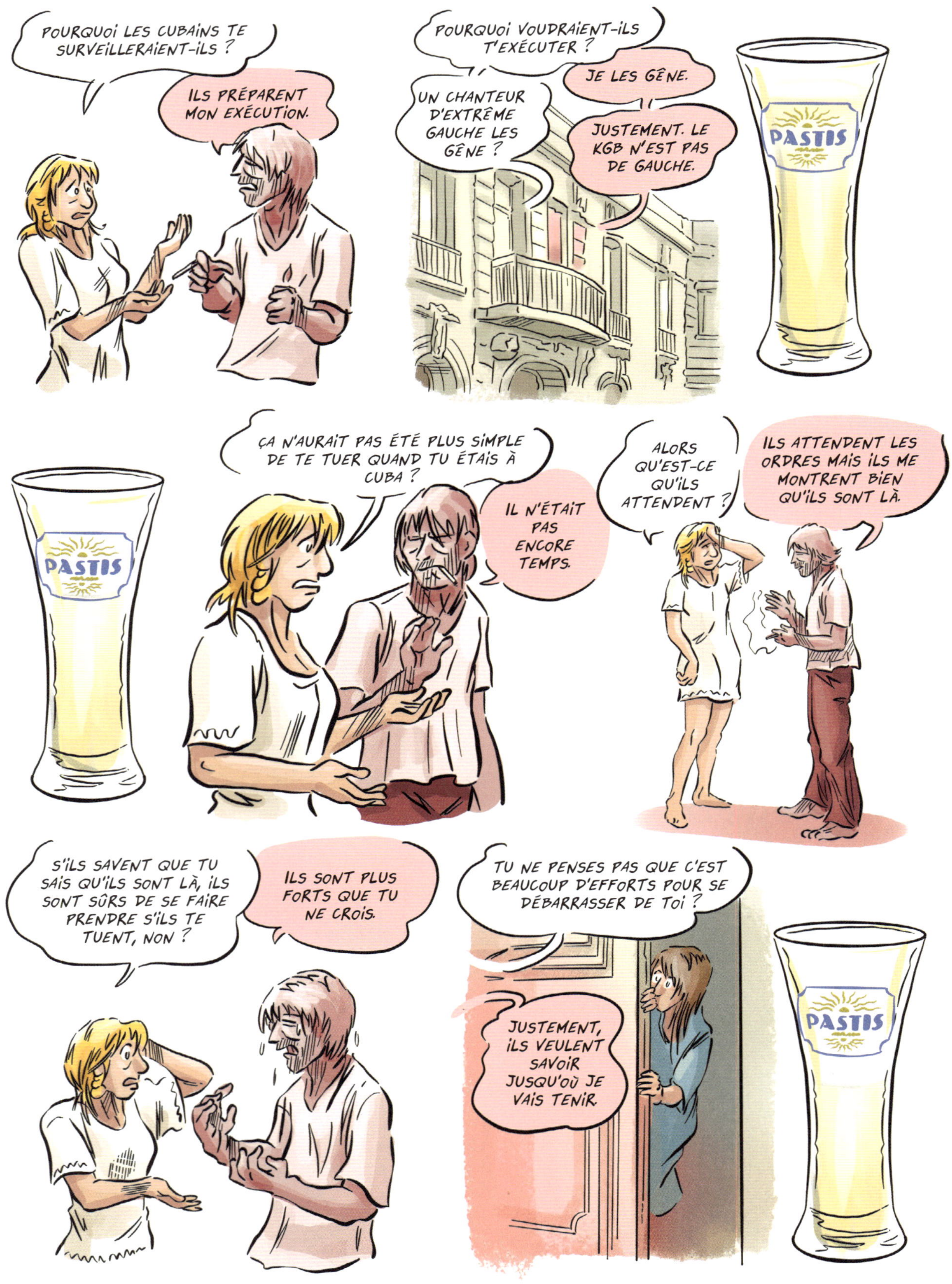

POURQUOI LES CUBAINS TE SURVEILLERAIENT-ILS ?
ILS PRÉPARENT MON EXÉCUTION.
POURQUOI VOUDRAIENT-ILS T'EXÉCUTER ?
JE LES GÊNE.
UN CHANTEUR D'EXTRÊME GAUCHE LES GÊNE ?
JUSTEMENT. LE KGB N'EST PAS DE GAUCHE.
PASTIS
ÇA N'AURAIT PAS ÉTÉ PLUS SIMPLE DE TE TUER QUAND TU ÉTAIS À CUBA ?
IL N'ÉTAIT PAS ENCORE TEMPS.
PASTIS
ALORS QU'EST-CE QU'ILS ATTENDENT ?
ILS ATTENDENT LES ORDRES MAIS ILS ME MONTRENT BIEN QU'ILS SONT LÀ.
S'ILS SAVENT QUE TU SAIS QU'ILS SONT LÀ, ILS SONT SÛRS DE SE FAIRE PRENDRE S'ILS TE TUENT, NON ?
ILS SONT PLUS FORTS QUE TU NE CROIS.
TU NE PENSES PAS QUE C'EST BEAUCOUP D'EFFORTS POUR SE DÉBARRASSER DE TOI ?
JUSTEMENT, ILS VEULENT SAVOIR JUSQU'OÙ JE VAIS TENIR.
PASTIS

MAIS TU N'AS JAMAIS ATTAQUÉ CUBA DANS TES CHANSONS.
ILS SAVENT QUE JE LEUR EN VEUX D'AVOIR DÉVOYÉ LA RÉVOLUTION.
PASTIS
MAIS POURQUOI NE SE CONTENTENT-ILS PAS D'UNE CAMPAGNE DE PRESSE CONTRE TOI ?
CE QUE JE REPRÉSENTE EST TROP GRAVE POUR EUX.
IL Y A BIEN D'AUTRES ARTISTES QUE TOI QUI POURRAIENT LEUR DÉPLAIRE, NON ?
ILS EN VEULENT À MA FAMILLE.
PASTIS
MAIS S'ILS EN VEULENT À TA FAMILLE, POURQUOI SERAIS-TU LE SEUL MENACÉ ?
PARCE QUE MOI J'OUVRE MA GUEULE.
PASTIS
45°
BASTIDON
MAIS TU AS TOUJOURS DÉFENDU DES IDÉES OPPOSÉES À LA COLLABORATION, NON ?
IL FAUT QUE QUELQU'UN PAYE ET IL FAUT QUE CE SOIT MOI.
TU CROIS QUE BOIRE VA FAIRE DISPARAÎTRE LES CUBAINS ?
CONTRE L'ANGOISSE, JE N'AI TROUVÉ QUE ÇA.
PASTIS

ÇA FAIT DES MOIS QUE TU NE COMPOSES PLUS. TU NE T'Y REMETS PAS ?
NON.
POURQUOI TU NE FERAIS PAS UN PEU DE SCÈNE ? JUSTE QUELQUES CONCERTS DANS DES PETITES SALLES ?
NON.
PASTIS
APERITIF ANISÉ
45°
BASTIDON
PASTIS DE MARSEILLE
RENAUD, JE VAIS FINIR PAR PARTIR, TU LE SAIS ?
OUI.

FAN ZONE
QUAND RENAUD S'EST ÉCLIPSÉ...
PROCHAIN ALBUM DANS DEUX ANS...
... COMME D'HAB'...
RENAUD CHANTE BRASSENS
... ON NE L'A PAS REMARQUÉ TOUT DE SUITE.
ON NE S'EST PAS ÉTONNÉ DE L'ABSENCE DE TOURNÉE.
BRASSENS N'EST PAS LIBRE.
C'EST POUR ÇA.
Georges BRASSENS
1921 - 1981
ENTRE 1996 ET 2002, RENAUD A DISCRÈTEMENT DISPARU.
JACQUES CHIRAC
PRESIDENT
ÇA PASSE VITE, SIX ANS...
SURTOUT QUAND IL Y A DES TÊTES QUI NE CHANGENT PAS.
ON REMARQUE DAVANTAGE L'ABSENCE DES MORTS QUE DES VIVANTS.
TABARLY
SAN ANTONIO
FRANQUIN
MITTERRAND
MORRIS
LA VIE EST MOCHE ET C'EST TROP COURT.
ET PUIS IL A FALLU CHANGER DE MILLÉNAIRE.
QUE LE BUG DE L'AN 2000 NE NOUS TOMBE PAS SUR LA TÊTE !
CE QUI A PERMIS DE LAISSER LA PLACE À D'AUTRES AMOURS MUSICALES.
J'AI TROQUÉ MON BANDANA UN PEU ZONE CONTRE UN BONNET PÉRUVIEN !
MANU CHAO
CLANDESTINO

DE NOUVELLES TÊTES SONT APPARUES...
LUKA...
... MON BÉBÉ !
JE FERAI ENTRER LA RUSSIE DANS L'HISTOIRE.
POUTINE ÉLU
... D'AUTRES ONT DISPARU.
PAUVRE LADY DI.
QUELLE FICHUE MANIE DE TOUJOURS ROULER À GAUCHE.
ET PUIS, DANS CETTE PÉRIODE, QUELQUES MENUS ÉVÉNEMENTS NOUS ONT ENCORE DISTRAITS...
MAIS RIEN D'ASSEZ IMPORTANT...
JACQUES CHIRAC
19,8%
JEAN-MARIE LE PEN
17,4%
... POUR NOUS FAIRE OUBLIER L'ESSENTIEL.
ÇA ALORS.
MAIS OÙ EST PASSÉ RENAUD ?
DANS QUEL TROU SE CACHE-T-IL ?
... TEL UN RENARD ?

CHAPITRE 12

“ Le Renaud ne boit que de l’eau le Renard carbure au Ricard... ”

La Closerie des Lilas

ÇA VA, RENAUD ?
BON. OK. SALUT, RENAUD.

TU DEVRAIS BOIRE AUTRE CHOSE.
C'EST MÉDICALEMENT PROUVÉ QUE LE PASTIS PROVOQUE DES DÉGÂTS NEUROLOGIQUES IRRÉVERSIBLES.
Alain Lanty, pianiste de Renaud
ET POURQUOI PAS UNE BIÈRE ?
JE NE VEUX PAS ÊTRE TOUT BOUFFI.
POURQUOI TU PRENDS PAS UN ROUGE ?
J'AIME PAS ÇA.
POURQUOI TU PRENDS PAS UN BLANC ?
J'AIME RIEN.
MAIS POURQUOI T'ESSAIES PAS DE DÉCROCHER, TOUT SIMPLEMENT ?
FRED, UN PASTIS !

UN PASTIS, MONSIEUR RENAUD ?
NON !
FRED ! UN PASTIS !

SALUT, RENAUD. TU ME RECONNAIS, HEIN ? JE T'AI INTERVIEWÉ PLUSIEURS FOIS POUR FRANCE-SOIR.
JE PEUX M'ASSEOIR ? C'EST PAS POUR LE BOULOT, JUSTE POUR TE SALUER.
J'ÉTAIS DANS LE QUARTIER. ALORS...
QU'EST-CE QUE TU BOIS ?
TU SAIS PAS ?
TU VEUX RIEN DIRE ?
NON.

SALUT, RENAUD. T'ES AU PERRIER ?
DEPUIS TROIS JOURS, JE NE TOUCHE PLUS AU PASTIS.
SUPER, RENAUD. TU FAIS BIEN. BRAVO.
FRED, UN PASTIS !

J'TE DIS QUE C'EST RENAUD.
NON, C'EST PAS RENAUD.
MAIS SI, C'EST LUI. ON Y VA.
EXCUSEZ-NOUS, RENAUD. EST-CE QU'ON PEUT VOUS DEMANDER UN AUTOGRAPHE ?
POURQUOI ?

À CETTE HEURE-CI, JE NE PEUX PAS BOIRE DE CAFÉ. JUSTE UN PASTIS.
LE MATIN, LE PREMIER PASTIS ME FAIT TOUJOURS VOMIR.
TU DEVRAIS PEUT-ÊTRE ESSAYER DE TE FAIRE AIDER POUR ARRÊTER ?
TU CROIS QUE JE N'Y AI PAS PENSÉ ?

RENAUD FAIT LA TOURNÉE DES PSY...
... AVEC LEURS CONSEILS NOURRIS DU SAVOIR ACCUMULÉ PENDANT DE LONGUES ANNÉES D'ÉTUDES ET DE NOMBREUX SYMPOSIUMS INTERNATIONAUX.
IL NE FAUT PAS VOUS LAISSER ALLER, HEIN.
ET POURQUOI VOUS NE FERIEZ PAS UN PEU PLUS DE SPORT ?
C'EST FLAGRANT, MONSIEUR SÉCHAN, VOTRE ALCOOLISME EST LA CONSÉQUENCE DE VOTRE MAL-ÊTRE.
... ET LEURS CONTRE-DIAGNOSTICS...
C'EST FLAGRANT, MONSIEUR SÉCHAN, VOTRE MAL-ÊTRE EST LA CONSÉQUENCE DE VOTRE ALCOOLISME.
... LES PSYCHANALYSTES TAISEUX...
TRÈS BIEN. À JEUDI PROCHAIN.
... LES PSYCHANALYSTES BAVARDS...
TRÈS BIEN. À JEUDI PROCHAIN.

... ET LE CERCLE VICIEUX DES REMÈDES PIRES QUE LE MAL...
VOUS NE SORTIREZ PAS DE VOTRE ALCOOLISME AVEC CETTE DÉPRESSION.
DES ANTI-DÉPRESSEURS ! JE VAIS VOUS PRESCRIRE UNE BONNE DOSE D'ANTIDÉPRESSEURS.
MAIS SURTOUT PAS D'ALCOOL, HEIN. C'EST CONTRE-INDIQUÉ.
JE ME SENS UN PEU BARBOUILLÉ, AVEC CES NOUVEAUX MÉDOCS.
ALLEZ, UN PETIT PASTIS POUR ME REMETTRE D'APLOMB.
OU DEUX.
... ET LE CERCLE VICIEUX DES REMÈDES PIRES QUE LE MAL...
VOUS NE SORTIREZ PAS DE VOTRE ALCOOLISME AVEC CETTE DÉPRESSION.
DES ANXIOLITIQUES !
JE VAIS VOUS PRESCRIRE UNE BONNE DOSE D'ANXIOLITIQUES.
MAIS SURTOUT PAS D'ALCOOL, HEIN. C'EST CONTRE-INDIQUÉ.
JE ME SENS UN PEU BARBOUILLÉ, AVEC CES NOUVEAUX MÉDOCS.
ALLEZ, UN PETIT PASTIS POUR ME REMETTRE D'APLOMB.
OU DEUX.
... ET LE CERCLE VICIEUX DES REMÈDES PIRES QUE LE MAL...
VOUS NE SORTIREZ PAS DE VOTRE ALCOOLISME AVEC CETTE DÉPRESSION.
DES NEUROLEPTIQUES ! JE VAIS VOUS PRESCRIRE UNE BONNE DOSE DE NEUROLEPTIQUES.
MAIS SURTOUT PAS D'ALCOOL, HEIN. C'EST CONTRE-INDIQUÉ.
JE ME SENS UN PEU BARBOUILLÉ, AVEC CES NOUVEAUX MÉDOCS.
ALLEZ, UN PETIT PASTIS POUR ME REMETTRE D'APLOMB.
OU DEUX.

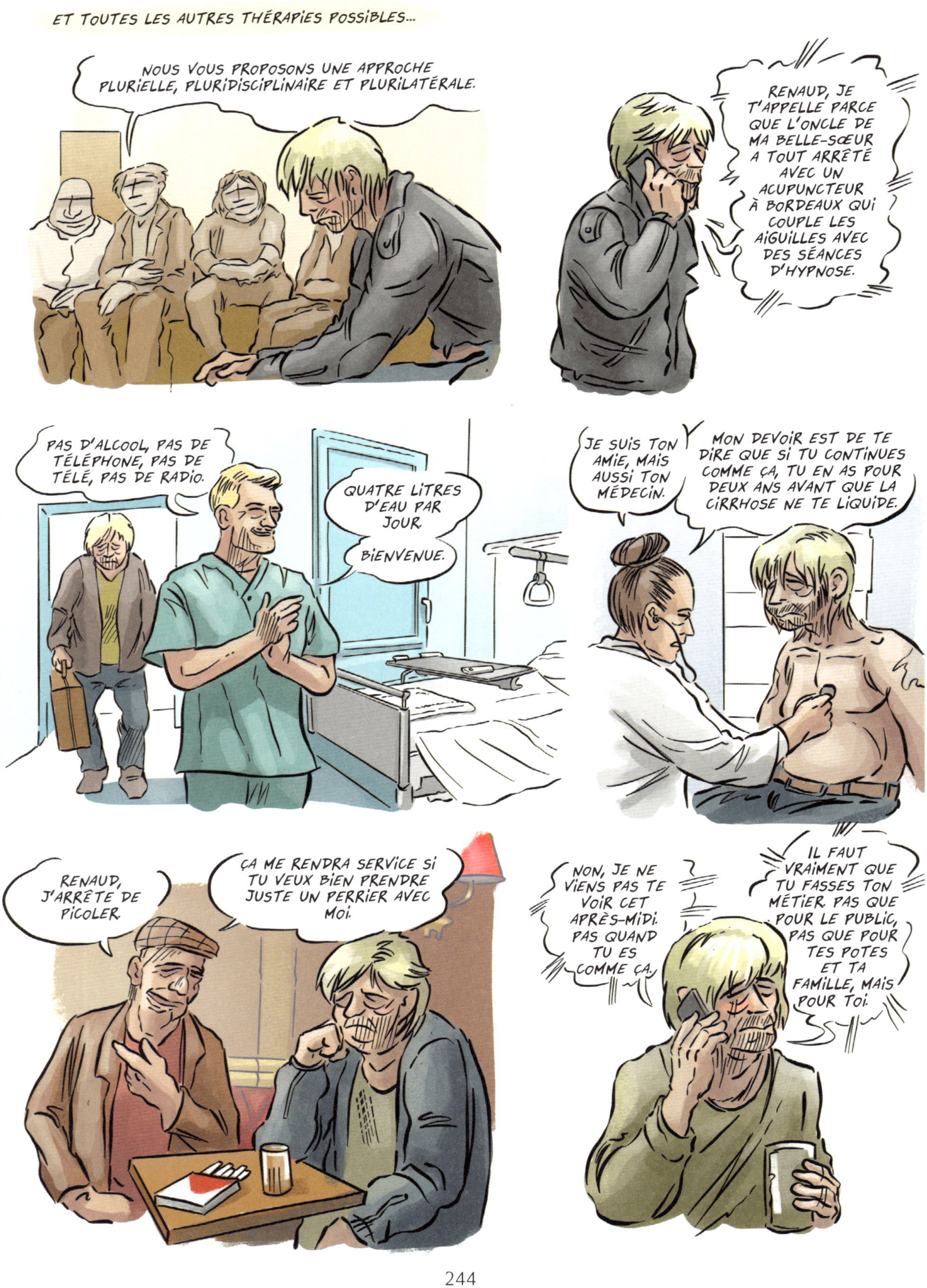
ET TOUTES LES AUTRES THÉRAPIES POSSIBLES...
NOUS VOUS PROPOSONS UNE APPROCHE PLURIELLE, PLURIDISCIPLINAIRE ET PLURILATÉRALE.
RENAUD, JE T'APPELLE PARCE QUE L'ONCLE DE MA BELLE-SŒUR A TOUT ARRÊTÉ AVEC UN ACUPUNCTEUR À BORDEAUX QUI COUPLE LES AIGUILLES AVEC DES SÉANCES D'HYPNOSE.
PAS D'ALCOOL, PAS DE TÉLÉPHONE, PAS DE TÉLÉ, PAS DE RADIO.
QUATRE LITRES D'EAU PAR JOUR.
BIENVENUE.
JE SUIS TON AMIE, MAIS AUSSI TON MÉDECIN.
MON DEVOIR EST DE TE DIRE QUE SI TU CONTINUES COMME ÇA, TU EN AS POUR DEUX ANS AVANT QUE LA CIRRHOSE NE TE LIQUIDE.
RENAUD, J'ARRÊTE DE PICOLER.
ÇA ME RENDRA SERVICE SI TU VEUX BIEN PRENDRE JUSTE UN PERRIER AVEC MOI.
NON, JE NE VIENS PAS TE VOIR CET APRÈS-MIDI. PAS QUAND TU ES COMME ÇA.
IL FAUT VRAIMENT QUE TU FASSES TON MÉTIER. PAS QUE POUR LE PUBLIC, PAS QUE POUR TES POTES ET TA FAMILLE, MAIS POUR TOI.

SALUT, RENAUD.
T'AS PAS BOUGÉ, AUJOURD'HUI ?
Franck Langolff
Jean-Pierre "Titi" Bucolo
T'AS ÉCRIT QUELQUE CHOSE ?
PARCE QU'ON EST PRÊTS, TU SAIS, LANGOLFF ET MOI.
BUCOLO A RAISON. ÉCRIS-NOUS DES CHANSONS, ON S'EMMERDE SANS TOI.
J'AI PAS ENVIE D'ÉCRIRE. ET PUIS J'AI RIEN À DIRE.

BEN SI, TU AS DES CHOSES À DIRE. CE QUE TU TRAVERSES, IL FAUT EN PARLER.
QUAND J'AI COMPOSÉ " MORGANE DE TOI ", C'ÉTAIT TON HISTOIRE PERSONNELLE, NON ? TU AS VU LE RÉSULTAT. LES GENS VEULENT TOUT SAVOIR DE TOI.
ÇA VA INTÉRESSER QUI, UN CHANTEUR CON IMBIBÉ AU PASTIS ?
RENAUD, IL N'Y A PAS QUE TES POTES COMPOSITEURS QUI ONT BESOIN DE TOI. LE PUBLIC T'ATTEND.
JE N'AI PLUS RIEN À LUI DIRE. J'AI ASSEZ DE POGNON POUR FAIRE VIVRE MA FAMILLE ET POUR ME PAYER MES DIX PASTIS PAR JOUR.
MERDE, RENAUD ! TU VAS PAS PRENDRE TA RETRAITE À CINQUANTE ANS, QUAND MÊME !
ET SI ON PARTAIT EN TOURNÉE, HEIN ?

ALAIN EST D'ACCORD POUR T'ACCOMPAGNER AU PIANO, ET MOI À LA GUITARE. ON LA FAIT, CETTE TOURNÉE ?
BEN OUI, TU FAIS UNE PETITE CURE, ON RÉPÈTE COOL ET DANS TROIS MOIS, AU PRINTEMPS, ON EST SUR LA ROUTE.
JE VEUX BIEN ESSAYER. IL FAUT QUE J'ARRIVE À ARRÊTER LE PASTIS D'ABORD.
ALAIN EST D'ACCORD POUR T'ACCOMPAGNER AU PIANO, ET MOI À LA GUITARE. ON LA FAIT, CETTE TOURNÉE ?
BEN OUI, TU FAIS UNE PETITE CURE, ON RÉPÈTE COOL ET DANS TROIS MOIS, CET ÉTÉ, ON EST SUR LA ROUTE.
JE VEUX BIEN ESSAYER. IL FAUT QUE J'ARRIVE À ARRÊTER LE PASTIS D'ABORD.
ALAIN EST D'ACCORD POUR T'ACCOMPAGNER AU PIANO, ET MOI À LA GUITARE. ON LA FAIT, CETTE TOURNÉE ?
BEN OUI, TU FAIS UNE PETITE CURE, ON RÉPÈTE COOL ET DANS TROIS MOIS, EN OCTOBRE, ON EST SUR LA ROUTE.
JE VEUX BIEN ESSAYER. IL FAUT QUE J'ARRIVE À ARRÊTER LE PASTIS D'ABORD.

vendredi 1 octobre 1999 Salle des fêtes à Colombes
samedi 2 octobre 1999 Théâtre PACI
à Issy-les-Moulineaux
mardi 5 octobre 1999 Maison des Arts à Créteil
mercredi 6 octobre 1999 Espace Michel Simon
à Noisy-le-Grand
jeudi 7 octobre 1999 théâtre Jean Cocteau
à Franconville
vendredi 8 octobre 1999 A Merise à Trappes
samedi 9 octobre 1999 Centre culturel à Rosporden
mardi 12 octobre 1999 Théâtre municipal
à Draguignan
mercredi 13 octobre 1999 L'usine à Istres
jeudi 14 octobre 1999 théâtre municipal à Albi
vendredi 15 octobre 1999 théâtre municipal à Agen
samedi 16 octobre 1999 à Mende
mardi 19 octobre 1999 L'Allégro à Miribel
mercredi 20 octobre 1999 Le Dôme à Albertville
jeudi 21 octobre 1999 Château Rouge à Annemasse
vendredi 22 octobre 1999 théâtre H. le Rhone
à Bourg-lès-Valence
samedi 23 octobre 1999 Théâtre municipal
à Annonay
mardi 26 octobre 1999 Maison de la Culture
à Nevers
mercredi 27 octobre 1999 Centre Jean Dormans
à Soissons
jeudi 28 octobre 1999 Le Colisée à Roubaix
vendredi 29 octobre 1999 Centre culturel Grossemy
à Bruay-la-Bussière
samedi 30 octobre 1999 Théâtre André Malraux
à Rueil-Malmaison
jeudi 4 novembre 1999 Festival Nuits de Champagne
à Troyes
vendredi 5 novembre 1999 Maison du Peuple
à Belfort
samedi 6 novembre 1999 Théâtre Luxembourg
à Meaux
mercredi 10 novembre 1999 à Saverne
jeudi 11 novembre 1999 Salle Léo Ferré à Aulnoye
Aymerie
vendredi 12 novembre 1999 Centre culturel
à Tournai
samedi 13 novembre 1999 Théâtre municipal
à La Louvière (Belgique)
mardi 16 novembre 1999 Salle de la Marive
à Yverdon-les-Bains (Suisse)
mercredi 17 novembre 1999 Le Majestic à Firminy
jeudi 18 novembre 1999 Palais des Sports à Roanne
vendredi 19 novembre 1999 Scène Nationale
à Macon
samedi 20 novembre 1999 Théâtre les Cordeliers
à Romans-sur-Isère
mercredi 24 novembre 1999 à Saint-Benoît
jeudi 25 novembre 1999 L'Avant-Scène à Cognac
vendredi 26 novembre 1999 Centre Culturel Jean
Carmet à Mûrs-Érigné
samedi 27 novembre 1999 Espace Malraux
à Châteaudun
mardi 30 novembre 1999 Théâtre du Préau à Vire
mercredi 1er décembre 1999 Théâtre du Préau à Vire
jeudi 2 décembre 1999 La Ferme du Buisson
à Noisiel
vendredi 3 décembre 1999 Théâtre Romain Rolland
à Villejuif
samedi 4 décembre 1999 Piano'cktail à Bouguenais
mardi 7 décembre 1999 L'Arc scène Nationale
au Creusot
mercredi 8 décembre 1999 Salle des fêtes
à Chauvigny
jeudi 9 décembre 1999 Nouveau Théâtre
à Périgueux
vendredi 10 décembre 1999 Grand Théâtre
à Limoges
samedi 11 décembre 1999 Palais des Congrès
à Perpignan
mercredi 15 décembre 1999 Espace André Malraux
à Six-Fours

UNE TOURNÉE SANS DATE PARISIENNE AUTRE QU'UN MINI-CONCERT À LA MAISON DE LA RADIO, RETRANSMIS EN DIRECT SUR FRANCE-INTER, LE JOUR DE LA FÊTE DE LA MUSIQUE 2000.

UNE TOURNÉE DOULOUREUSE, DANS LAQUELLE RENAUD DÉVOILE SA SANTÉ CHANCELANTE ET SA VOIX ENDOMMAGÉE PAR LES EXCÈS D'ALCOOL ET DE TABAC.

UNE TOURNÉE MAGNIFIQUE, DANS LAQUELLE RENAUD SE LAISSE PORTER PAR L'AMOUR DU PUBLIC, AUQUEL IL DÉVOILE LES RAISONS DE SA LONGUE ABSENCE DE LA SCÈNE.

jeudi 16 décembre 1999 L'Athanor à Montluçon
vendredi 17 décembre 1999 Le Théâtre à Moulins
samedi 18 décembre 1999 Salle Jean Cocteau à Clermont-Ferrand
samedi 22 janvier 2000 Palais des Congrès à Bourges
mardi 25 janvier 2000 CC. Louis Aragon à Tremblay-en-France
jeudi 27 janvier 2000 La Coppelia à La Flèche
samedi 29 janvier 2000 Le Thâtre à Arras
dimanche 30 janvier 2000 théâtre à Anzin
mercredi 1er mars 2000 Le Vinci à Tours
jeudi 2 mars 2000 Théâtre Duvhamp-Villon à Rouen
jeudi 3 avril 2003 Espace Juliette Drouet à Fougères
jeudi 7 août 2003 Théâtre Sébastopol à Lille
jeudi 9 mars 2000 Les Ondines à Changé
vendredi 10 mars 2000 La Charbonnière à Ancenis
samedi 11 mars 2000 Centre socio-culturel à Mauron
mercredi 15 mars 2000 Le Phoenix à Mulhouse
jeudi 16 mars 2000 Centre d'action culturel à Saint-Avold
vendredi 17 mars 2000 Centre Elsa Triolet à Longlaville
samedi 18 mars 2000 Espace René Cassin à Bitche
dimanche 19 mars 2000 Scène nationale à Sceaux
mardi 21 mars 2000 à Mâcon
mercredi 22 mars 2000 Palais des congrès à Aix-les-Bains
jeudi 23 mars 2000 Palais des congrès à Digne-les-Bains
vendredi 24 mars 2000 Auditorium Jean Moulin au Thor
samedi 25 mars 2000 Théâtre Comédia à Aubagne
jeudi 30 mars 2000 L'Arc-en-ciel à Rungis
vendredi 31 mars 2000 à Hénin-Beaumont
samedi 1er avril 2000 Palais des sports à Boulogne-sur-Mer
mardi 4 avril 2000 Palais des congrès à Lorient
mercredi 5 avril 2000 Le Quartz à Brest
jeudi 6 avril 2000 Le Quartz à Brest
vendredi 7 avril 2000 Espace Herbages aux Herbiers
samedi 8 avril 2000 Palais des Congrès à Loudéac
lundi 10 avril 2000 Théâtre Giacosa à Aoste (Italie)
mardi 11 avril 2000 Bourse du travail à Lyon
mercredi 12 avril 2000 Le Parvis des Esserts à Cluses
jeudi 13 avril 2000 Espace Chambon à Cusset
vendredi 14 avril 2000 Le Forum à Dijon
mercredi 19 avril 2000 Palais des Beaux-Arts à Bruxelles (Belgique)
jeudi 20 avril 2000 Forum de Liège à Liège (Belgique)
vendredi 21 avril 2000 Palais des beaux-Arts à Charleroi (Belgique)
samedi 22 avril 2000 Palais des Beaux-Arts à Bruxelles (Belgique)
mercredi 26 et jeudi 27 avril 2000 Opéra Municipal à Marseille
vendredi 28 avril 2000 Auditorium de Vaucluse au Thor
samedi 29 et dimanche 30 avril 2000 Grand Casino à Genève (Suisse)
mardi 2 et mercredi 3 mai 2000 Bourse du Travail à Lyon
samedi 13 mai 2000 Théâtre Sarah Bernhardt à Goussainville
lundi 15 mai 2000 Salle Daniel Balavoine à Arques

mardi 16 mai 2000 Cirque Municipal à Amiens
mercredi 17 mai 2000 Palais des congrès au Mans
vendredi 19 mai 2000 Salle Jeanne d'Arc à Saint-Étienne
samedi 20 mai 2000 Parc des expositions à Épinal
dimanche 21 mai 2000 L'Arsenal à Metz
lundi 22 mai 2000 Salle Poirel à Nancy
mercredi 31 mai 2000 Le Summum à Grenoble
jeudi 1 juin 2000 Festival du Cap-d'Agde au Cap-d'Agde
vendredi 2 juin 2000 Festival de Montauban à Montauban
samedi 3 juin 2000 Palais des congrès à Parthenay
dimanche 4 juin 2000 Le Manège à La-Roche-sur-Yon
jeudi 8 juin 2000 Salle Érasme à Strasbourg
samedi 10 juin 2000 Festival Les Arts à la Campagne à Saint-Malo-du-Bois
mardi 13 juin 2000 Théâtre Fémina à Bordeaux
mercredi 14 juin 2000 Concert Emmaüs à Lescar
jeudi 15 juin 2000 Gare du Midi à Biarritz
vendredi 16 juin 2000 Parc des Expositions à Tarbes
dimanche 18 juin 2000 Salle des fêtes à Porcieu
lundi 19 juin 2000 Micropolis à Besançon
mardi 20 juin 2000 Grand Angle à Voiron
mercredi 21 juin 2000 concert pour la fête de la musique à Maison de la radio / Paris
jeudi 22 juin 2000 Hall des Expositions à Annecy
vendredi 23 juin 2000 Salle Jean Clément à Loriol
samedi 24 juin 2000 à Lons-Le-Saunier
mardi 27 juin 2000 Salle Poirel à Nancy
mercredi 28 juin 2000 Le Théâtre à Thionville
jeudi 29 juin 2000 L'Arsenal à Metz
vendredi 30 juin 2000 Festival "Chantons sympa" à Melun
samedi 1er juillet 2000 Cirque Municipal à Amiens
vendredi 4 mai 2007 Le Théâtre à Charleville
vendredi 7 juillet 2000 Centre des Arts et de la Culture à Concarneau
samedi 8 juillet 2000 Lochrist à Lorient
samedi 15 juillet 2000 Festival Estivalpe à Thonon-les-Bains
dimanche 16 juillet 2000 Le Festival à Lormes
mardi 18 juillet 2000 à Crau ou Ile de Ré
mercredi 19 juillet 2000 Espace C. Besson à Saint-Georges-de-Didonne
jeudi 20 et vendredi 21 juillet 2000 Théâtre de Verdure à Clermont-Ferrand
samedi 22 juillet 2000 Festival Mistral Gagnant à Saint-Martin-de-Crau
lundi 24 juillet 2000 Carrière du bon temps à Junas
mardi 25 juillet 2000 Paléo festival à Nyon (Suisse)
jeudi 27 juillet 2000 Théâtre de Verdure à Dieulefit
vendredi 28 juillet 2000 Festival de Carcassonne à Carcassonne
samedi 29 juillet 2000 Théâtre de la Mer à Sète
dimanche 30 juillet 2000 à Fourvière
lundi 31 juillet 2000 Théâtre Antique à Vaison-la-Romaine
mardi 24 octobre 2000 Salle Poirel à Nancy

mercredi 25 octobre 2000 Espace L.A.C. à Gérardmer
jeudi 26 octobre 2000 Palais des sports à Dijon
vendredi 27 octobre 2000 Acropolis à Vaujecourt
samedi 28 octobre 2000 Salle Maurice Hugot à Saint-Amand
jeudi 2 novembre 2000 Salle Érasme à Strasbourg
vendredi 3 novembre 2000 Parc des Expositions à Chalon-sur-Saône
samedi 4 novembre 2000 Micropolis à Besançon
mardi 7 novembre 2000 Le Cac à Niort
mercredi 8 novembre 2000 Scène Nationale à Poitiers
jeudi 9 novembre 2000 Le 27 à Rouillac
vendredi 10 novembre 2000 Palais des Congrès au Mans
mercredi 15 novembre 2000 Le Pin Gallant à Mérignac
jeudi 16 novembre 2000 Salle des Fêtes à Onet
vendredi 17 novembre 2000 La Halle aux grains à Toulouse
samedi 18 novembre 2000 Salle François Mitterrand à Figeac
vendredi 1er décembre 2000 Maison de la Culture à Arlon (Belgique)
samedi 2 décembre 2000 Théâtre Municipal à Calais
dimanche 3 décembre 2000 Palais des Beaux-Arts à Bruxelles (Belgique)
mardi 5 décembre 2000 Caravane des Quartiers à Chambéry
mercredi 6 décembre 2000 Complexe Jean Morel à La Mure
dimanche 10 décembre 2000 Espace Printemps à Gex
lundi 11 décembre 2000 Salle polyvalente à Sens
mardi 12 décembre 2000 Palais des Rencontres à Château-Thierry
jeudi 18 janvier 2001 Grand théâtre à Québec (Québec)
vendredi 19 janvier 2001 Initiascène à Sainte Thérèse (Québec)
samedi 20 janvier 2001 Théâtre Hector Charland à L'Assomption (Québec)
dimanche 21 et lundi 22 janvier Spectrum à Montréal (Québec)
jeudi 25 janvier 2001 Théâtre Vieux-Terrebonne à Terrebonne
vendredi 26 janvier 2001 Le Vieux Clocher à Sherbrooke (Québec)
samedi 27 janvier 2001 Le Vieux Saint-Jean à Saint-Jean-de-Richelieu (Québec)
dimanche 28 janvier 2001 Salle Philippe Dion à Shawinigan (Québec)
mercredi 31 janvier 2001 Centre Culturel à Joliette (Québec)
jeudi 1 février 2001 Musée des civilisations à Hull (Québec)
Du 02 au 06/02 Spectrum à Montréal (Québec)
samedi 10 février 2001 Parc des Expositions à Mâcon
jeudi 15 février 2001 Le Palace à Ath (Belgique)
vendredi 16 février 2001 Casino de Spa à Spa (Belgique)
dimanche 18 février 2001 Maison de la culture à Arlon (Belgique)
mardi 20 février 2001 Palais des congrès au Mans
samedi 24 février 2001 théâtre Femina à Bordeaux
dimanche 25 février 2001 Halle aux grains à Toulouse
mardi 27 février 2001 Bourse du travail à Lyon
mercredi 28 février 2001 Micropolis à Besançon
jeudi 1er mars 2001 La Rotonde à Thaon-les-Vosges
vendredi 2 mars 2001 Salle socio-culturelle à Pont-à-Mousson
samedi 3 mars 2001 Salle Elsa Triolet à Longlaville
vendredi 9 mars 2001 L'Atrium à Chaville

MAIS, EN REVENANT DE TOURNÉE...
BONJOUR RENAUD ! T'AS DISPARU ? POURQUOI ON NE TE VOIT PLUS ?
POURQUOI TU NE CHANTES PLUS ?
J'AI QUAND MÊME FAIT 202 CONCERTS EN DIX-HUIT MOIS.
ON NE PEUT PAS DIRE QUE JE NE CHANTE PLUS.
MAIS ÇA FAIT TELLEMENT LONGTEMPS QUE TU NE FAIS PLUS DE DISQUES.
ON NE T'ENTEND MÊME PLUS À LA RADIO.
FRED ! UN PASTIS !

Avertissement du ministère de la Santé et des Chanteurs au fond du trou

Surtout ne pas proposer de l'alcool à un alcoolique qui tente un sevrage, même pour la bonne cause.

On peut provoquer un désastre en termes d'estime de soi et d'engagement pour l'avenir. En plus, ça ne marche jamais.

Enfin, presque jamais.

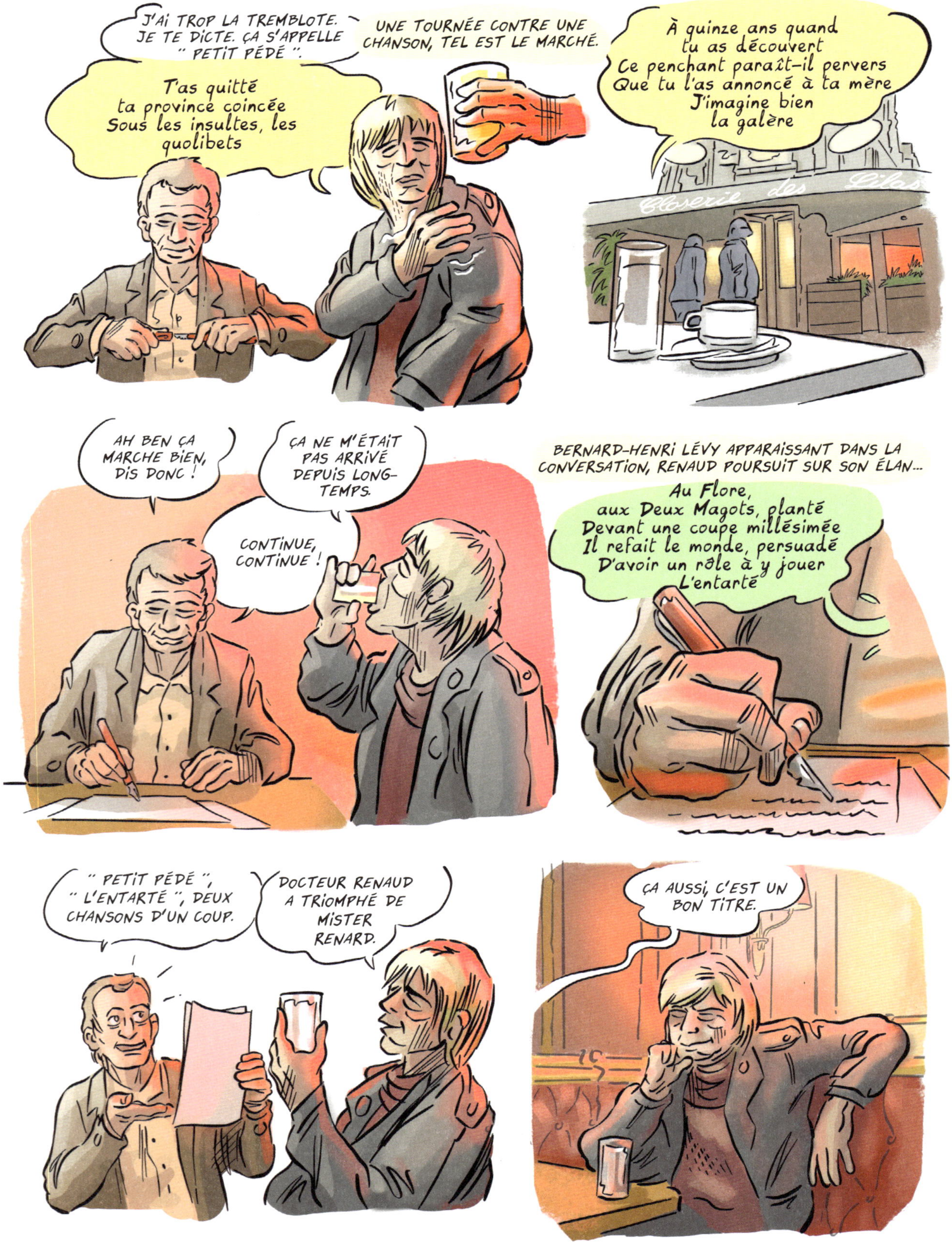
J'AI TROP LA TREMBLOTE. JE TE DICTE. ÇA S'APPELLE " PETIT PÉDÉ ".
UNE TOURNÉE CONTRE UNE CHANSON, TEL EST LE MARCHÉ.
T'as quitté ta province coincée Sous les insultes, les quolibets
À quinze ans quand tu as découvert Ce penchant paraît-il pervers Que tu l'as annoncé à ta mère J'imagine bien la galère
Closerie des Lilas
AH BEN ÇA MARCHE BIEN, DIS DONC !
ÇA NE M'ÉTAIT PAS ARRIVÉ DEPUIS LONG-TEMPS.
CONTINUE, CONTINUE !
BERNARD-HENRI LÉVY APPARAISSANT DANS LA CONVERSATION, RENAUD POURSUIT SUR SON ÉLAN...
Au Flore, aux Deux Magots, planté Devant une coupe millésimée Il refait le monde, persuadé D'avoir un rôle à y jouer L'entarté
" PETIT PÉDÉ ", " L'ENTARTÉ ", DEUX CHANSONS D'UN COUP.
DOCTEUR RENAUD A TRIOMPHÉ DE MISTER RENARD.
ÇA AUSSI, C'EST UN BON TITRE.

LA MACHINE REDÉMARRE ENFIN. RENAUD ÉCRIT, SANS AUCUNE PUDEUR. CETTE FOIS CE SONT SES DÉMONS À LUI QU'IL CRACHE SUR PAPIER. CE SERA SON ALBUM-THÉRAPIE. SA CATHARSIS.
Comme y a eu Gainsbourg et Gainsbarre Y a eu Renaud et le Renard
Le Renaud ne boit que de l'eau Le Renard carbure au Ricard
Aujourd'hui son amour se barre Elle quitte le vilain Renard
Mais aimera toujours Renaud Docteur Renaud, Mister Renard.
ALAIN LANTY ET JEAN-PIERRE BUCOLO SE METTENT AU TRAVAIL SUR LES MUSIQUES.
RENAUD REPART EN CURE DE DÉSINTOXICATION...
... PUIS COMMENCE À ENREGISTRER.
SEPT ANS, SIX MOIS ET DIX JOURS APRÈS À LA BELLE DE MAI, L'ALBUM BOUCAN D'ENFER SORT LE 28 MAI 2002.
Renaud
boucan d'enfer

FAN ZONE
ÇA A QUAND MÊME ÉTÉ UN CHOC.
ON S'ATTENDAIT À UN RETOUR DE L'IDOLE EN FANFARE, APRÈS TOUT CE TEMPS D'ABSENCE...
... ON A DÛ SE CONTENTER D'UNE GUITARE ET D'UN PIANO.
RENAUD A BRUSQUEMENT PRIS UN COUP DE VIEUX, ET NOUS AVEC...
Fatigué fatigué
... LA FAUTE À L'ALCOOL, AUX COMMUNISTES ET AUX FEMMES QUI S'EN VONT.
ÇA NE FAIT RIRE PERSONNE DE VOIR LES HÉROS DE NOTRE JEUNESSE SE DÉGRADER.
ON NE GUÉRIT JAMAIS DE NOTRE ENFANCE. LE TEMPS EST UNE MALADIE SANS VACCIN.

CHAPITRE 13

“ Pour toi j’ai retrouvé le joli goût de l’eau... ”

15 FÉVRIER 2003, ZÉNITH DE PARIS, VICTOIRE DE L'ALBUM DE CHANSON DE L'ANNÉE
FAITES-NOUS UN BOUCAN D'ENFER POUR RENAUD !
LA VICTOIRE POUR BOUCAN D'ENFER !
C'EST UNE VICTOIRE SUR LA DÉPRESSION ET SUR L'ALCOOL ET C'EST UNE BELLE VICTOIRE.
JE LA DÉDIE À MES PARENTS QUE J'AIME ET À QUI JE NE L'AI JAMAIS DIT.
VICTOIRE DE LA CHANSON ORIGINALE DE L'ANNÉE.
" MANHATTAN-KABOUL " !
PAR RENAUD ET AXELLE RED !
C'EST UN DES PLUS BEAUX JOURS DE MA VIE ET DE MA CARRIÈRE AVEC DEUX VICTOIRES.
VICTOIRE DE L'ARTISTE MASCULIN DE L'ANNÉE.
RENAUD ! TROIS VICTOIRES POUR RENAUD !
CARTON PLEIN, LE COUP DU CHAPEAU !
JE SUIS SINCÈREMENT, TRÈS HONNÊTEMENT CHAGRINÉ POUR MES CONCURRENTS. MAIS CHACUN SON TOUR.
MA REVANCHE SUR 1986, QUAND J'ÉTAIS NOMMÉ QUATRE FOIS ET QUE J'ÉTAIS REPARTI LES MAINS DANS LES POCHES.
EN PLUS, EN COULISSES, ON M'AVAIT PIQUÉ MON PORTEFEUILLE.

CE 15 FÉVRIER 2003 OÙ RENAUD TRIOMPHE AUX VICTOIRES DE LA MUSIQUE, AU MOINS DIX MILLIONS DE PERSONNES DÉFILENT DANS PLUS DE SIX CENTS VILLES À TRAVERS LE MONDE CONTRE LA MENACE D'UNE SECONDE GUERRE DANS LE GOLFE...

... ET BEAUCOUP DE MÉDIAS DIFFUSENT AVEC PLUS DE FERVEUR ENCORE " MANHATTAN-KABOUL ", CHANSON ÉCRITE QUELQUES MOIS APRÈS LES ATTENTATS ISLAMISTES DU 11 SEPTEMBRE 2001 ET ALORS QUE LES BOMBARDEMENTS AMÉRICAINS AVAIENT COMMENCÉ SUR L'AFGHANISTAN...

LA CHANSON A ÉTÉ ÉCRITE À LA FIN DE L'ENREGISTREMENT DE L'ALBUM, QUAND IL LUI RESTE UNE MUSIQUE " TUBESQUE " QU'AIMENT DOMINIQUE ET LOLITA...

... POUR LAQUELLE IL ÉCRIT UN TEXTE D'UN SEUL JET ET APPELLE AXELLE RED AU STUDIO ICP DE BRUXELLES POUR LE PREMIER DUO DE SA CARRIÈRE.

DEUXIÈME SINGLE DE L'ALBUM, " MANHATTAN-KABOUL " ATTEINT LA 2e PLACE DU CLASSEMENT DES VENTES...

... ACCENTUANT LE TRIOMPHE DE BOUCAN D'ENFER, QUI SE VENDRA À DEUX MILLIONS D'EXEMPLAIRES. LE PLUS GRAND SUCCÈS COMMERCIAL DE LA CARRIÈRE DE RENAUD.

RENAUD EST MÊME REVENU AU CINÉMA DANS CRIME SPREE. TITRE FRANÇAIS : WANTED.
UNE COMÉDIE POLICIÈRE DONT IL PARTAGE LE HAUT DE L'AFFICHE AVEC GÉRARD DEPARDIEU ET JOHNNY HALLYDAY.
TOURNAGE À TORONTO, AU CANADA, AU PRINTEMPS 2002, PEU AVANT LA SORTIE DE BOUCAN D'ENFER.
BRAD MIRMAN FAIT DE RENAUD LE PORTE-FLINGUE D'UNE BANDE DE BRAS CASSÉS FRANÇAIS ENVOYÉS AUX ÉTATS-UNIS POUR UN BRAQUAGE "FACILE"...
... QUI TOURNE MAL ET LES TRANSFORME EN GIBIERS DE PLUSIEURS MÉCHANTS, DONT HARVEY KEITEL EN PARRAIN CARICATURAL.
SPOILER : LE MEILLEUR GAG DE CE GENTIL NAVET MET EN SCÈNE JOHNNY, RENAUD, UN POSTE DE RADIO, " QUE JE T'AIME " ET " DÈS LE VENT SOUFFLERA "...
CLIC
CLAC

ET, D'AILLEURS, VOUS A-T-ON DIT QUE RENAUD EST AMOUREUX ?
ELLE S'APPELLE ROMANE SERDA ET ELLE EST ENTRÉE UN JOUR À LA CLOSERIE DES LILAS...
... POUR UN RENDEZ-VOUS AVEC UN RESPONSABLE DE MAISON DE DISQUES AMI DU PAROLIER ÉTIENNE RODA-GIL, ATTABLÉ AVEC RENAUD.
OH BONJOUR, ÉTIENNE !
BONJOUR, RENAUD !
MADEMOISELLE ?
ROMANE SERDA, JE SUIS CHANTEUSE.
MAIS JE NE VOUS CONNAIS PAS. COMMENT PUIS-JE VOUS ÉCOUTER ?
J'AI UN CD DE DÉMO DANS MON SAC, JE VOUS LE LAISSE.
SI J'AIME VOTRE VOIX, JE PRODUIS VOTRE ALBUM.
VOUS FERIEZ ÇA, VRAIMENT ?

RENAUD ET ROMANE COMMENCENT À SE VOIR PLUS OU MOINS RÉGULIÈREMENT...
J'APPRÉCIE VOTRE POTENTIEL.
TU ES TELLEMENT BELLE.
VOUS AVEZ UNE BELLE VOIX.
TU ME DONNES ENVIE DE REVIVRE.
POURQUOI N'ÉCRIVEZ-VOUS PAS VOS TEXTES, CHÈRE ROMANE ? VOUS EN AVEZ LE TALENT.
QUEL DOMMAGE QUE JE N'ARRIVE PLUS À ÉCRIRE. JE TE FERAIS DES CHANSONS.
TU T'EN PRENDS UN, MON RENARD ?
NON, ÉTIENNE, JE NE VEUX PAS ME METTRE MINABLE, AUJOURD'HUI. JE VOIS ROMANE.
ROMANE, FAUT PAS QU'ON S'ILLUSIONNE. NOUS NE POUVONS PAS VIVRE UNE HISTOIRE ENSEMBLE. IL Y A DIX-NEUF ANS DE DIFFÉRENCE ENTRE NOUS. IL Y A SURTOUT LE PASTIS.
DE TOUTE MANIÈRE, TU SERAIS VITE VEUVE. LES CUBAINS NE VONT PAS ME RATER.
RENAUD...

RENAUD, ARRÊTE DE BOIRE...
RENAUD, IL N'Y A PAS DE TUEURS DANS L'IMMEUBLE D'EN FACE.
AU BOUT DE DEUX ANS DE RENCONTRES ÉPISODIQUES...
C'EST MIEUX QU'ON NE SE VOIE PLUS.
C'EST MIEUX QU'ON NE SE VOIE PLUS.
ET UN AN PASSE...
MAIS, COMME DANS LES FILMS...
OH, RENAUD, TU ES LÀ !
ROMANE, JE NE SAVAIS PAS QUE TU SERAIS LÀ.
RENAUD EMMÈNE ROMANE DANS SA MAISON DU SUD ET, AU BOUT DE QUELQUES JOURS...
JE VEUX VIVRE AVEC TOI, ROMANE. NE PLUS JAMAIS TE QUITTER. PAS MÊME UNE HEURE.

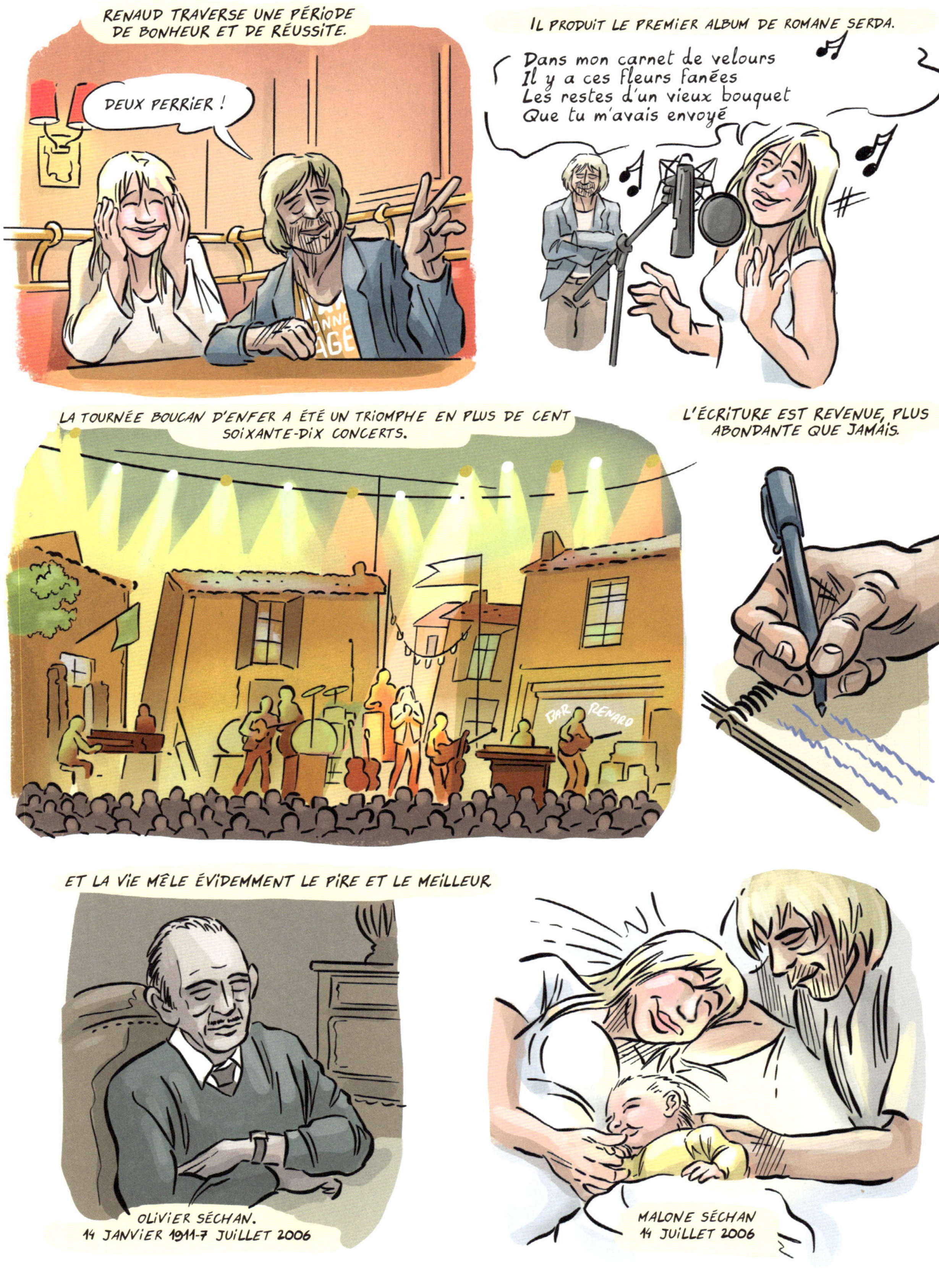
RENAUD TRAVERSE UNE PÉRIODE DE BONHEUR ET DE RÉUSSITE.
DEUX PERRIER !
IL PRODUIT LE PREMIER ALBUM DE ROMANE SERDA.
Dans mon carnet de velours
Il y a ces fleurs fanées
Les restes d'un vieux bouquet
Que tu m'avais envoyé
LA TOURNÉE BOUCAN D'ENFER A ÉTÉ UN TRIOMPHE EN PLUS DE CENT SOIXANTE-DIX CONCERTS.
BAR RENARD
L'ÉCRITURE EST REVENUE, PLUS ABONDANTE QUE JAMAIS.
ET LA VIE MÊLE ÉVIDEMMENT LE PIRE ET LE MEILLEUR
OLIVIER SÉCHAN.
14 JANVIER 1911-7 JUILLET 2006
MALONE SÉCHAN
14 JUILLET 2006

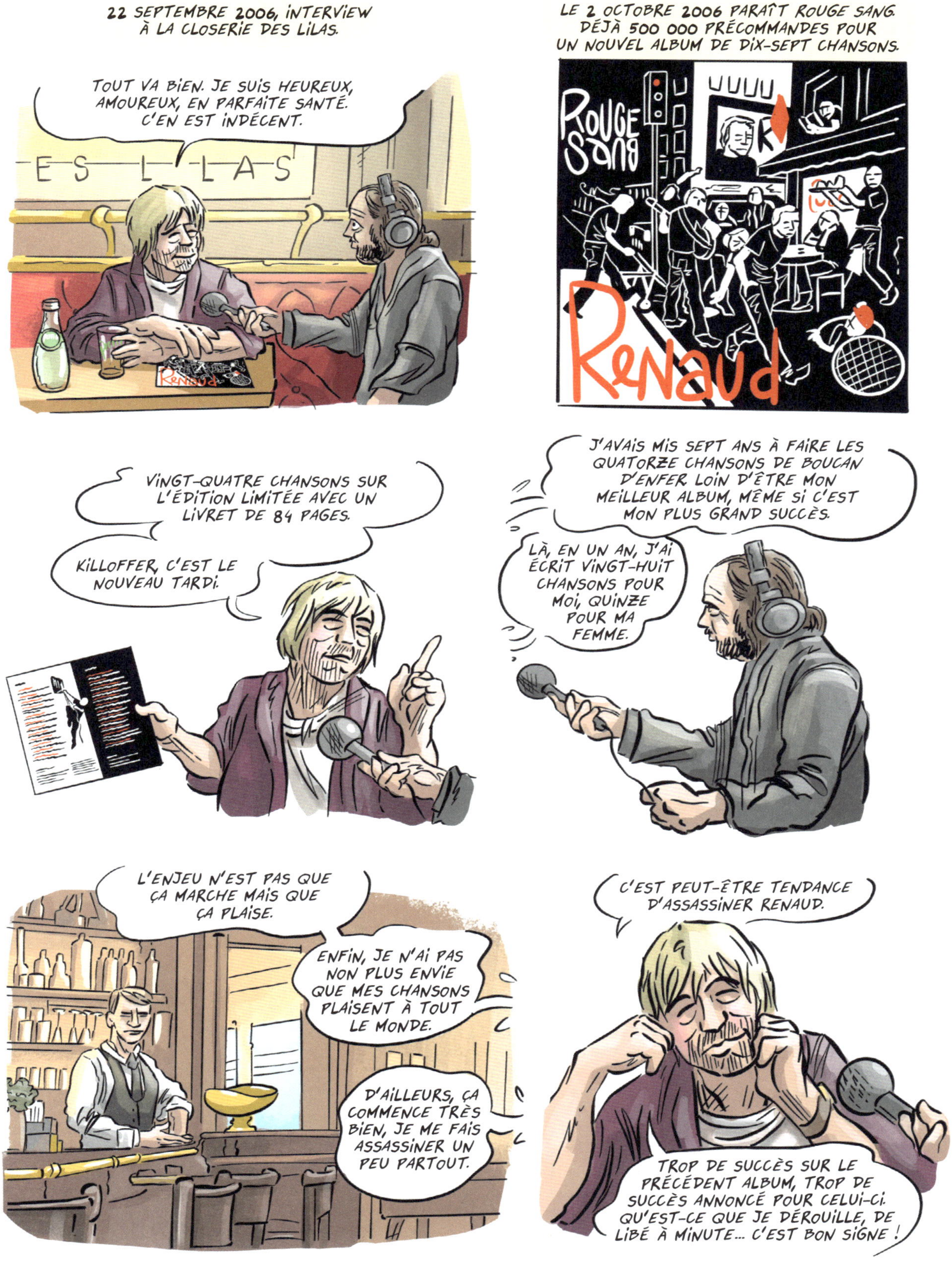
22 SEPTEMBRE 2006, INTERVIEW À LA CLOSERIE DES LILAS.
TOUT VA BIEN. JE SUIS HEUREUX, AMOUREUX, EN PARFAITE SANTÉ. C'EN EST INDÉCENT.
LE 2 OCTOBRE 2006 PARAÎT ROUGE SANG. DÉJÀ 500 000 PRÉCOMMANDES POUR UN NOUVEL ALBUM DE DIX-SEPT CHANSONS.
ROUGE SANG
RENAUD
VINGT-QUATRE CHANSONS SUR L'ÉDITION LIMITÉE AVEC UN LIVRET DE 84 PAGES.
KILLOFFER, C'EST LE NOUVEAU TARDI.
J'AVAIS MIS SEPT ANS À FAIRE LES QUATORZE CHANSONS DE BOUCAN D'ENFER. LOIN D'ÊTRE MON MEILLEUR ALBUM, MÊME SI C'EST MON PLUS GRAND SUCCÈS.
LÀ, EN UN AN, J'AI ÉCRIT VINGT-HUIT CHANSONS POUR MOI, QUINZE POUR MA FEMME.
L'ENJEU N'EST PAS QUE ÇA MARCHE MAIS QUE ÇA PLAISE.
ENFIN, JE N'AI PAS NON PLUS ENVIE QUE MES CHANSONS PLAISENT À TOUT LE MONDE.
D'AILLEURS, ÇA COMMENCE TRÈS BIEN, JE ME FAIS ASSASSINER UN PEU PARTOUT.
C'EST PEUT-ÊTRE TENDANCE D'ASSASSINER RENAUD.
TROP DE SUCCÈS SUR LE PRÉCÉDENT ALBUM, TROP DE SUCCÈS ANNONCÉ POUR CELUI-CI. QU'EST-CE QUE JE DÉROUILLE, DE LIBÉ À MINUTE... C'EST BON SIGNE !

C'EST À CAUSE D'" ELLE EST FACHO ", ÉVIDEMMENT : UNE CHANSON FANTAISISTE SUR UNE ÉLECTRICE LAMBDA DU FRONT NATIONAL.
La Closerie des Lilas
JE TERMINE PAR " ELLE EST FACHO, ELLE VOTE SARKO ".
ÇA FAIT UNE POLÉMIQUE SANS NOM : RENAUD A TRAITÉ SARKO DE FACHO, JOHNNY SE FÂCHE AVEC RENAUD PARCE QUE JOHNNY AIME SARKO… HALLUCINANT.
ON PEUT SE DIRE QUE ÇA FAIT UNE PUBLICITÉ GRATUITE MAIS JE M'EN SERAIS BIEN PASSÉ. D'AILLEURS, MON DISQUE SE DÉFEND TOUT SEUL, ARTISTIQUEMENT.
DEPUIS VINGT ANS, LES FANS ME DEMANDENT "POURQUOI TU NE FAIS PAS DE CHANSON CONTRE LE PEN COMME TU AS FAIT UN BRÛLOT CONTRE MARGARET THATCHER ?"
ES L LAS
Renaud
JE LEUR RÉPONDS QUE JE NE VAIS PAS FAIRE UNE CHANSON SUR LA SCLÉROSE EN PLAQUE OU SUR LE CANCER.
L'ENSEMBLE DE MON ŒUVRE EST UN PLAIDOYER CONTRE LES IDÉES DE LE PEN. JE M'ABUSE EN PENSANT CELA ?
Perrier
ON PARLE TOUJOURS - ET MÊME MOI - DES FACHOS EN MONTRANT DES HOMMES. UNE MARINE LE PEN DE BANLIEUE, C'EST PLUS MARRANT.
IL Y AVAIT DES CHANSONS PLUS INTÉRESSANTES SUR CET ALBUM, QUAND MÊME. J'AI ÉCRIT DES CHOSES QUE JE N'AVAIS JAMAIS FAITES, COMME " JE M'APPELLE GALILÉE ", UNE CHANSON ÉROTIQUE EN ALEXANDRINS.
MAIS LA MAISON DE DISQUES A VOULU FAIRE LA PROMO AVEC " LES BOBOS ".

LE PREMIER EXTRAIT DE L'ALBUM ÉVOQUE EN EFFET UNE CATÉGORIE SOCIALE DONT ON PARLE BEAUCOUP DEPUIS QUELQUES ANNÉES.
Ils sont une nouvelle classe Après les bourges et les prolos Le bobos, les bobos.
On les appelle bourgeois bohèmes Ou bien bobos pour les intimes Le bobos, les bobos
RENAUD ET VINCENT DELERM, L'ARCHÉTYPE DU CHANTEUR BOBO SELON LES MÉDIAS DE 2006, TOURNENT ENSEMBLE PLUSIEURS VIDÉOS DE PROMOTION POUR LEURS ALBUMS RESPECTIFS.
Dans les chansons de Vincent Delerm
On les retrouve à chaque rime
ET SINON, DES COURS DE CHANT, C'EST PLUTÔT NON ?
TU TE RENDS COMPTE QU'À TON ÂGE J'AVAIS DÉJÀ COMPOSÉ " LAISSE BÉTON ", " DANS MON HLM"...
JE CROIS FRANCHEMENT QU'AVEC SON NOUVEL ALBUM, VINCENT DELERM ATTEINT LE SOMMET DE SON ART. C'EST L'ALBUM DE LA MATURITÉ.

BREF, RENAUD VA BIEN ET TOURNE LA PAGE DES ANNÉES SOMBRES.
JE TRAVAILLE À UN ROMAN AUTOBIOGRAPHIQUE QUI S'INTITULERA LE JAUNE ET LE NOIR LE JAUNE DU PASTIS ET LE NOIR DE LA DÉPRESSION.
ES L LAS
ET JE SUIS FIER DE " DYLAN ", UNE CHANSON SUR UN MÔME DE 17 ANS MORT SUR LA ROUTE EN SORTANT DE BOÎTE, ENTERRÉ AVEC LE BANDANA ROUGE AUTOUR DU COU, UNE PHOTO DE MOI SUR LA POITRINE ET " MISTRAL GAGNANT " CHANTÉ À L'ÉGLISE.
RENAUD ENTRE DANS LE PETIT LAROUSSE...
Renardière n.f. Tanière du renard.
Renaturation n.f.écol Opération permettant à un milieu modifié et dénaturé par l'homme de retrouver un état proche de son état naturel initial.
Renaud (Renaud Séchan, dit).Paris 1952 . Chanteur et auteur-compositeur français. Héritier de la tradition réaliste, à laquelle il apporte une touche de folk et de rock, il exprime, dans un langage mêlé d'argot et de verlan (Laisse béton, Marche à l'ombre), sa tendresse et sa révolte (Morgane de toi).
v.i.(3) Fam, vieilli. Protester.
n.m. Action
... ET LA TOURNÉE ROUGE SANG EST UN TRIOMPHE.
Rouge Sang
APRÈS UN SÉJOUR DE PLUSIEURS MOIS À LONDRES "POUR CHANGER D'AIR", RENAUD EMMÉNAGE HORS DE PARIS...
PARIS
MEUDON
IL VIT DÉSORMAIS DANS UNE BELLE ET VASTE MAISON À MEUDON AVEC ROMANE ET MALONE, AU CALME ET LOIN DES TENTATIONS DU XIVe ARRONDISSEMENT.

THÉORIQUEMENT, LE CADRE DEVRAIT ÊTRE IDÉAL.
ALLEZ, MALONE, CINQ MINUTES DE BAGNOLE ET ON EST DANS LA FORÊT.
TU NE TROUVES PAS ÇA SYMPA, CE SILENCE, LE SOIR, SANS LES BRAILLARDS ET LES KLAXONS ?
MAIS LA MAISON DE MEUDON A UN DÉFAUT FLAGRANT... ET MÊME DANGEREUX.
AH NON, RENAUD, JE NE VIENS PAS CE SOIR. ÇA COÛTE UN BRAS EN TAXI.
J'AI PAS ENVIE DE GALÉRER DEUX HEURES EN BAGNOLE POUR TROUVER.
SI JE ME FAIS CHOPER PAR LES KEUFS AU RETOUR, J'Y LAISSE MES DERNIERS POINTS DE PERMIS.
ROMANE ! JE PASSE VOIR LES POTES À LA CLOSERIE.
JE NE RENTRE PAS TARD !
PARIS
MEUDON

ÉVIDEMMENT, ÇA RECOMMENCE...
OUI, MA CHÉRIE, JE SUIS DANS LE TAXI, LÀ.
TU SAIS, C'EST GALÈRE D'EN TROUVER À CETTE HEURE-CI.
T'INQUIÈTE PAS, ROMANE. JE NE VAIS PAS REPRENDRE COMME AVANT.

MAIS IL Y A PIRE...
MAIS POURQUOI TU REVIENS ? TU VIENS DE SORTIR...
IL Y A UNE VOITURE IMMATRICULÉE 91 JUSTE À CÔTÉ DE LA MAISON.
ET ALORS ? CE N'EST PAS LOIN, L'ESSONNE.
LES VOITURES DES SERVICES SECRETS CUBAINS SONT TOUTES IMMATRICULÉES DANS L'ESSONNE.
ILS M'ONT RETROUVÉ.
ILS N'ONT JAMAIS ARRÊTÉ DE ME SURVEILLER DEPUIS DES ANNÉES.
CETTE FOIS, ILS SONT VENUS ME BUTER.
MAIS, RENAUD, NOUS SOMMES À MEUDON, DANS LES HAUTS-DE-SEINE.
SI TU TE METS AU BORD DU TROTTOIR, IL Y AURA FORCÉMENT UNE VOITURE IMMATRICULÉE 91 QUI VA PASSER.

TU NE COMPRENDS RIEN.
TU NE FAIS RIEN POUR COMPRENDRE.
TU NE VOIS PAS QUE CE SONT LEURS MÉTHODES ?
ILS SURVEILLENT LEUR CIBLE PENDANT DES ANNÉES ET, JUSTE AVANT DE L'EXÉCUTER, ILS LUI FONT SAVOIR QU'ILS SONT TOUT PRÈS.
C'EST ÇA LE KGB. C'EST ÇA LES CUBAINS.
ILS SONT DEVANT LA MAISON, TU COMPRENDS ?
ILS ME TRAQUENT DEPUIS DES ANNÉES ET MAINTENANT ILS SONT DEVANT LA MAISON.
RENAUD, C'EST JUSTE UNE VOITURE GARÉE DANS NOTRE RUE. UNE VOITURE DU 91 GARÉE DANS UNE RUE DU 92.
TOUT EST NORMAL, RENAUD, CE N'EST PAS LA PRÉPARATION D'UN ASSASSINAT.
COMMENT TU PEUX CROIRE ÇA ? TU NE CONNAIS PAS LEURS MÉTHODES, AU KGB ET AUX CUBAINS.
ILS SONT VENUS ME BUTER.
ILS SONT VENUS ME BUTER.
CLAC !

RENAUD !
RENAUD, IL EST DANS TA TÊTE, LE KGB !
PERSONNE N'EST VENU TE TUER. ET SURTOUT PAS LES COMMUNISTES. TU AS TOUJOURS ÉTÉ DE LEUR CÔTÉ.
ILS S'EN FOUTENT. C'EST ÇA, LE KGB.
ILS VEULENT ME FAIRE PAYER POUR MON PÈRE, POUR MON GRAND-PÈRE.
TU CROIS QUE C'EST UN HASARD, TOUS CES BOUQUINS DÉGUEULASSES, DEPUIS UN AN OU DEUX, QUI PARLENT DE MON GRAND-PÈRE AU PPF ?
CE N'EST PAS "DES BOUQUINS", RENAUD.
C'EST UN LIVRE, EN TROIS LIGNES, CHEZ UN TOUT PETIT ÉDITEUR.
ET TU N'AS PAS LU LES JOURNAUX ? ILS EN PARLENT TOUS.

MAIS NON, PERSONNE N'EN A PARLÉ.
EN PLUS, TOUT LE MONDE S'EN FOUT.
NON, ILS VEULENT ME FAIRE PAYER.
ILS VEULENT ME FAIRE PAYER POUR MON GRAND-PÈRE ET POUR MES PARENTS ET POUR TOUS LES AUTRES.
LES CUBAINS VEULENT ME FAIRE PAYER.
QU'EST-CE QUE LES CUBAINS ONT À FAIRE DE TON GRAND-PÈRE AU PPF ET DE TES PARENTS À RADIO PARIS ?
ILS REÇOIVENT LEURS ORDRES DU KGB.
KGB
RENAUD, LE KGB N'EXISTE PLUS ! L'URSS N'EXISTE PLUS !
IL N'Y A PLUS QUE TOI QUI TE SOUVIENS DE CETTE HISTOIRE !
NON, ILS N'OUBLIENT RIEN.
ILS VONT EXÉCUTER LES ORDRES.

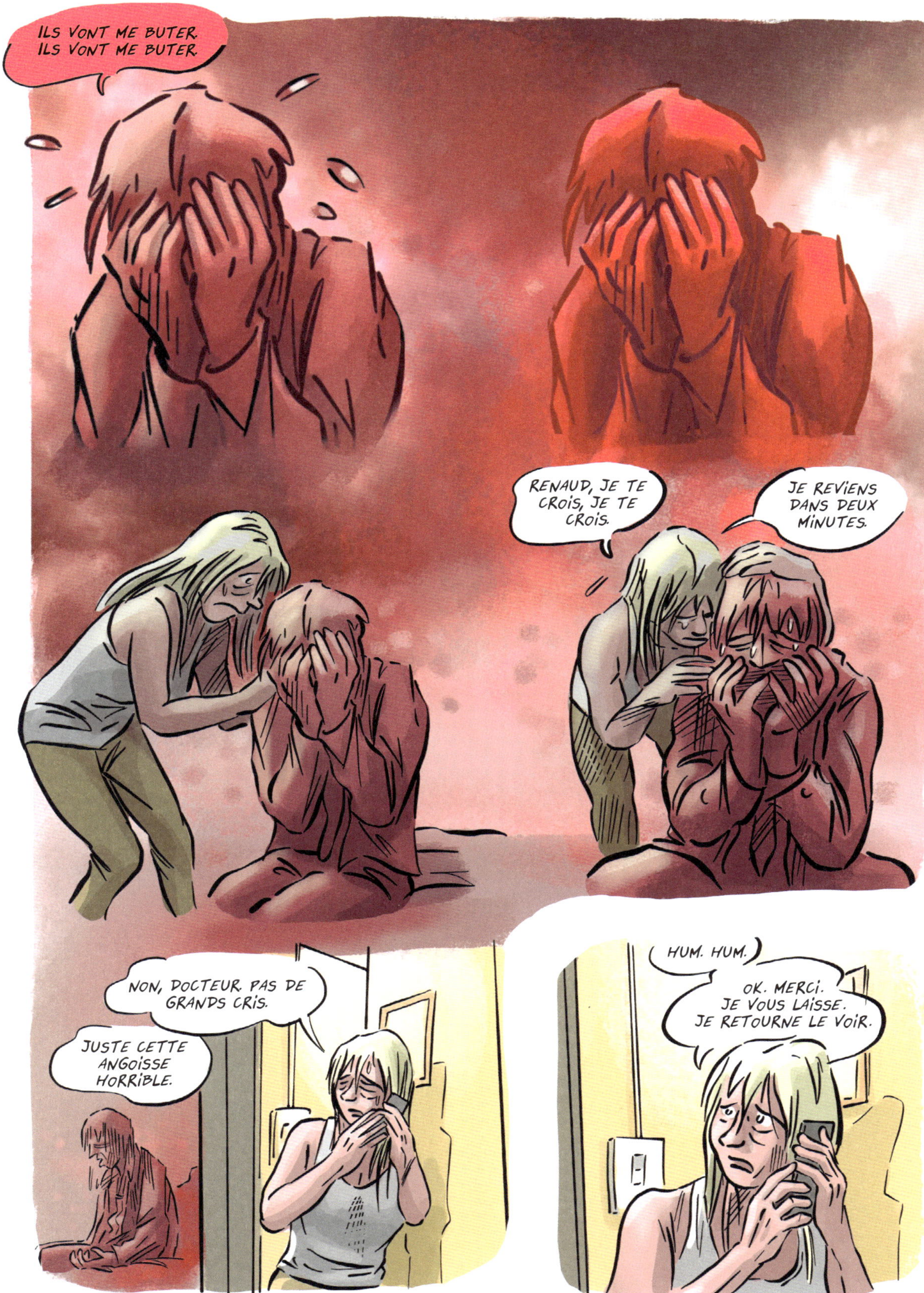
ILS VONT ME BUTER.
ILS VONT ME BUTER.
RENAUD, JE TE CROIS, JE TE CROIS.
JE REVIENS DANS DEUX MINUTES.
NON, DOCTEUR. PAS DE GRANDS CRIS.
JUSTE CETTE ANGOISSE HORRIBLE.
HUM. HUM.
OK. MERCI. JE VOUS LAISSE. JE RETOURNE LE VOIR.

NON, RENAUD, PAS ÇA !
PAS ÇA, S'IL TE PLAÎT !
T'INQUIÈTE PAS, ÇA VA ALLER.
IL N'Y A QUE ÇA POUR TENIR. LAISSE-MOI.

LA MUSIQUE CONTINUE, POURTANT...
HELLO, I AM HAPPY EUH TO SING WITH YOU GREAT IRISH MUSICIANS AND I HOPE YOU WILL ENJOY MY ADAPTATIONS FRANÇAISES OF THOSE GREAT IRISH SONGS.
Je maudis toujours les années passées Séparé de mon île lointaine
Oh oui, j'ai bourlingué De pays en pays Traversé les océans déchaînés
L'ALBUM MOLLY MALONE – BALADE IRLANDAISE SORT LE 23 NOVEMBRE 2009.
RENAUD
MOLLY MALONE
BALADE IRLANDAISE
"MOLLY MALONE" EST À LA FOIS LE NOM DE L'HYMNE OFFICIEUX DE LA VILLE DE DUBLIN, EN IRLANDE, ET UN CLIN D'OEIL AU PRÉNOM DE SON FILS, MALONE.
C'EST L'ALBUM LE MOINS VENDU DE MA CARRIÈRE. JE NE VAIS PAS LE CHANTER SUR SCÈNE.
JE NE VEUX PAS INFLIGER AU PUBLIC MA VOIX RUINÉE.

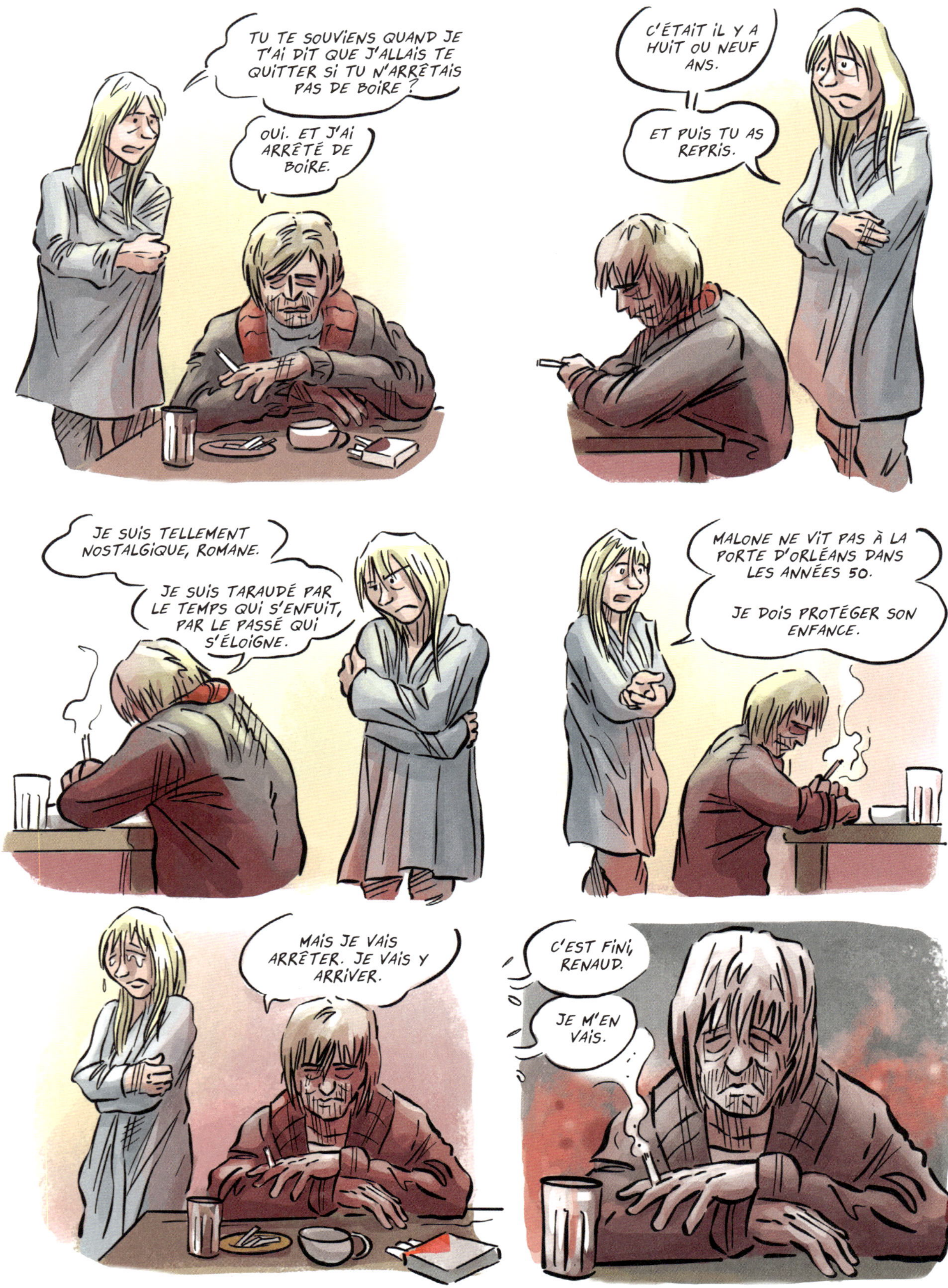
TU TE SOUVIENS QUAND JE T'AI DIT QUE J'ALLAIS TE QUITTER SI TU N'ARRÊTAIS PAS DE BOIRE ?
OUI. ET J'AI ARRÊTÉ DE BOIRE.
C'ÉTAIT IL Y A HUIT OU NEUF ANS.
ET PUIS TU AS REPRIS.
JE SUIS TELLEMENT NOSTALGIQUE, ROMANE.
JE SUIS TARAUDÉ PAR LE TEMPS QUI S'ENFUIT, PAR LE PASSÉ QUI S'ÉLOIGNE.
MALONE NE VIT PAS À LA PORTE D'ORLÉANS DANS LES ANNÉES 50.
JE DOIS PROTÉGER SON ENFANCE.
MAIS JE VAIS ARRÊTER. JE VAIS Y ARRIVER.
C'EST FINI, RENAUD.
JE M'EN VAIS.

FAN ZONE
QUAND T'ES BÉDÉISTE, C'EST PAS TOUS LES JOURS MARRANT NON PLUS...
"BÉDÉISTE", DÉJÀ, QUEL VILAIN MOT !
PFF !
TU DOIS TOUJOURS PRÉPARER DES PROJETS EN AVANCE.
PISTONNÉS D'INTERMITTENTS !
C'EST LA TRAQUE PERMANENTE AUX ÉDITEURS.
J'AI UN PROJET SUR LES GRANDS BANDITS.
NON !
J'AI UN PROJET SUR LE MONDE DU PORNO.
NON !
UN SUPER PROJET SUR L'HISTOIRE POPULAIRE DE LA FRANCE.
DÉJÀ FAIT. NON !
UN PROJET SUR LA CHANSON FRANÇAISE !
ÇA PEUT !
T'AS PAS DIT NON ?
IL FAUDRAIT QUE TU RENCONTRES BERTRAND DICALE ! C'EST UNE RÉFÉRENCE DANS LE DOMAINE.
EN EFFET, BERTRAND EST UN JOURNALISTE DE RADIO ET PRESSE SPÉCIALISÉ DANS LA CHANSON FRANÇAISE, QUI A SON ROND DE SERVIETTE DANS LES GRANDES RÉDACTIONS ET QUI A FAIT DÉJÀ UN PAQUET DE BOUQUINS.
franceinfo
DES CHANSONS
GAINSBOURG
CES CHANSONS QUI FONT L'ACTUALITÉ
LOUIS DE FUNÈS
POUR LES NULS
ELVIS
MAIS JAMAIS DE BD.
TES DESSINS SONT MOCHES MAIS FAUT BIEN DÉMARRER.
C'EST PARTI POUR LA CHANSON FRANÇAISE...
QUEL MERVEILLEUX MÉTIER !!
MAIS L'ÉDITEUR EST UN ANIMAL IMPRÉVISIBLE.
SUJET TROP VASTE.
ALORS C'EST NON !
PFFF ! MÉTIER DE MERDE.

JE ME REMETS SUR LES PROJETS EN COURS.
RELOU LA BD !
ÇA CASSE LE DOS.
ÇA CASSE LES YEUX.
ÇA CASSE LES COUILLES.
C'EST BERTRAND QUI ME RELANCE.
ALORS ON FAIT QUOI ?
HEU... JE SAIS PAS.
RENAUD, ÇA TE DIRAIT ?
ET LÀ ! MIRACLE ! TOUT LE MONDE EST PARTANT !
OK ! ON LE FAIT !
GUY DELCOURT ADORE !
ON SIGNE !
ET C'EST COMME ÇA QUE LE PROJET EST NÉ. BIENVENUE À RENAUDLAND !
Renaud
Renaud
exposition "Renaud" à la Villette.
MON IDOLE DE TOUJOURS !
LE PROJET ULTIME !
APRÈS ÇA JE PEUX MOURIR !
OUI...
MAIS...
ET SI RENAUD N'AIME PAS MON DESSIN MOCHE ?
C'EST UN FIN CONNAISSEUR EN BD !
SA FILLE EST AUTEURE !
ET SI BERTRAND NE VEUT PAS QUE JE PARLE DE MOI ?
APRÈS ÇA JE VAIS MOURIR !
BÉDÉISTE : QUEL MOT ET QUEL MÉTIER DE MERDE !

CHAPITRE 14

“ Toujours vivant rassurez-vous ...”

LE JEUDI 7 JANVIER 2015...
IL ÉTAIT ENVIRON 11H30 DANS LES LOCAUX DE "CHARLIE HEBDO"
"D'APRÈS LES PREMIÈRES INFORMATIONS, LA RÉDACTION DU JOURNAL SATIRIQUE A ÉTÉ DÉCIMÉE."
Tu as vu pour Charlie ?
J'y crois pas
Putain c'est pas possible
Putain c'est pas possible
A la radio, ils disent Cabu Wolinski Charb
A la radio, ils disent Cabu Wolinski Charb Tignous
Dis-moi que ce n'est pas vrai
Dis-moi que ce n'est pas vrai
LA CHASSE À L'HOMME A RAPIDEMENT QUITTÉ PARIS.
" CHARLIE HEBDO " EST L'HÉRITIER D'" HARA-KIRI ", JOURNAL SATIRIQUE PLUSIEURS FOIS CENSURÉ ET INTERDIT, NOTAMMENT POUR UNE "UNE" HISTORIQUE DE SA VERSION HEBDOMADAIRE EN 1969, À LA MORT DU GÉNÉRAL DE GAULLE.
bête et méchant
L'HEBDO hara-kiri
BAL TRAGIQUE A COLOMBEY — 1 MORT
EN 1970 LA MÊME ÉQUIPE CRÉE " CHARLIE HEBDO ", JOURNAL INSOLENT, POLITIQUE, ANTICLÉRICAL, FURIEUSEMENT DRÔLE.
charlie hebdo
IL N'Y A PAS DE CENSURE EN FRANCE
LIBERTÉ DE LA PRESSE ? VAUT MIEUX ENTENDRE ÇA QUE D'ÊTRE SOURD !
LA GESTION DU JOURNAL PAR LE PROFESSEUR CHORON...
... ET L'ARRIVÉE DE LA GAUCHE AU POUVOIR AMÈNENT " CHARLIE HEBDO " À CESSER DE PARAÎTRE FIN 1981...

LES PLUMES DE " CHARLIE HEBDO " SE DISPERSENT DANS LA PRESSE PLUS OU MOINS À GAUCHE...
ZERO
LÉOTARD
l'Humanité
le nouvel Observateur
ET CERTAINS COMME CABU, GÉBÉ ET PHILIPPE VAL PARTICIPENT EN 1991 À LA CRÉATION D'UN NOUVEAU JOURNAL SATIRIQUE, " LA GROSSE BERTHA ".
Libération
LA GROSSE BERTHA
MITTERRAND ABAT SON JOKER
Le Canard enchaîné
L'IDIOT INTERNATIONAL
Le Top 40 des zéro-positifs
ACADEMIE DES MINA
MAIS CE N'EST PAS UNE RÉUSSITE COMPLÈTE ET, AU PRINTEMPS 1992...
NOUS NE SOMMES PLUS LIBRES À " LA GROSSE BERTHA ".
CRÉONS UN NOUVEAU JOURNAL.
IL FAUT RETROUVER L'ESPRIT DE " CHARLIE HEBDO ".
JUSTEMENT, ON POURRAIT L'APPELER " CHARLIE HEBDO ". LE TITRE EST LIBRE.
ON EST TROIS ANCIENS DE " LA GROSSE BERTHA ".
NOTRE ARGENT PERSONNEL NE NOUS SUFFIRA PAS À FAIRE SÉRIEUSEMENT UN JOURNAL TOUT EN RESTANT INDÉPENDANTS.
ALORS, J'EN SUIS LES GARS.
TU NE VAS PAS SIGNER QU'UN CHÈQUE, ALORS.
TU VAS AUSSI SIGNER UNE CHRONIQUE.

RENAUD DEVIENT ALORS CHRONIQUEUR DANS " CHARLIE HEBDO ".
CHAQUE SEMAINE, IL RÉAGIT À L'AIR DU TEMPS, À L'ACTUALITÉ POLITIQUE ET CULTURELLE...
CHARLIE HEBDO
URBA, CHÔMAGE, HÉMOPHILES, SUPERPHENIX
ET "CHARLIE HEBDO" QUI REVIENT !
ADIEU « LA GROSSE »...
... ET AUSSI AUX ÉVÉNEMENTS DE SA PROPRE ACTUALITÉ, COMME SES TOURNÉES...
RENAUD
OLYMPIA
9 AU 15 DÉCEMBRE 95
RENAUD
À LA MUTUALITÉ
... OU SON EXPÉRIENCE D'ACTEUR DANS GERMINAL.
APRÈS AVOIR ÉTÉ CHRONIQUEUR DE JUILLET 1992 À DÉCEMBRE 1993 PUIS DE JANVIER 1995 À JUILLET 1996...
RENAUD BILLE EN TÊTE
CHRONIQUE MONTRÉALAISE
RÉCHAL, VOILÀ !
... IL REVEND SA PART DU CAPITAL DE " CHARLIE HEBDO " MAIS RESTE FIDÈLE AU JOURNAL.
Chroniques de Renaud
parues dans Charlie Hebdo

LE 7 JANVIER, LES TERRORISTES ONT TUÉ DES GRANDS FRÈRES QUI ONT AIDÉ RENAUD À GRANDIR, COMME CABU ET GEORGES WOLINSKI, PLUMES FONDATRICES DE " L'ENRAGÉ " EN MAI 68..
L'enragé
WOLINSKI
ELLES NE PENSENT QU'À ÇA!
Cabu
L'INTÉGRALE
BEAUF
... ET DES PETITS FRÈRES COMME CHARB, ENTRÉ CHEZ " CHARLIE HEBDO " EN 1992 ET DEVENU SON RÉDACTEUR EN CHEF, OU TIGNOUS, DESSINATEUR COMPLICE ET AMI...
TIGNOUS
LA CORSE PREND LE MAQUIS
CHARB.
LAÏCITÉ
... ET "ONCLE BERNARD" MARRIS, VULGARISATEUR ENGAGÉ DE L'ÉCONOMIE ET CONSEILLER RASSURANT DE RENAUD LORS DE SON ENTRÉE AU CAPITAL DU JOURNAL, ET LE DESSINATEUR HONORÉ, ET LA PSYCHANALYSTE ELSA CAYAT...
HONORÉ
ELSA CAYAT
UN HOMME + UNE FEMME = QUOI ?

... ET LES POLICIERS, ET LE CORRECTEUR MUSTAPHA OURRAD, ET LE VOYAGEUR MICHEL RENAUD DE CLERMONT-FERRAND, ET UN TECHNICIEN DE LA SODEXO, ET LES CLIENTS DE L'HYPER CASHER, ET LES ONZE BLESSÉS...
LA FRANCE, SAISIE D'EFFROI, DE DOULEUR ET DE COLÈRE, DESCEND DANS LES RUES AVEC LA CERTITUDE QUE LA LIBERTÉ TRIOMPHERA...
JE SUIS CHARLIE
POLICE

APRÈS LES MARCHES DU 10 JANVIER, RENAUD RETOURNE CUVER SON CHAGRIN À L'ISLE-SUR-LA-SORGUE...
... DANS SA GRANDE MAISON OÙ IL VIT DEPUIS SA SÉPARATION D'AVEC ROMANE.
VEILLÉ PAR SES SECRÉTAIRES-MAJORDOMES-GARDES DU CORPS, IL S'ISOLE, SE NOURRIT À PEINE...
RENAUD !
MANGE !
... PASSE SES JOURNÉES PROSTRÉ, SANS AUCUNE ENVIE D'ÉCRIRE OU DE COMPOSER...
... VIVANT DE SILENCE, DE TABAC, D'ALCOOL ET DE NOSTALGIE...
... TOUJOURS PERSUADÉ QUE DES CUBAINS VONT LE TUER INCESSAMMENT.

RENAUD NE SORT DE CHEZ LUI QUE POUR ALLER AU RESTAURANT AU BORD DE LA RIVIÈRE, LE BOUCHON...
LE QUAI DU BOUCHON
LE BOUCHON
... OÙ IL USE PLUS LES VERRES QUE LES ASSIETTES SOUS LE REGARD DE FANS DÉSOLÉS...
... ET DE PAPARAZZIS AVIDES D'UNE IMAGE CHOC...
... TANDIS QUE LES AMIS LE PRESSENT DE SE REMETTRE AU TRAVAIL...
ALLEZ, RENAUD, ON FAIT LE MÊME COUP QU'AVEC BOUCAN D'ENFER : TU ÉCRIS DES TEXTES ET JE TE LES METS EN MUSIQUE.
C'EST GENTIL, TITI, MAIS JE N'AI PLUS ENVIE.
... ET QUE DES CONFRÈRES VIENNENT RÉGULIÈREMENT VOIR RENAUD AVEC LA MÊME DEMANDE...
S'IL TE PLAÎT, RENAUD...
... EST-CE QUE TU PEUX ME FAIRE...
... UNE CHANSON POUR MON PROCHAIN ALBUM ?

OR, UN JOUR DU PRINTEMPS 2015, GRAND CORPS MALADE SE PRÉSENTE À SON TOUR À L'ISLE-SUR-LA-SORGUE...
S'IL TE PLAÎT, RENAUD, EST-CE QUE TU PEUX ME FAIRE UNE CHANSON POUR MON PROCHAIN ALBUM ?
JE DEMANDE À DES AUTEURS DE M'ÉCRIRE DES TEXTES QUI CONTIENNENT TOUS LA PHRASE "IL NOUS RESTERA ÇA".
IL Y A CHARLES AZNAVOUR, RICHARD BOHRINGER, HUBERT-FÉLIX THIÉFAINE, JEANNE CHERHAL, ERIK ORSENNA...
C'EST GENTIL MAIS MOI JE N'ÉCRIS PLUS. JE N'AI PLUS RIEN À DIRE.
J'AI FAIT DES CHANSONS SUR LOLITA, À CHAQUE ÂGE DE SA VIE.
MAIS POUR MALONE, JE SUIS SEC. JE N'ÉCRIS RIEN MÊME SUR CE QUI ARRIVE D'EXTRAORDINAIRE...
... COMME LA BATTERIE QUE JE LUI AI OFFERTE.
MAIS ÇA FERAIT UN SUPER TEXTE !
TU POURRAIS COMMENCER PAR...
... "C'ÉTAIT TON ANNIVERSAIRE TU VOULAIS UNE BATTERIE"...

BON BEN, RENAUD, JE VAIS Y ALLER.
À BIENTÔT.
BLOODI, APPORTE-MOI UN STYLO, STEUPLAÎT.
C'était ton anniversaire
Tu voulais une batterie
Tu voulais faire du bruit
Pour bousculer la nuit
Et le ronron des hommes
Tu voulais faire du bruit
Comme j'en ai fait parfois
Ça m'a bouffé la vie
Fais gaffe
à tes p'tits doigts

J'aimerais bien qu'un de ces jours
Mon enfant, mon garçon
Tes cymbales, tes tambours
Viennent rythmer mes chansons
ELLE EST SUPER CETTE CHANSON.
C'EST LA PREMIÈRE, BLOODI.
ÇA REVIENT. JE FAIS UN ALBUM.
ET RENAUD RECOMMENCE À ÉCRIRE...
Les Mots
... Y COMPRIS LE JOUR DE SON ANNIVERSAIRE, DE PASSAGE À LA CLOSERIE DES LILAS...
Jamais pu blairer, jamais pu saquer les anniversaires
C'est ma vie qui s'enfuit
Perrier
Perrier
... OU EN SE SOUVENANT DES MARCHES RÉPUBLICAINES DU 11 JANVIER 2015 APRÈS LES ATTENTATS.
Nous étions des millions
Entre République et Nation
Solidaires avec ceux de Charlie
JE SUIS CHARLIE
JE SUIS CHARLIE
JE SUIS CHARLIE
Et j'ai vu, et j'ai vu
Le long du trottoir un flic
Qui avait l'air sympathique
Alors
je l'ai approché
Et j'ai embrassé
un flic

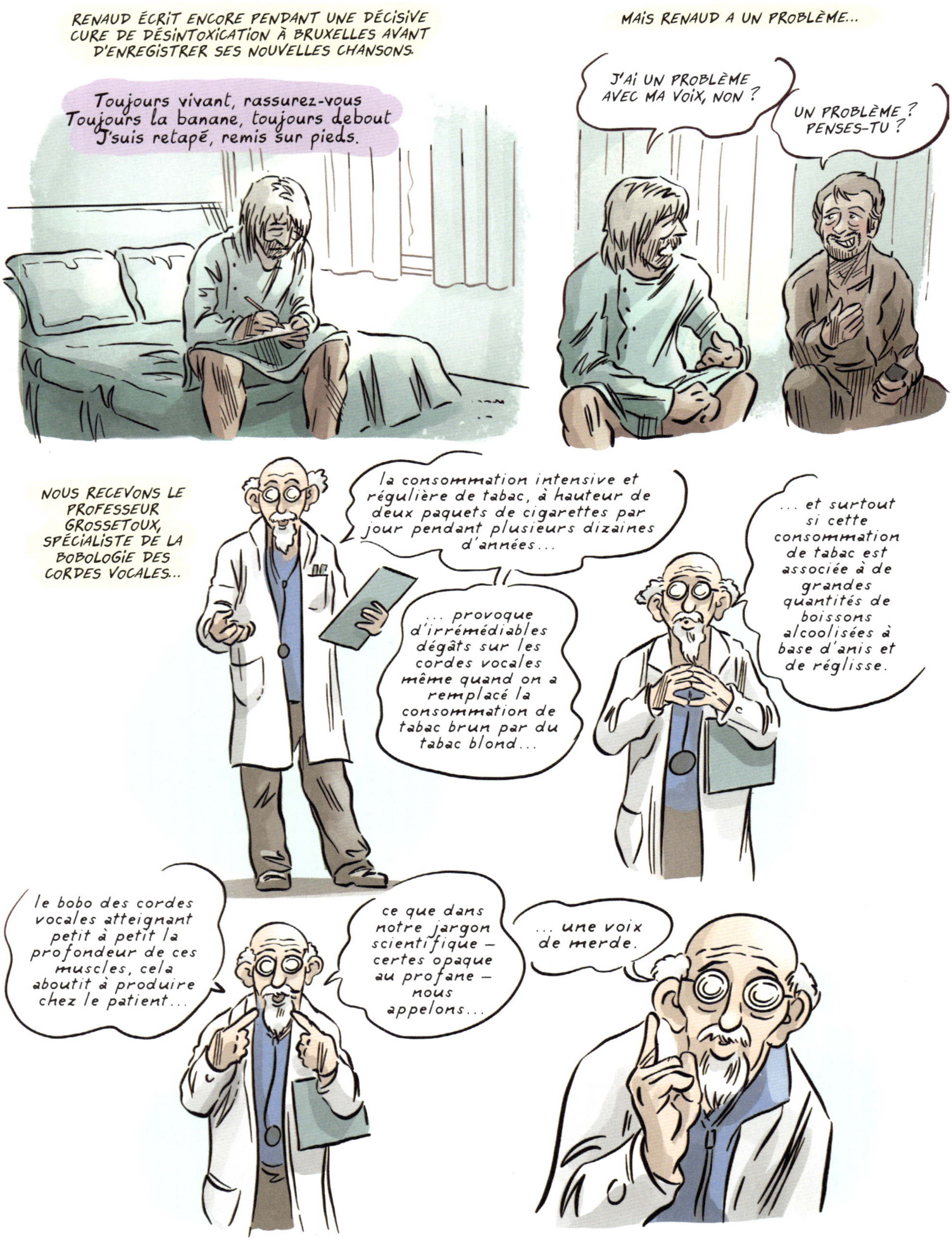
RENAUD ÉCRIT ENCORE PENDANT UNE DÉCISIVE CURE DE DÉSINTOXICATION À BRUXELLES AVANT D'ENREGISTRER SES NOUVELLES CHANSONS.
Toujours vivant, rassurez-vous
Toujours la banane, toujours debout
J'suis retapé, remis sur pieds.
MAIS RENAUD A UN PROBLÈME...
J'AI UN PROBLÈME AVEC MA VOIX, NON ?
UN PROBLÈME ? PENSES-TU ?
NOUS RECEVONS LE PROFESSEUR GROSSETOUX, SPÉCIALISTE DE LA BOBOLOGIE DES CORDES VOCALES...
la consommation intensive et régulière de tabac, à hauteur de deux paquets de cigarettes par jour pendant plusieurs dizaines d'années...
... provoque d'irrémédiables dégâts sur les cordes vocales même quand on a remplacé la consommation de tabac brun par du tabac blond...
... et surtout si cette consommation de tabac est associée à de grandes quantités de boissons alcoolisées à base d'anis et de réglisse.
le bobo des cordes vocales atteignant petit à petit la profondeur de ces muscles, cela aboutit à produire chez le patient...
ce que dans notre jargon scientifique – certes opaque au profane – nous appelons...
... une voix de merde.

UNE VOIX DE QUOI ? UNE VOIX DE QUOI ?
NON MAIS L'AUTRE, IL VA MANGER UNE MANDALE. TU VAS VOIR SI J'AI UNE VOIX DE MERDE.
Toutes ces rumeurs sur ma santé On va pas en faire une affaire
Et que celui qui n'a jamais titubé Me jette la première bière
DIS DONC, J'AI QUAND MÊME UNE VOIX DE MERDE.
L'ALBUM SORT EN AVRIL 2016. IL EST SUIVI D'UNE TOURNÉE DE 130 DATES TRIOMPHALES À PARTIR D'OCTOBRE.
C'EST SI BON DE VOUS RETROUVER. VOUS M'AVEZ ENVOYÉ DES MILLIERS DE LETTRES CHEZ MOI POUR ME DEMANDER DE REVENIR.
Mais je n'vous ai jamais oubliés Et pour ceux à qui j'ai manqué Vous les fidèles, je reviens vous dire merci
ET C'EST TELLEMENT BON DE VOIR QUE VOUS CONTINUEZ DE M'AIMER MALGRÉ MA VOIX DE MERDE.

L'AMOUR DU PUBLIC N'ARRIVE PAS TOUJOURS À EMPÊCHER LA NOSTALGIE DE L'ENFANCE PERDUE, LES REMORDS DES OCCASIONS GÂCHÉES, LA CULPABILITÉ ENVERS LES ÉPOUSES PARTIES ET LES ENFANTS AIMÉS DE TROP LOIN.
MAIS RENAUD, APRÈS TOUT L'AMOUR DE CETTE TOURNÉE, COMMENT PEUX-TU DÉPRIMER ?
L'AMOUR N'EMPÊCHE PAS L'ENFANCE DE MOURIR.
IL FAUT QUE TU MANGES.
ON VA AU BOUCHON.
JE N'AI PAS FAIM.
MAIS UN PASTIS, ÇA SUFFIT PAS.
J'AI PAS FAIM.

JE PEUX VOUS OFFRIR QUELQUE CHOSE ?
UN PASTIS.
J'AI PAS FAIM.
JE VEUX BIEN MAIS CE N'EST PAS CE QUE JE VOUDRAIS VOUS OFFRIR.
JE SAIS QUE ÇA VOUS FAIT TROP DE MAL.
ON A BESOIN DE VOUS. ON A BESOIN QUE VOUS RESTIEZ DEBOUT.
SI VOUS VOUS LAISSEZ GLISSER, COMMENT ON VA TENIR, NOUS ?
VOS CHANSONS NOUS ONT AIDÉS À GRANDIR.
ON VOUDRAIT QUE NOS ENFANTS GRANDISSENT AUSSI EN ÉCOUTANT VOS CHANSONS, ET QUE VOUS RESTIEZ LÀ POUR EUX AUSSI.

UNE FOIS DE PLUS, LE PHÉNIX RENAÎT DE SES CENDRES ANISÉES.
ALLÔ, ROMANE, JE COMMENCE UN ALBUM POUR ENFANTS. TU PEUX ME FAIRE DES MUSIQUES ?
ALLÔ RENAN, JE NE T'APPELLE PAS PARCE QUE TU AS ÉPOUSÉ LOLITA MAIS PARCE TU ES UN DES PLUS BEAUX TALENTS D'AUJOURD'HUI.
TU PEUX ME FAIRE DES MUSIQUES ?
THÉRAPIE, DÉRIVATIF, VIEUX RÊVE INASSOUVI, L'ALBUM LES MÔMES ET LES ENFANTS D'ABORD, AVEC DES CHANSONS COMPOSÉES PAR ROMANE SERDA ET RENAN LUCE...
Renaud
les mômes et les enfants d'abord
... ET DANS UN UNIVERS GRAPHIQUE CONÇU PAR LE DESSINATEUR ZEP...
J'aime tous les animals
Mais le pire, le plus chacal
C'est l'homme et sa fiancée
Qui torturent et qui massacrent
De bien jolis taureaux
... REVIENT EN 2019 SUR QUELQUES-UNES DES OBSESSIONS INTIMES DE RENAUD...
J'connais un chanteur Qu'a paumé dix ans de sa vie Tout ça à cause du pastis.
J'aime pas qu'on m'aime,
dans ces cas-là je pars
Paraît que je suis un misanthrope
J'aime rien, j'aime rien ni personne
place de ma trot

FAN ZONE
À L'ISLE-SUR-LA-SORGUE DANS LE VAUCLUSE, SE TROUVE LE TERRIER DU RENARD.
RIEN QUE D'Y ÊTRE, J'EN AI DES PAPILLONS DANS LE VENTRE.
C'EST LÀ QUE JE RETROUVE PIERROT, UN DE SES DEUX ''ASSISTANTS''.
LE QUAI DU BOUCHON
LE BOUCHON
C'EST ICI-MÊME QUE JE L'AI RENCONTRÉ LA PREMIÈRE FOIS.
''LE BOUCHON'', C'EST SA CANTINE.
SES FANS LE SAVENT ET VIENNENT PARFOIS DE LOIN POUR LE SALUER.
HIER, C'ÉTAIT LA PREMIÈRE DE SA NOUVELLE TOURNÉE À AVIGNON. ÇA S'EST BIEN PASSÉ. IL EST CONTENT.
PIERROT A LA QUARANTAINE, UNE COPINE ET TROIS ENFANTS.
MA PETITE DERNIÈRE M'A ÉTÉ ANNONCÉE LORS D'UN JOUR DE PREMIÈRE, COMME ÇA.
MAIS LÀ, PAS DE SCOOP UTÉRIN !
UNE SEMAINE SUR DEUX, IL VIENT DE MOULINS (ALLIER) ET PARCOURT LES 400 KM POUR REJOINDRE RENAUD.
MA NANA GARDE NOS TROIS GOSSES...
... ET MOI J'EN GARDE UN GRAND.

PIERROT EST FACTEUR DANS LA VIE ''NORMALE''.
C'ÉTAIT ÇA OU BOUCHER.
HÉRÉDITÉ OBLIGE.
PETIT, IL ÉCOUTAIT THIÉFAINE, FERRAT, LAVILLIERS...
MAIS C'ÉTAIT DÉJÀ MOI TON PRÉFÉRÉ.
VOUI !
APRÈS UNE PREMIÈRE RENCONTRE, RENAUD L'INVITE CHEZ LUI.
REVIENS QUAND TU VEUX.
PIERROT NE SE L'EST PAS FAIT RÉPÉTER.
ROMANE EST PARTIE.
JE NE FERAI PLUS RIEN.
MANGE !
ARRÊTE DE FUMER !
RENAUD A UN ASSISTANT, QUI DOIT PARTIR.
REMPLACE-LE.
RESTE AVEC MOI.
ME JETTE PAS OU JETTE-TOI AVEC MOI.
AVEC BLOODI, VIEILLE CONNAISSANCE DE RENAUD, IL RESTE TENIR COMPAGNIE À L'ARTISTE.
EN GARDE ALTERNÉE.
ET EN CDI.

BLOODI ET PIERROT SONT À LA FOIS :
SECRÉTAIRES
CUISINIERS
INFIRMIERS
GARDES DU CORPS
ATTACHÉS DE PRESSE
POTES
... ET COMPAGNONS D'ENNUI.
C'EST LA MORT CE QU'ON S'ENNUIE.
C'EST SANS VOUS QUE JE SERAIS MORT.
RENAUD NE FAIT PAS GRAND-CHOSE. IL N'A PLUS D'IDÉAUX : SON COMBAT PERSONNEL A OCCULTÉ SON COMBAT GLOBAL.
PIERROT ET BLOODI ONT PARTAGÉ SES PIRES MOMENTS...
... ET LES MEILLEURS.
IL Y A DES FANS QUI GAGNENT 24 HEURES AVEC LEUR IDOLE...
... MOI, J'AI GAGNÉ 10 ANS AVEC LA MIENNE.
VEINARD !
PIERROT RETROUVE SON AUTRE BOULOT À CHAQUE FIN DE SEMAINE.
SAUF QUE...
... QUAND TU QUITTES LA POSTE, TU ARRÊTES D'Y PENSER...
CE N'EST PAS LE CAS AVEC RENAUD.

PIERROT ET BLOODI ACCOMPAGNENT RENAUD PARTOUT...
DANS LA PICOLE AVANT...
... DANS LA SOBRIÉTÉ MAINTENANT.
... ILS LE PROTÈGENT.
ALORS, CES COMMENTAIRES SUR "CORONA SONG" ?
HEU... PAS GRAND-CHOSE !
ILS RAMENT AVEC L'AMI JEAN-PAUL ROUVE...
GRMMBLL !
... PASSENT LES FÊTES DE FIN D'ANNÉE AVEC LA FAMILLE DE RENAUD...
DOMINO
RENAUD
BLOODI
PIERROT
LOLA
RENAN
... REÇOIVENT DES CADEAUX...
P...POUR MOI ?
TIENS ! POUR APPROCHER L'IDOLE !
... ET ADAPTENT AU MIEUX LEUR COMPORTEMENT AUX INTERLOCUTEURS ET AUX SITUATIONS.
MANGE !
NE FUME PAS !
HÉ !
PAS DEVANT LES JOURNALEUX !

ET L'APRÈS-RENAUD, TU Y PENSES ?
JE REDEVIENDRAI FACTEUR À PLEIN TEMPS...
... SÛREMENT.
AH ! VOILÀ RENAUD !
HEIN ? C'ÉTAIT PRÉVU, ÇA ?
ET QUI CONDUIT !
T'AS LA TOTALE! DOMINIQUE, LOLITA ... ET CERISE, SA COPINE DEPUIS PEU !
AVOIR L'AIR NORMAL AVOIR L'AIR NORMAL...
C'EST LE DESSINATEUR. IL T'ADORE !
SALUT !
(BIENVEILLANCE)
SALUT, RENAUD !
MAIS QU'IL EST BEAU !
(FRAGILITÉ)
ON NE DISCUTE PAS VRAIMENT AVEC RENAUD : ON MONOLOGUE ET IL RÉAGIT.
TU POURRAS RELIRE LA VERSION FINALE AVANT IMPRESSION.
PAS DE CENSURE !
(LA CLASSE !)
MARCHE À
RENAUD LIT LES COMMENTAIRES SUR SON CONCERT DE LA VEILLE, MAIS IL ENTEND TOUT.
JE VOUS AI BEAUCOUP DESSINÉE.
JE N'AI PLUS VU DE PHOTOS DE MOI AVANT DEPUIS LONG-TEMPS.
(ADO-RABLE)
LES ÉDITIONS DELCOURT ONT UNE HISTOIRE PARTICULIÈRE AVEC NOTRE FAMILLE.
(PRO)
L'OMBRE
SUR LE CHEMIN DU RETOUR, JE CROISE UNE PEINTURE DE RENAUD.
PUTAIN JE NE SUIS PAS PRÈS DE DÉ-FANISER.
pierrot mon gosse mon frangin mon poto

LE MARDI 17 MARS 2020 À 12 HEURES, LA FRANCE ENTRE DANS LE CONFINEMENT...
62
... UNE EXPÉRIENCE UNIQUE DANS SON HISTOIRE...
... QUI INTERROMPT TOUTES LES ACTIVITÉS POUVANT FAVORISER LA PROPAGATION DE LA COVID 19 ...
OLYMPIA
MUSIC - HALL
L'OLYMPIA
LARA FABIAN
WWW.OLYMPIAHALL
... Y COMPRIS TOUT LE SECTEUR DU SPECTACLE.
OLYMPIA
MUSIC - HALL
L'OLYMPIA
LE CREDIT MUTUEL VOUS DONNENT LE LA
POUR REVENIR PLUS VITE
RESTEZ CHEZ VOUS
WWW.OLYMPIAHALL.COM
MAIS, À L'ISLE-SUR-LA-SORGUE...
... LA VIE NE CHANGE PAS BEAUCOUP.

COMME TOUS LES FRANÇAIS, RENAUD EST BLOQUÉ CHEZ LUI.
FAIS GAFFE, HEIN, TU ES PRUDENTE ?
JE NE SUIS PAS SÛR QUE ÇA N'AURAIT PAS PU ÊTRE GÉRÉ AUTREMENT.
SI JE M'EMMERDE ? PAS PLUS QUE D'HABITUDE.
ENFIN SI.
COMME TOUS LES FRANÇAIS, IL EN A VITE ASSEZ...
CORONAVIRUS CONNARD DE VIRUS
LE
DU BOUCHON
FERMÉ
Coronavirus
Connard de virus
J'peux plus boire
ma flotte, peinard
Avec mes potes, le désespoir
SA CHANSON " CORONA SONG " SORT EN JUILLET, AVEC UN CLIP TOURNÉ DANS LE JARDIN D'UNE AMIE.
Même pas un petit restaurant Fermé pour cause de confinement
Les caissières d'Intermarché En ont ras-l'bol, et j'les comprends
Coronavirus Connard de virus

TIRONS UN VOILE PUDIQUE SUR LES RÉACTIONS DE LA PRESSE.
INSPIRATION TRÈS PAUVRE.
HUMOUR SINISTRE.
MÊME PAS DRÔLE.
OH LÀ LÀ.
POSONS UN BANDANA PUDIQUE SUR LES RÉACTIONS DES FANS.
HORRIBLE.
IL VA PAS EN FAIRE UN ALBUM ?
IL A PAS L'AIR EN FORME.
OH LÀ LÀ !
Mais une bonne question se pose : qu'a donc la voix de Renaud ?
EPIGLOTTE
VESTIBULE
TRACHÉE
FENTE DE LA GLOTTE
PLI VOCAL
En effet, nous constatons qu'il se passe quelque chose, au-delà de ce que nous appelons – dans notre jargon scientifique – une voix de merde.
Il a aussi un problème d'articulation, d'élocution, de débit. Cela dépasse la seule bobologie des cordes vocales.
JE SUIS
TRÈS INQUIET
QUAND
JE VOIS
CE QUI
ARRIVE
AVEC CE
VIRUS
OH LÀ, QU'EST-CE QU'IL A ?
DES APHTES, IL A DES APHTES.
IL A OUBLIÉ CE QU'IL VOULAIT DIRE.
IL VA FAIRE UN AVC DANS LE STUDIO
ÇA VA PRENDRE DES HEURES, D'ENLEVER TOUS LES BLANCS ENTRE LES MOTS

ET PUIS J'AI ENVIE...
... DE REFAIRE UN DISQUE.
DE NOUVELLES CHANSONS ?
NON.
DES CHANSONS ... QUI M'ONT MARQUÉ.
UN HOMMAGE À CES ARTISTES... QUI M'ONT MARQUÉ, GEORGES MOUSTAKI, BOB DYLAN ADAPTÉ PAR HUGUES AUFRAY, BOBY LAPOINTE... JEAN FERRAT...
Avec ma gueule de métèque De juif errant, de pâtre grec
Un grand calme se fera comme un ouragan Le jour où le bateau viendra
T'es plus jolie que jamais Sauf le cœur Ton cœur n'a plus la chaleur Que j'aimais
Ils étaient vingt et cent, ils étaient des milliers Nus et maigres, tremblants, dans ces wagons plombés
... ET ENSUITE DAVID MC NEIL... FRANÇOISE HARDY
... JACQUES HIGELIN...
... MAIS À MA SAUCE... POUR DIRE CE QUE CES CHANSONS ME FONT.
On peut vivre sans richesse Presque sans le sou
Mais vivre sans tendresse On ne le pourrait pas Non, non, non, non

L'ALBUM MÉTÈQUE SORT EN MAI 2022, QUELQUES JOURS AVANT LE 70e ANNIVERSAIRE DE RENAUD...
RENAUD
Métèque
... MARQUÉ PAR UN BEAU SHOW TÉLÉ...
BON ANNIVERSAIRE, RENAUD, DE LA PART DE TRYO !
On choisit ses copains
Mais rar'ment sa famille
Y a un gonze mine de rien
Qu'a marié ma frangine
Il est d'vnu mon beauf
Un beauf à la Cabu
JOYEUX ANNIVERSAIRE
RENAUD
70
... ET DES CADEAUX DE FANS...
... DONT UNE CHEMISE SINGULIÈRE...
... REMISE PAR UNE FAN SINGULIÈRE.
OH MERCI.
MAIS ON SE CONNAÎT DÉJÀ, NON ?
MOI JE TE CONNAIS DEPUIS TOUJOURS.
MAIS MOI ÇA FAIT CINQ OU SIX ANS, NON ?

ILS SE SONT RENCONTRÉS, EN EFFET, SUR LE TOURNAGE DE L'ÉMISSION "MERCI RENAUD" EN 2016...
#merciRENAUD
... UNE ÉMISSION À GRAND SPECTACLE AVEC UNE FOULE DE JEUNES STARS COMME SOPRANO...
Putain c'qu'il est blême, mon HLM
... DES FAMILIERS COMME RENAN LUCE...
Mon amour est parti Et parti pour toujours
... ET DES ARTISTES DE VARIÉTÉS PLUS INATTENDUS COMME KIDS UNITED.
C'est tout p'tit, chez la mère à Titi C'est un peu l'Italie
PENDANT LE LONG TOURNAGE DE L'ÉMISSION, RENAUD DISCUTE AVEC CETTE CRÉATRICE DE VÊTEMENTS...
... QU'IL BAPTISE CERISE À CAUSE DE SES BOUCLES D'OREILLE EN FORME DE FRUITS.

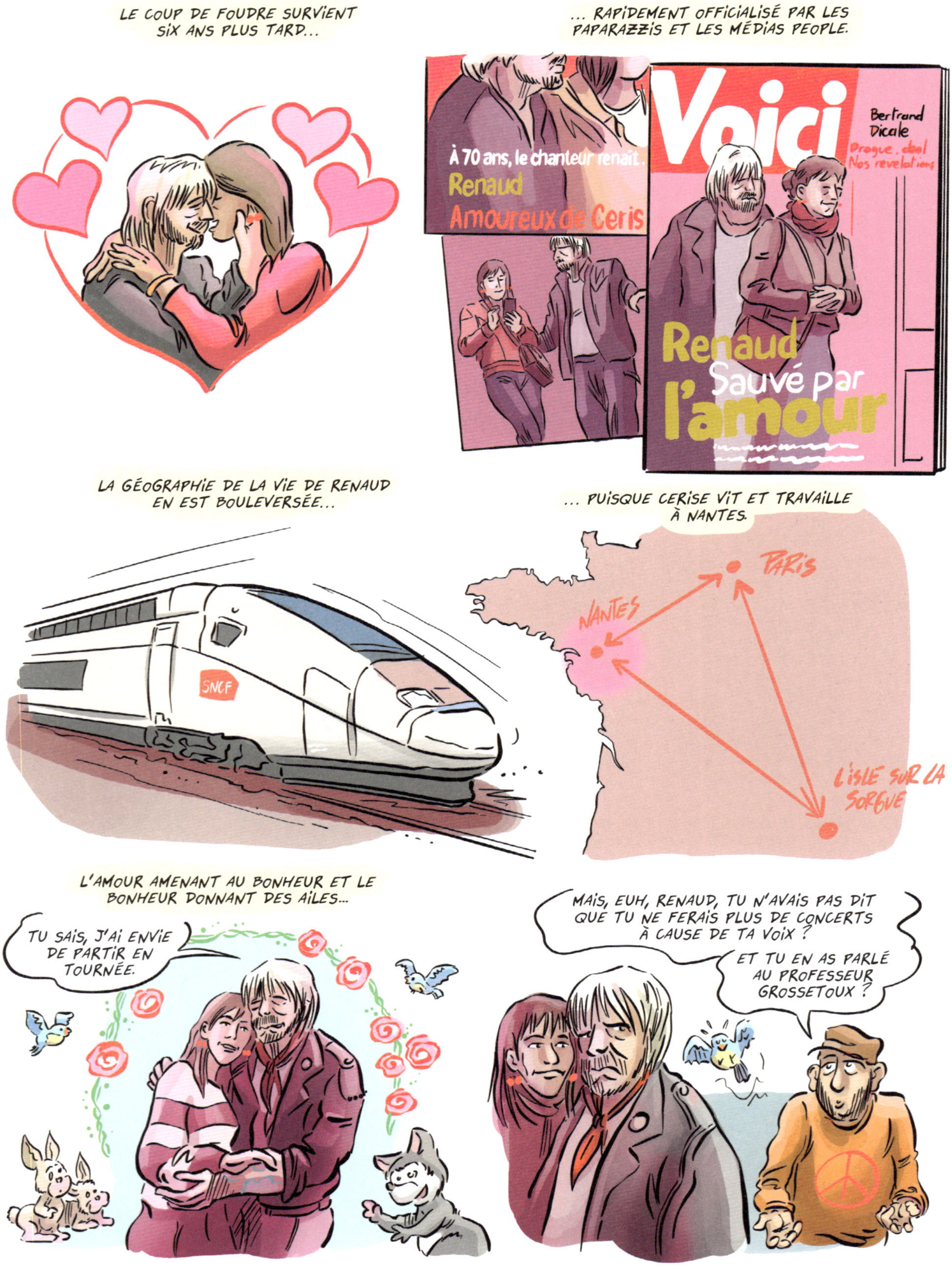
LE COUP DE FOUDRE SURVIENT SIX ANS PLUS TARD…
… RAPIDEMENT OFFICIALISÉ PAR LES PAPARAZZIS ET LES MÉDIAS PEOPLE.
À 70 ans, le chanteur renaît.
Renaud
Amoureux de Ceris
Voici
Bertrand Dicale
Drogue, alcool
Nos revelations
Renaud
Sauvé par l'amour
LA GÉOGRAPHIE DE LA VIE DE RENAUD EN EST BOULEVERSÉE…
SNCF
… PUISQUE CERISE VIT ET TRAVAILLE À NANTES.
PARIS
NANTES
L'ISLE SUR LA SORGUE
L'AMOUR AMENANT AU BONHEUR ET LE BONHEUR DONNANT DES AILES…
TU SAIS, J'AI ENVIE DE PARTIR EN TOURNÉE.
MAIS, EUH, RENAUD, TU N'AVAIS PAS DIT QUE TU NE FERAIS PLUS DE CONCERTS À CAUSE DE TA VOIX ?
ET TU EN AS PARLÉ AU PROFESSEUR GROSSETOUX ?

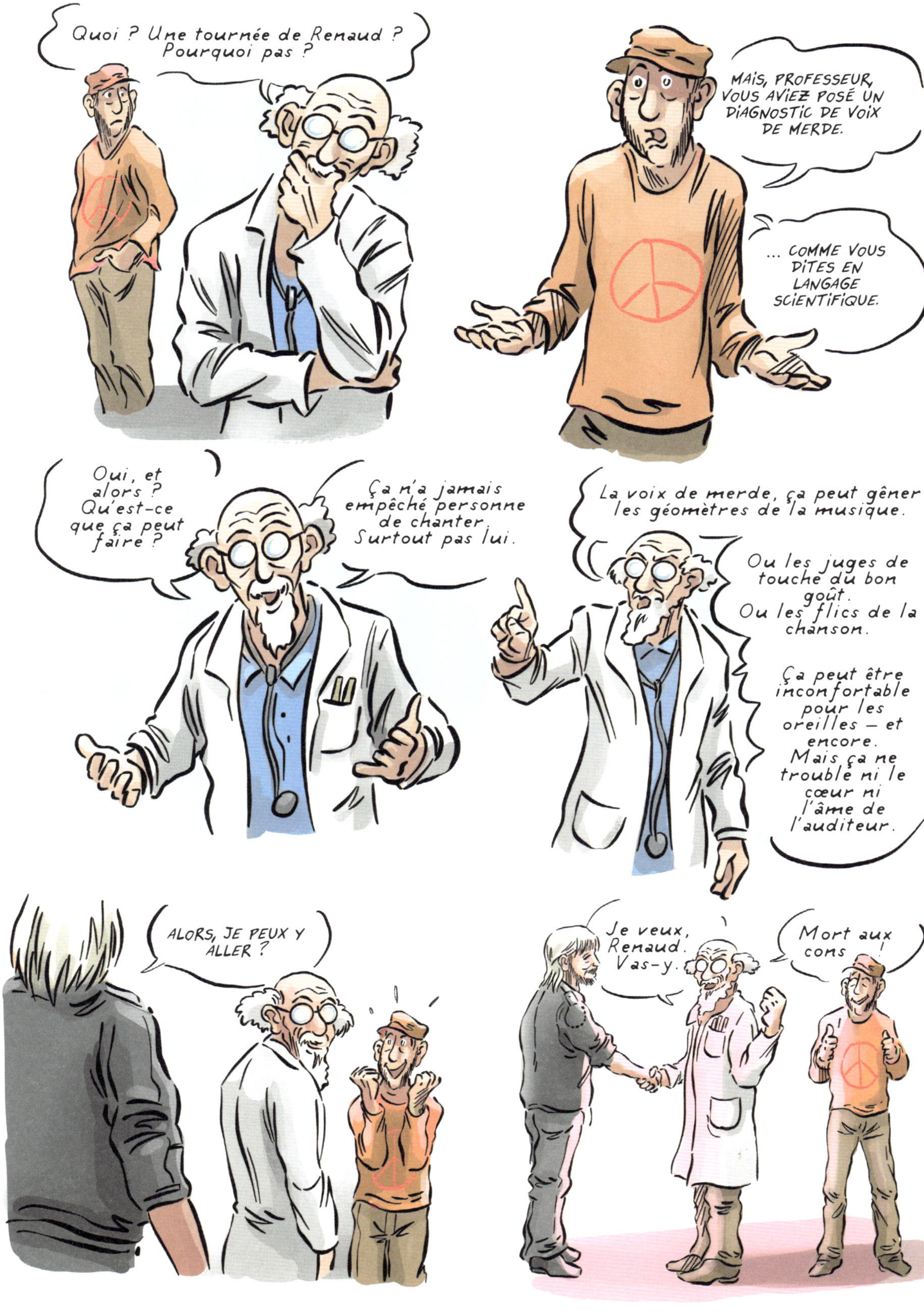
Quoi ? Une tournée de Renaud ? Pourquoi pas ?
MAIS, PROFESSEUR, VOUS AVIEZ POSÉ UN DIAGNOSTIC DE VOIX DE MERDE.
... COMME VOUS DITES EN LANGAGE SCIENTIFIQUE.
Oui, et alors ? Qu'est-ce que ça peut faire ?
Ça n'a jamais empêché personne de chanter. Surtout pas lui.
La voix de merde, ça peut gêner les géomètres de la musique.
Ou les juges de touche du bon goût. Ou les flics de la chanson.
Ça peut être inconfortable pour les oreilles – et encore. Mais ça ne trouble ni le cœur ni l'âme de l'auditeur.
ALORS, JE PEUX Y ALLER ?
Je veux, Renaud. Vas-y.
Mort aux cons !

AFTER SHOW
TS3
FIMALAC

ÇA A ÉTÉ UN CONCERT TRÈS ÉMOUVANT.

EST-CE PAR EMPATHIE POUR CET HOMME QUI LUTTE AVEC SA VOIX, QUI LA HISSE SUR SCÈNE COMME UN GLADIATEUR ?

OU DE LA NOSTALGIE POUR CETTE JEUNESSE FANÉE COMME TOUTES CES TÊTES BLANCHES ?

POUR CE CONCERT J'ÉTAIS ACCOMPAGNÉ DE MON VIEUX POTE MOUSS, SANS HAKIM.

ENSEMBLE NOUS AVONS CHANTÉ " MANU " EN CHŒUR.
Hé Manu rentre chez toi y a des larmes plein ta bière
NOS VOISINES SONT RAVIES, QUI ONT LE CONCERT EN STÉRÉO
RENAUD D'UN CÔTÉ.
RENAUD PAR ZEBDA DE L'AUTRE.
FAIRE CETTE BD ENTR'OUVRE QUELQUES PORTES :
EN TANT QU'INVITÉS, ON VA SALUER L'IDOLE.
SUIVEZ-MOI.
CHACUN À TOUR DE RÔLE CAR LA LOGE EST PETITE.
SES CONCERTS SONT ÉPUISANTS.
ON A UN PEU L'IMPRESSION DE RENDRE VISITE AU DALAÏ-LAMA.
ON S'ATTENDRAIT PRESQUE À RECEVOIR UN BANDANA BÉNI.
BONSOIR, RENAUD !
COMME LES AUTRES FOIS AVEC RENAUD, IL EST PEU BAVARD. LA CONVERSATION SE RÉSUME À DES RÉACTIONS À UN MONOLOGUE.
BLABLABLA ROMAN GRAPHIQUE BLABLA SORTIE OCTOBRE BLABLA
J'AI HÂTE.

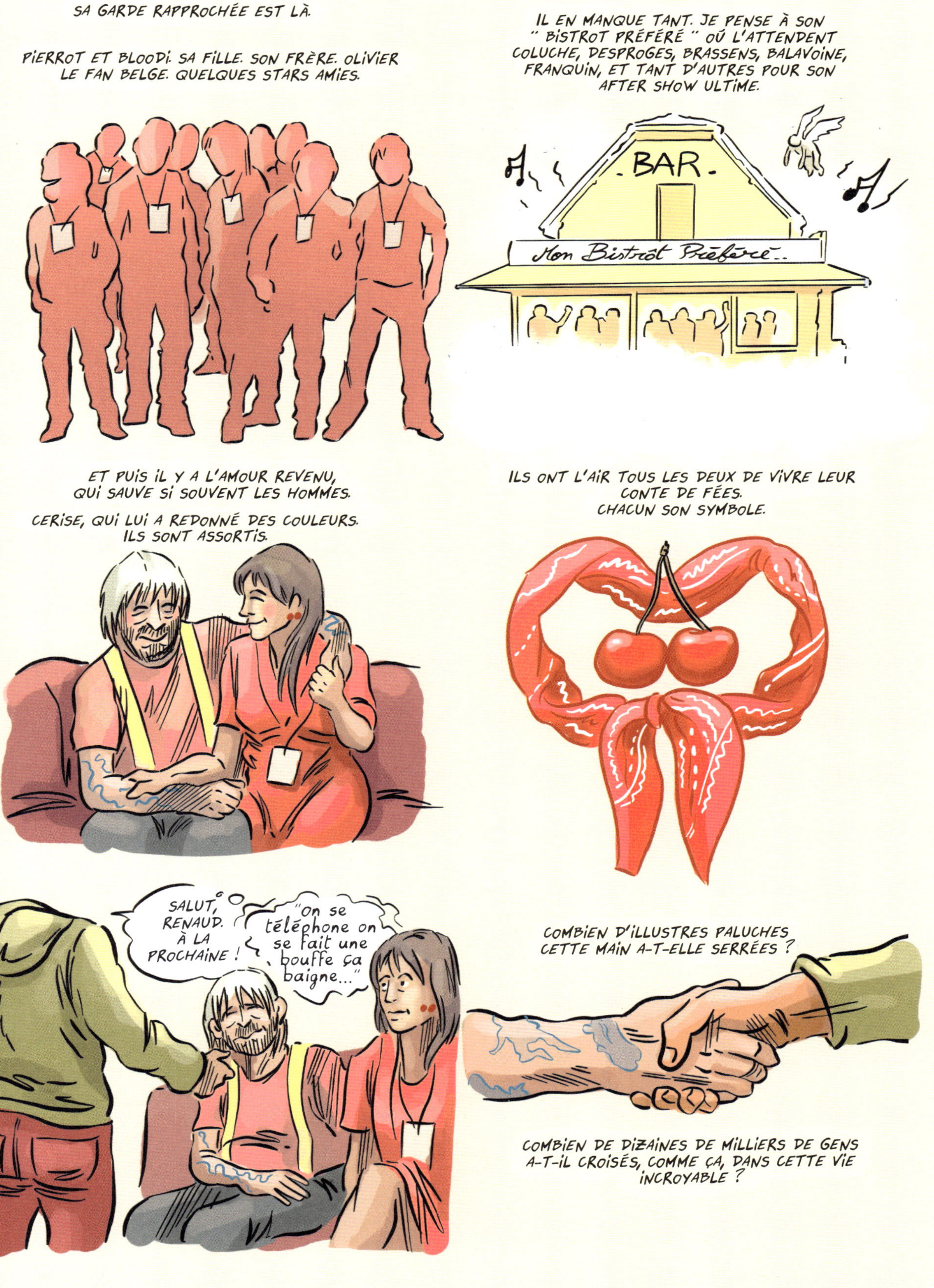
SA GARDE RAPPROCHÉE EST LÀ.
PIERROT ET BLOODI. SA FILLE. SON FRÈRE. OLIVIER LE FAN BELGE. QUELQUES STARS AMIES.
IL EN MANQUE TANT. JE PENSE À SON " BISTROT PRÉFÉRÉ " OÙ L'ATTENDENT COLUCHE, DESPROGES, BRASSENS, BALAVOINE, FRANQUIN, ET TANT D'AUTRES POUR SON AFTER SHOW ULTIME.
BAR
Mon Bistrot Préféré..
ET PUIS IL Y A L'AMOUR REVENU, QUI SAUVE SI SOUVENT LES HOMMES.
CERISE, QUI LUI A REDONNÉ DES COULEURS. ILS SONT ASSORTIS.
ILS ONT L'AIR TOUS LES DEUX DE VIVRE LEUR CONTE DE FÉES. CHACUN SON SYMBOLE.
SALUT, RENAUD. À LA PROCHAINE !
"On se téléphone on se fait une bouffe ça baigne..."
COMBIEN D'ILLUSTRES PALUCHES CETTE MAIN A-T-ELLE SERRÉES ?
COMBIEN DE DIZAINES DE MILLIERS DE GENS A-T-IL CROISÉS, COMME ÇA, DANS CETTE VIE INCROYABLE ?

JE NE SENS PAS L'ENVIE PARTICULIÈRE DE FAIRE PARTIE DE SES PROCHES.
ON VA FINIR LA SOIRÉE CHEZ RÉMI ?
ALLEZ !
FAIRE CETTE BD SUFFIT À APPORTER MA PETITE PIERRE À L'ÉDIFICE.
RENAUD
RENAUD
FAN ZONE
J'AI UN PEU RENDU CE QU'IL NOUS A APPORTÉ. ON EST (PRESQUE) QUITTES.
UNE FOIS DE PLUS, EN QUITTANT LA SALLE, JE ME DEMANDE SI CE N'EST PAS LA DERNIÈRE FOIS QUE JE LE VOIS.
La Scala
RENAUD
dans mes cordes
EN TOURNÉE
QU'IMPORTE. CE N'EST PAS LA DERNIÈRE FOIS QUE JE L'ENTENDS.
ON MET DU RENAUD OU DU ZEBDA ?
RENAUD ! RENAUD !
ET EN LIVE !
RENAUD
Être né sous le signe de l'Hexagoneee...
ET PUIS LÀ, ENFIN, ON COMPREND TOUT CE QU'IL DIT...
LES VOIX S'ENVOLENT, LES MOTS RESTENT.
AH ! AH !

"Écrire et faire vivre les mots
Sur la feuille et son blanc manteau
Ça vous rend libre comme l'oiseau
Ça vous libère de tous les maux

C'est un don du ciel, une grâce
Qui rend la vie moins dégueulasse."

Renaud Séchan.

Extraits musicaux cités :

- Page 20 : *Brave Margot* (auteur-compositeur : Georges Brassens, éditeurs : TUTTI INTERSONG EDITIONS MUSICALES SARL et WARNER CHAPPELL MUSIC FRANCE)
- Page 26 : *Générique de L'Île aux enfants* (auteurs : Christophe Izard et Florent Trevet, compositeur : Roger Pouly, éditeur : ALOUETTES EDITIONS SARL)
- Page 26 : *Le Pénitencier* (auteurs-compositeurs : Hugues Aufray, Vline Buggy, Alan Price, éditeur : Philips)
- Pages 35-36 : *Révolution* (auteur-compositeur : Joël Sternheiner, éditeur : CRAC)
- Page 36 : *Vive la vie* (auteur : Guy Bedos, éditeur : Barclay)
- Pages 38-39, 56 : *Crève salope* (auteur-compositeur : Renaud Séchan, éditeur : MINO MUSIC)
- Pages 69, 80-81, 138, 314 : *Hexagone* (auteur-compositeur : Renaud Séchan, éditeur : MINO MUSIC))
- Page 72 : *La plus bath des javas* (auteur : Georgius, compositeur : Trémolo, éditeur : Méridian)
- Page 74 : *Société tu m'auras pas* (auteur-compositeur : Renaud Séchan, éditeur : MINO MUSIC)
- Page 74 : *Le Gringalet* (auteur-compositeur : Renaud Séchan, éditeur : Polydor)
- Page 74 : *Greta* (auteur-compositeur : Renaud Séchan, éditeur : MINO MUSIC)
- Page 74 : *La Java du p'tit gars* (auteur-compositeur : Jean-Luc Brouillon, éditeur : JM Fuzeau)
- Pages 76, 82 : *Camarade bourgeois* (auteur-compositeur : Renaud Séchan, éditeur : MINO MUSIC)
- Page 76 : *Écoutez-moi, les gavroches* (auteur : Renaud Séchan, compositeur : François Bernheim, éditeur : WHA WHA MUSIC SARL)
- Page 76 : *Amoureux de Paname* (auteur-compositeur : Renaud Séchan, éditeur : MINO MUSIC)
- Page 76 : *Gueule d'aminche* (auteur-compositeur : Renaud Séchan, éditeur : MINO MUSIC)
- Page 78 : *La Menthe à l'eau* (auteur-compositeur : Renaud Séchan, éditeur : Polydor)
- Page 84 : *Pauvres diables* (auteurs : Julio Iglesias et Michel Jourdan, compositeurs : Manuel de la Calva et Ramon Arcusa, éditeurs : UNIVERSAL MUSIC PUBLISHING S L, STAR S L EDICIONES MUSICALES, EMI SONGS HOLLAND B V, EMI SONGS FRANCE)
- Page 84 : *Hotel California* (Auteurs-compositeurs : Don Feldon, Hugh Henley Donald et Lewis Frey Glenn, sous-éditeurs : WARNER CHAPPELL MUSIC France, UNIVERSAL MUSIC PUBLISHING, éditeurs : RED CLOUD MUSIC CO, FINGERS MUSIC, CASS COUNTY MUSIC CO)
- Pages 88-89, 97 : *Laisse béton* (auteur-compositeur : Renaud Séchan, éditeur : MINO MUSIC)
- Pages 92-93 : *Les Charognards* (auteur-compositeur : Renaud Séchan, éditeur : MINO MUSIC)
- Page 95 : *Germaine* (auteur-compositeur : Renaud Séchan, éditeur : MINO MUSIC)
- Page 96 : *Le Blues de la Porte d'Orléans* (auteur-compositeur : Renaud Séchan, éditeur : MINO MUSIC)
- Pages 96, 101 : *Je suis une bande de jeunes* (auteur : Renaud Séchan, compositeur : François Bernheim, éditeurs : MINO MUSIC et GOOD GOOD MUSIC)
- Page 97 : *Adieu minette* (auteur-compositeur : Renaud Séchan, éditeur : MINO MUSIC)
- Page 97 : *La Bande à Lucien* (auteur-compositeur : Renaud Séchan, éditeur : MINO MUSIC)
- Page 97 : *La Boum* (auteur-compositeur : Renaud Séchan, éditeur : Polydor)
- Page 100, 185, 307 : *Dans mon HLM* (auteur-compositeur : Renaud Séchan, éditeur : MINO MUSIC)
- Page 107 : *Ma gonzesse* (auteur : Renaud Séchan, compositeur : Alain Brice, éditeur : MINO MUSIC)
- Page 111 : *Y'a dla rumba dans l'air* (auteur : Alain Souchon, compositeur : Laurent Voulzy, éditeur : RCA)
- Page 111 : *Jamais content* (auteur : Alain Souchon, compositeur : Laurent Voulzy, éditeur : éditions Alain Souchon)
- Page 111 : *Allô maman bobo* (auteur : Alain Souchon, compositeur : Laurent Voulzy, éditeur : éditions Alain Souchon)
- Page 111 : *J'ai dix ans* (auteur : Alain Souchon, compositeur : Laurent Voulzy, éditeur : Technisonor SA)
- Page 115 : *Où c'est qu'j'ai mis mon flingue ?* (auteur-compositeur : Renaud Séchan, éditeur : Polydor)
- Page 116 : *Mon frère* (auteur-compositeur : Maxime Le Forestier, éditeurs : WARNER CHAPPELL MUSIC France et COINCIDENCES)
- Pages 125-126, 136, 144 : *Dès que le vent soufflera* (auteur-compositeur : Renaud Séchan, éditeur : MINO MUSIC)
- Page 127 : *En cloque* (auteur-compositeur : Renaud Séchan, éditeur : MINO MUSIC)
- Pages 128, 130 : *Morgane de toi* (auteur : Renaud Séchan, compositeur : Franck Langolff, éditeurs : MINO MUSIC et PUBLICATIONS FRANCIS DAY)
- Page 134 : *Banlieue rouge* (auteur-compositeur : Renaud Séchan, éditeur : MINO MUSIC)
- Page 138 : *Viens chez moi, j'habite chez une copine* (auteur-compositeur : Renaud Séchan, éditeur : MINO MUSIC)
- Page 145 : *Déserteur* (auteur-compositeur : Renaud Séchan, éditeur : MINO MUSIC)
- Pages 148-151, 175, 181 : *Fatigué* (auteur : Renaud Séchan, compositeur : Franck Langolff, éditeur : MINO MUSIC)
- Page 153 : *Oscar* (auteur-compositeur : Renaud Séchan, éditeur : MINO MUSIC)
- Page 167 : *Faut plus me la faire* (autrice-compositrice : Valérie Lagrange, éditeur : Virgin)
- Page 170 : *Éthiopie* (auteur : Renaud Séchan, compositeur : Franck Langolff, éditeur : Pathé)
- Page 175 : *P'tite Conne* (auteur-compositeur : Renaud Séchan, éditeur : Virgin France)
- Page 175 : *Morts les enfants* (auteur : Renaud Séchan, compositeur : Franck Langolff, éditeur : Virgin France)
- Page 175 : *Miss Maggie* (auteur : Renaud Séchan, compositeur : Jean-Pierre Bucolo, éditeur : Virgin France)
- Page 175 : *Si t'es mon pote* (auteur : Renaud Séchan, compositeur : Jean-Pierre Bucolo, éditeur : Virgin France)
- Pages 177, 250 : *Mistral Gagnant* (auteur-compositeur : Renaud Séchan, éditeur : Virgin France)
- Page 180 : *Miss Maggie* (version anglaise) (auteur : Renaud Séchan, compositeur : Jean-Pierre Bucolo, éditeur : Virgin France)
- Pages 181, 185 : *Trois matelots* (auteur-compositeur : Renaud Séchan, éditeur : Virgin France)
- Page 181 : *Le Retour de la Pépette* (auteur-compositeur : Renaud Séchan, éditeur : Virgin France)
- Page 182 : *Putain de camion* (auteur : Renaud Séchan, compositeur : Franck Langolff, éditeur : MINO MUSIC)
- Page 183 : *Il pleut* (auteur-compositeur : Renaud Séchan, éditeur : MINO MUSIC)
- Pages 183, 209 : *Socialiste* (auteur-compositeur : Renaud Séchan, éditeur : MINO MUSIC)

- Page 185 : *Le Sirop de la rue* (auteur : Renaud Séchan, compositeur : Julien Clerc, éditeurs : MINO MUSIC et CRECELLES EDITIONS SA)
- Page 185 : *Chanson dégueulasse* (auteur : Renaud Séchan, compositeur : Jean-Louis Roques, éditeur : MINO MUSIC)
- Page 185 : *Deuxième génération* (auteur-compositeur : Renaud Séchan, éditeur : MINO MUSIC)
- Page 185 : *Marche à l'ombre* (auteur-compositeur : Renaud Séchan, éditeur : MINO MUSIC)
- Page 185 : *Allongés sous les vagues* (auteur-compositeur : Renaud Séchan, éditeur : MINO MUSIC)
- Pages 185, 267 : *Les Bobos* (auteur : Renaud Séchan, compositeur : Jean-Pierre Bucolo, éditeur : CECI CELA)
- Page 185 : *L'Aquarium* (auteur : Renaud Séchan, compositeur : Jean-Pierre Bucolo, éditeur : Parlophone)
- Pages 207, 213 : *I bot un d'mi* (auteur-compositeur : Simon Colliez, éditeur : Sony Publishing)
- Page 207 : *Tout en haut de ch'terril* (auteurs-compositeurs : Arthur Wéry, Charlys, éditeur : Sony Publishing)
- Page 207 : *Eun'goutt' ed'jus* (auteur-compositeur : Edmond Tanière, éditeur : Sony Publishing)
- Page 207 : *Ch'méneu d'quévaux* (auteurs-compositeurs : Arthur Wéry, éditeur : Sony Publishing)
- Page 210 : *Tonton* (auteur : Renaud Séchan, compositeur : Jean-Louis Roques, éditeur : MINO MUSIC)
- Page 213 : *M'lampiste* (auteur-compositeur : Edmond Tanière, éditeur : Sony Publishing)
- Page 216 : *À la Belle de Mai* (auteur-compositeur : Renaud Séchan, éditeur : MINO MUSIC)
- Page 217 : *La Ballade de Willy Brouillard* (auteur : Renaud Séchan, compositeurs : Amaury Blanchard, Pierre Delas, éditeur : MINO MUSIC)
- Page 217 : *C'est quand qu'on va où ?* (auteur : Renaud Séchan, compositeur : Julien Clerc, éditeurs : MINO MUSIC et CRECELLES EDITIONS SA)
- Page 251 : *Boucan d'enfer* (auteur : Renaud Séchan, compositeur : Jean-Pierre Bucolo, éditeur : CECI CELA)
- Page 251 : *Elle a vu le loup* (auteur-compositeur : Renaud Séchan, éditeur : CECI CELA)
- Page 251 : *Baltique* (auteur : Renaud Séchan, compositeur : Alain Lanty, éditeur : CECI CELA)
- Page 254 : *Petit pédé* (auteur : Renaud Séchan, compositeur : Jean-Pierre Bucolo, éditeur : CECI CELA)
- Page 254 : *L'Entarté* (auteur : Renaud Séchan, compositeur : Jean-Pierre Bucolo, éditeur : CECI CELA)
- Page 255 : *Docteur Renaud, Mister Renard* (auteur : Renaud Séchan, compositeur : Jean-Pierre Bucolo, éditeur : CECI CELA)
- Page 259 : *Manhattan-Kaboul* (auteur : Renaud Séchan, compositeur : Jean-Pierre Bucolo, éditeur : CECI CELA)
- Page 264 : *Mon envers de moi* (auteur : Jean Fauque, compositeur : Alain Lanty, éditeurs : UNIVERSAL MUSIC PUBLISHING, SONY MUSIC PUBLISHING et SOCIETE MARC LUMBROSO)
- Page 277 : *Je reviendrai* (auteur : Renaud Séchan, compositeur : Dermot O'Brien, éditeur : Couci-Couça)
- Page 290 : *Ta batterie* (auteur : Renaud Séchan, compositeurs : Leslie Bourdin, Alexandre Sarrazin, éditeur : Couci-Couça)
- Page 291 : *Mon anniv'* (auteur : Renaud Séchan, compositeur : Michaël Ohayon, éditeur : Couci-Couça)
- Page 291 : *J'ai embrassé un flic* (auteur : Renaud Séchan, compositeur : Michaël Ohayon, éditeur : Couci-Couça)
- Pages 292-293 : *Toujours debout* (auteur : Renaud Séchan, compositeur : Michaël Ohayon, éditeur : Couci-Couça)
- Page 296 : *Les Animals* (auteur : Renaud Séchan, compositeur : Thierry Geoffroy, éditeur : Couci-Couça)
- Page 296 : *On va pas s'laisser pourrir* (auteur : Renaud Séchan, compositeur : Thierry Geoffroy, éditeur : Couci-Couça)
- Page 296 : *J'aime rien* (auteur : Renaud Séchan, compositeur : Renan Luce, éditeur : Couci-Couça)
- Page 301 : *Chanson pour Pierrot* (auteur-compositeur : Renaud Séchan, éditeur : MINO MUSIC)
- Page 303 : *Corona Song* (auteur : Renaud Sécha, compositeur : Thierry Geoffroy, éditeur : Couci-Couça)
- Page 303 : *Métèque* (auteur-compositeur : Georges Moustaki, éditeur : CONTINENTAL INTERSONG EDITIONS MUSICALES SARL)
- Page 303 : *Le jour où le bateau viendra* (adaptateurs : Hugues Aufray et Pierre Delanoë, auteur-compositeur : Robert Allen Zimmerman, éditeur : SPECIAL RIDER MUSIC, sous-éditeur : SONY MUSIC PUBLISHING)
- Page 303 : *Ça va ça vient* (auteur-compositeur : Boby Lapointe, éditeur : FRANCIS DREYFUS MUSIC)
- Page 303 : *Nuit et brouillard* (auteur-compositeur : Jean Ferrat, éditeur : ALLELUIA PRODUCTIONS)
- Page 303 : *La Tendresse* (auteur : Noël Roux, compositeur : Hubert Giraud, éditeur : MFP)
- Page 304 : *Mon beauf* (auteur : Renaud Séchan, compositeur : Alain Ranval, éditeurs : BUDDE MUSIC France et MINO MUSIC)
- Page 307 : *La Pêche à la ligne* (auteur : Renaud Séchan, compositeur : Jean-Pierre Bucolo, éditeurs : NEW PUBLISHING SAVOUR et MINO MUSIC)
- Page 307 : *La Mère à Titi* (auteur : Renaud Séchan, compositeur : Franck Langolff, éditeurs : PUBLICATIONS FRANCIS DAY et MINO MUSIC)
- Page 312 : *Manu* (auteur-compositeur : Renaud Séchan, éditeur : MINO MUSIC)
- Page 315 : *Les Mots* (auteur : Renaud Séchan, compositeur : Renan Luce, éditeur : Couci-Couça)

Les informations relatives aux références discographiques proviennent du site web de la SACEM.

Je remercie David, son frère depuis 1952 et mon frère depuis 1517, pour sa bienveillance ;
Dustin Hoffman, Robert Redford et Jason Robards pour leurs encouragements anciens et leur présence amicale dans ce livre ;
toutes et chacune de ma vie pour ce tonique cheminement.

Bertrand Dicale

Un grand merci à Renaud et Lolita pour leur bienveillance.
À Pierrot pour toutes ses micro-infos en direct, pour m'avoir présenté au Renard, et pour la rigolade au bar.
À Olivier Bovenisty pour la visite de Renaud-land et les tartines.
À l'inoxydable Marie et ses couleurs. À Guillaume le chef d'orchestre. À Vincent, toujours présent.
À tous les Garennes de l'Hexagone.
Un grand merci à l'inoxydable Man pour son aide aux caricatures.

Alain Gaston Rémy

De Bertrand Dicale, aux Éditions JC Lattès :
• *Gréco, les vies d'une chanteuse*

Aux Éditions Hugo :
• *L'Extravagante épopée du Printemps de Bourges*

Aux Éditions Grasset :
• *Louis de Funès, grimaces et gloire*

Aux Éditions First :
• *Lise et Lulu* (avec Lise Lévitzky)
• *Cheikh Raymond, une histoire algérienne*
• *Jean Yanne, à rebrousse-poil*
• *Tout Aznavour*

Aux Éditions Textuel-France Info :
• *Ces chansons qui font l'Histoire*

Aux Éditions Flammarion :
• *Brassens ?*

Aux Éditions Fayard-France Info :
• *Les chansons qui ont tout changé*

Aux Éditions Fayard :
• *Tout est permis mais tout n'est pas utile - entretiens avec Daniel Darc*

Aux Éditions du Cherche-Midi :
• *L'Envers du ciel bleu* (avec Enrico Macias)
• *Loin de l'amer* (avec Jocelyne Béroard)

Aux Éditions Plon :
• *Le Dictionnaire amoureux de la chanson française*

Aux Éditions La Rue Musicale-Philharmonie de Paris :
• *Ni noires, ni blanches, histoire des musiques créoles*

Aux Éditions Gründ :
• *Golf Drouot - 25 ans de rock en France*
• *Tout Gainsbourg*

Aux Éditions GM :
• *Tryo, chants des possibles*
• *Elvis, une folle Amérique*

Aux Éditions de L'Observatoire :
• *Serge Reggiani, la nostalgie est toujours ce qu'elle était* (avec Anne-Sophie Mercier)

D'Alain Gaston Rémy, aux Éditions Albin Michel :
• *Et vogue la galère*
• *C'est ça l'amour*
• *C'est l'an 2000*

Aux Éditions la Boîte à bulles :
• *Sur la tête de mon père*
• *Sur la vie de ma mère*

Aux Éditions Idées Plus :
• *Au pays de Boby Lapointe*

Aux Éditions Jungle ! :
• *Le p'tit Chirac* - coscenario de Jim, dessin de Alteau
• *Le p'tit Sarko* (deux volumes) - coscenario de Jim, dessin de Alteau
• *Mon frère ce boulet !* - dessin de Ridel
• *Taxis & Cie* - dessin de Amad
• *Sarko-Hebdo (redac-chef)* - avec Trondheim, Fabcaro, Aurel, Jim, Man, Amad...
• *Gamer'z* - dessin de Baf

Aux Éditions Orphie :
• *Les Balades de Gaston* (carnets de voyages) (dix volumes)
• *Une balade de Gaston et Aurel Via Marseille* - dessin de Aurel
• *Tsanga et la grosse pierre* - scénario de Jean Claude Remy

Aux Éditions Soleil :
• *Les petites filles sont des princesses* - coscénario de Jim, dessin de Ridel

Aux Éditions Vents d'Ouest :
• *Statistiques sans pitié*
• *On éteint la lumière on se dit tout* - avec Jim
• *Ma toute petite déprime et moi* - avec Jim

Directeur de collection : Vagator Productions

Dépôt légal : octobre 2023. ISBN : 978-2-413-04257-0
Première édition

Conception graphique : Studio Delcourt/Soleil

Achevé d'imprimer en septembre 2023
sur les presses de l'imprimerie PPO, à Palaiseau, France

www.editions-delcourt.fr